ज्ञान गरिमा के
72 वर्ष

भारतीय
ज्ञानपीठ

णाणं
पयासयं
वीर नि.सं.
2470
ई.सन्
1944
भारतीय ज्ञानपीठ

जीवनपुरहाट जंक्शन

(स्मृति-आख्यान)

जीवनपुरहाट जंक्शन

अशोक भौमिक

भारतीय ज्ञानपीठ

लोकोदय ग्रन्थमाला : ग्रन्थांक 1314

ISBN 978-93-263-5572-8

जीवनपुरहाट जंक्शन

(स्मृति-आख्यान)

अशोक भौमिक

प्रकाशक : **भारतीय ज्ञानपीठ**

18, इन्स्टीट्यूशनल एरिया, लोदी रोड, नयी दिल्ली-110 003

मुद्रक : विकास कम्प्यूटर्स ऐंड प्रिन्टर्स, दिल्ली-32

आवरण चित्र : अक्षय आमेरिया

आवरण : महेश्वर

JEEVANPUR HAT JUNCTION

(Memoir)

By Ashok Bhowmick

Published by

Bharatiya Jnanpith

18, Institutional Area, Lodi Road, New Delhi-110 003

Ph. : 011-24698417, 24626467; 23241619 (Daryaganj)

Mob. : 9350536020; e-mail : bjnanpith@gmail.com

sales@jnanpith.net; website : www.jnanpith.net

First Edition : 2017

Price : Rs. 300

जीवनपुरहाट के हमसफ़र
मेरी छोटी बहन शम्पा
और
भाई बिनोद खेतान
को सप्रेम

थोड़ी बड़ी-सी भूमिका...

जीवनपुरहाट जंक्शन पर करीब एक साल तक 'नया ज्ञानोदय' के असंख्य पाठकों का साथ रहा। कइयों को मेरे किस्सें अच्छे लगे, कइयों ने मुझे कई सलाह भी दिये पर लगभग सभी को हर महीने इनका इन्तज़ार रहा। इतने सारे पाठकों से मेरी दोस्ती हो सकी, इसके लिए 'नया ज्ञानोदय' को धन्यवाद!

इन कहानियों के बारे में बहुत सारे पाठकों ने एक ही सवाल मुझसे बार-बार पूछे-'क्या ये कहानियाँ काल्पनिक है, या क्या यह सच हैं? क्या कोई सचमुच का हामिद था-छोटा-सा? क्या कोई आंटी थीं, जिन्होंने मुझे प्रेम के एक नये अर्थ से परिचित कराया था? या कि सरदार सुरजीत सिंह नाम का कोई था मेरा, जिसके पवित्र केश प्रयाग के संगम में मैंने विसर्जित किये थे? क्या उस एन.आर.आई. बेटे को मैं जानता था जिसने बिना किसी हिचक के अपने माँ को धोखा दिया था? क्या मैं कोई सविता को भी जानता था जिसने मरने के पहले मुझसे कहा था-'भाई, मैं जीना चाहती हूँ!'

●

उर्दू के महान लेखक जोगिन्दर पॉल मेरे बहुत करीब थे। वे मेरी कहानियों को पढ़ कर और चित्रों को देख कर मुझे आजीवन दु:खी रहने का आशीर्वाद देकर कहीं चले गये। उनका मानना था कि सुखी आदमी कभी अच्छा रचनाकार नहीं हो सकता! उन्होंने मुझे कहा था, ''हम वो मुसाफिर हैं जिन्हें एक समूची ज़िन्दगी जीने के लिए एक शहर या एक गाँव नहीं मिलता; हर नये पड़ाव में हम पैदा होते हैं और उसे छोड़ते वक़्त हम मरते हैं! इसी ज़िन्दगी में ही हम बार-बार मरते हैं, बार-बार जन्म लेते हैं!''

मैं नागपुर में पैदा हुआ। और फिर लखनऊ-कानपुर-आजमगढ़-इलाहाबाद-कोलकाता में बार-बार जन्म लेते और बार-बार मरने के बाद अब आकर दिल्ली के

ठाँव अपनी नाँव बँधी है...और अब अगले ज्वार का इन्तज़ार है। इस सफर को याद करते हुए यह अहसास बार-बार होता रहा-"यहाँ मेरा कुछ हो या न हो पर हाँ, मेरा अपना एक जीवनपुरहाट तो है!"

पॉल जी आज कौन से शहर में हैं पता नहीं, पर उनकी बातें मैं आज भी सुन पाता हूँ। पॉल जी के अन्तिम दिनों में उनकी कहानियों के सब के सब पात्र उनके पास लौट आये थे-उनके साथ रहने! पॉल जी उन्हीं से घिरे रहने लगे थे। उन्होंने कहा था, "कहानी का सच कहानी के अन्दर साँस लेता है, बाहर से उस पर हम सच को नहीं लाद सकते!" उनकी सभी कहानियाँ कितनी सच थीं, यह इन पात्रों ने उनकी ज़िन्दगी में वापस आकर मुझे बता दिया था!

सवाल मेरे पाठकों का, पर जवाब के नाम पर मैं पॉल जी के कहे को उद्धृत कर रहा हूँ। पाठक को अगर मेरी कहानी में ज़िन्दगी की साँसों की आवाज सुनाई दे तो समझ लीजियेगा कि कहानी काल्पनिक नहीं, सच है!

शंख को कभी कान के पास लाकर सुनियेगा-समुद्र सुनाई देगा!

●

मेरे तमाम पाठकों ने यह भी पूछा-जिला मोमिनपुर कहाँ है? शाहज़ाबाद है कहाँ? सूरनपुर किस जिले में आता हैं? आदि-आदि, पर न जाने क्यों किसी ने मुझसे चाँदगढ़ के बारे में नहीं पूछा! अगर पूछा होता तो यकीन मानिये मैं उस महावीर-विक्रम-बजरंगी की तरह सीना फाड़ कर दिखा कर कहता-"यहाँ!"

●

जीवनपुरहाट जंक्शन की कहानियाँ मेरी पुरानी डायरियों के पन्ने हैं-यह कहना शायद गलत होगा, पर यह सच है कि ये किसी की डायरियों के पन्नें तो जरूर हैं!

वास्तव में मेरे लिए सच और कहानी के बीच का रिश्ता, जामन और दही जैसा लगता है। बगैर रत्ती भर जामन के कटोरा भर दही नहीं जम सकता! हर एक कहानी के लिए एक सच की जरूरत होती है, भले ही वह सच दूसरों को कितना ही छोटा क्यों न लगे!

मैंने जीवनपुरहाट जंक्शन पर क्या पाया-क्या खोया, इसे बताने के लिए ये कहानियाँ नहीं हैं। बल्कि इन कहानियों के जरिये मुझे बस इतना ही बताना था, कि मेरे रंगों के पैलेट में जितने रंग हैं, उससे कहीं ज्यादा विविध रंगों में ये ज़िन्दगी हमसे मिलती रहती है-जिसके किसी भी मोड़ पर कोई पूर्वानुमान काम नहीं आता। और जहाँ सब कुछ इतना अप्रत्याशित हो तो अगर यहाँ ईश्वर से लेकर ज्योतिषियों,

बाबाओं और भगवानों का बाज़ार सदाबहार दिखता है, तो इसमें अचरज क्या!

अन्यायी, दुराचारियों और लम्पटों को यश और सफलता के शीर्ष पर बंशी बजाते देखा, तो वहीं लाखों मेहनती, ईमानदार और प्रतिभाशाली लोगों को मिट जाते देखा। यह जीवनपुरहाट जंक्शन पर मेरा अकेले का अनुभव हो ऐसा नहीं–यह हम सबका अनुभव हैं, फिर भी इस दुनिया में नित नये देवालय बनते हैं, नित नये ईश्वर-पुरुष अवतरित होते रहते हैं। सुबह शाम लोग उपासना करते है, ध्यान लगाते हैं, अपने-अपने धर्म का झंडा उठाये दुसरे लोगों से नफरत करते हुए अपने अपने ईश्वर को तुष्ट करते हैं, माला जपते हैं, जन्म कुंडली बनाते-बनवाते हैं। पर इतने अँधेरे के बावजूद मेरे जीवनपुरहाट में ऐसे तमाम लोग भी मिले जो ईश्वर तो नहीं थे पर मेरे लिए ईश्वर से कम भी नहीं थे। उनमें से अनेक तो निःसन्देह, ईश्वर से ज्यादा इन्साफ पसन्द, ईमानदार, ज्यादा दयावान और ज्यादा उदार थे।

जो लोग दूसरों की आँखों में तकलीफ के उमड़ते हुए समन्दर को देख पाते है और यकीन करते हैं कि इस दुनिया को जितनी जल्दी हो सके, बदल देना चाहिए–मैं उन लोगों पर, ईश्वर से ज्यादा यकीन करता हूँ।

●

इसलिए नहीं कि किसी किताब की भूमिका में यह एक औपचारिकता है, बल्कि मैं बिना किसी औपचारिकता के भाई हीरालाल नागर और भाई महेश्वर के प्रति अपना आभार व्यक्त करना चाहूँगा, जिनका इस पुस्तक के प्रकाशन में प्रोत्साहन और सहयोग मिला।

'नया ज्ञानोदय' में मेरा जीवनपुरहाट जंक्शन प्रकाशित होना मेरे लिए एक बेहद ख़ास घटना रही। आज से कई सालों पहले प्रभाकर श्रोत्रिय जी के सम्पादन में जब इसका प्रकाशन शुरू हुआ था तो मैं इसके साथ था, साथ रमेशचन्द्र जैन जी का नेतृत्व था और अमर गोस्वामीजी जैसे सहकर्मियों का सहयोग भी था, पर आज कोई नहीं हैं। उन सब की स्मृतियों को नमन!

भाई लीलाधर मंडलोई को अलग से धन्यवाद देना चाहूँगा क्योंकि उन्होंने मुझ पर भरोसा किया और पत्रिका में साल भर तक नियमित इसके एपीसोडों को प्रकाशित किया, और अब यह पुस्तक भी!

साथी गंगा शरण, संजय जोशी, आशुतोष और ऋतु सिन्हा ने इन कहानियों के लिखे जाने के दौर में ही पढ़ी और राय दी। इन दोस्तों का आभार।

नया ज्ञानोदय के पाठकों के प्रति कृतज्ञ हूँ, जिन्होंने मुझे उत्साह दिया और आनेवाले सफर के लिए मेरे दोस्त बन गए।

बस यहाँ मेरे सबसे करीबी दोस्त और सबसे बड़े दुश्मन होने के साथ-साथ, मेरी कहानियों के पहले पाठक मेरे चित्रों के पहले दर्शक स्वाति को धन्यवाद नहीं दूँगा।

●

और इसके पहले कि आप मेरे जीवनपुरहाट जंक्शन में दाखिल हो, इतना और कहना है कि राजभाषा हिन्दी के लिए जरूरत से ज्यादा तादाद में उपलब्ध पुरस्कार-सम्मानों ने हमें बेहतर लिखने के लिए प्रेरित करने के बजाय निर्लज्ज, लोभी और तिकड़मबाज बनने के लिए निरन्तर प्रोत्साहित किया है और कर रहा है। इस के विरोध में मैं कुछ कर तो नहीं सकता पर उन प्रतिष्ठानों, संस्थानों और पीठों से इतना निवेदन तो कर ही सकता हूँ कि यदि कभी मेरे किसी दोस्त-पाठक इस पुस्तक को (या मेरी किसी भी अन्य पुस्तक को) किसी पुरस्कार-सम्मान के लिए नामित करे तो कृपया वे उसका संज्ञान न लें।

कइयों को लग सकता है कि मैं अकेले ही इस मुहिम को शुरू कर रहा हूँ, पर मैं जानता हूँ कि मेरे साथ तमाम दूसरे साहित्यकार भी हैं, जो बड़ी राशि के पुरस्कार पाने की जगह बड़ी संख्या में सुधि पाठक पाने की आकांक्षा लिये लिखते हैं, और वे निश्चय ही मेरे साथ रहेंगे।

—अशोक भौमिक

अनुक्रम

इंटरव्यू

उन दिनों तमाम साइंस ग्रेजुएट बेरोजगारों की नौकरी की तलाश शुरू होती थी–भारतीय प्रशासनिक सेवा में लग जाने के सपनों के साथ! यह सपना ज़ाहिर है, बहुत थोड़ों का ही पूरा हो पाता था। बाक़ी बचे अच्छे बच्चों की वैकल्पिक मंज़िल होती थी–बैंकों में प्रोबेशनरी ऑफिसर की नौकरी। उनकी हनुमान मन्दिर की मंगलयात्राएँ, अगर फिर भी काम न आयें तो बैंकों की क्लर्की हाथ लग ही जाती थी। बाक़ी जो बच जाते उनमें से कई, दवा कम्पनियों में मेडिकल रिप्रेज़ेंटेटिव बन जाते। काम बुरा नहीं था, पैसे भी ठीक-ठाक मिल जाते थे। बस बोलने की कला, झेलने की हिम्मत और चौधरी हलवाई के सुघड़ समोसे के आकार का टाई की नॉट बाँधने की तमीज़ जो जितनी जल्दी सीख जाए, वो 'स्मार्ट' कहलाने लगता था।

एक बहुराष्ट्रीय दवा कम्पनी में मेडिकल रिप्रेज़ेंटेटिव की वेकेंसी निकली थी। नौकरी की तलाश में मेरा यह पहला इंटरव्यू था। लखनऊ के क्लार्क्स अवध के रिसेप्शन पर अपने नम्बर का इन्तज़ार कर रहा था। कइयों के नाम पुकार लेने के बाद, रिसेप्शन पर बैठी महिला ने मेरा नाम लिया, 'रूम फोर-ओ-सिक्स, फ़ोर्थ फ्लोर, थर्ड डोर ऑन योर लेफ्ट। ऑल द बेस्ट!'

कमरे में सात या आठ, या हो सकता है और भी ज़्यादा लोग मौजूद थे। लोग कितने थे इससे कोई फ़र्क़ नहीं पड़नेवाला था, क्योंकि रावण तो एक था, पर महाराज की दस खोपड़ियाँ थीं और दसों मेरे ऊपर प्रश्न-बाण दागने लगे।

"दस कुत्ते मरते हैं तो एक भिखमंगा जन्म लेता है। और दस भिखमंगे मरते हैं तो एक गिरहकट पैदा होता है। दस गिरहकटों के मरने से एक वेश्या पैदा होती है, और दस वेश्याएँ मरीं तो एक मेडिकल रिप्रेज़ेंटेटिव पैदा होता है। डू यू एग्री विथ दिस? टेक योर टाइम एंड रिप्लाई।"

इतना कहकर विलायती सूअर जैसा स्फीत, गुलाबी चर्बी से लदे रावण ने एक अश्लील शक्लवाली सिगार की मुखाग्नि की थी। सिगार के धुएँ के गुबार के पीछे,

वह मुझे विंस्टन चर्चिल-सा लग रहा था, जिसने अपने बचपन में ही, किन्हीं अज्ञात कारणों से मुस्कराना छोड़ दिया था। मुझे लगा, कि मैं अगर अपने बड़ों का कहा मानकर बचपन में मन लगाकर लिखता-पढ़ता तो आज ऐसा अपमानित होने का मौक़ा नहीं आता। माथे पर पसीने की बूँदें कमरे के एयर कंडीशन के असर की उपेक्षा कर मुझे परेशान करने पर तुली हुई थीं। मेरे दोस्तों-हितैषियों ने इंटरव्यू से पहले हिदायत दी थी, ''कुछ भी हो जाए पर जेब से रूमाल मत निकालना।''

मैं पहले ही सवाल से समझ गया कि यह नौकरी मुझे नहीं मिलनेवाली। अपने साहस की चिन्दियों को बटोरकर एक समूचा जवाबी वाक्य गढ़ कर मैंने कहा, ''सर, इस बारे में मैं कुछ कह नहीं सकता। क्योंकि मैं अभी तक मेडिकल रिप्रेजेंटेटिव नहीं हूँ। इसका सही उत्तर शायद मैं एक साल बाद आपको दे सकूँगा।''

सफ़ेद टेरेलीन के शर्ट के नीचे से रावण का गुलाबी शरीर, उसके व्यक्तित्व की आभा और रिमलेस चश्मे के नीचे से चमकती भाग्यविधाता मार्का आँखें मुझे क्रमशः बौना करने की कोशिश करती रहीं। उस पर रावण के शेष नौ उर्वर खोपड़ों से एक के बाद एक नये सवाल दागते रहे। ''यू हैव फिफ्टीन सेकंड्स टु टेल अबाउट योर सेल्फ एंड योर ड्रीम्स, एंड योर टाइम स्टार्ट्स नाउ!'' मैं इस सवाल के लिए तैयार था और चाहता तो एक घंटा इस पर बोल सकता था। मैंने कहा, ''मैं 1974 जुलाई में हिन्दुस्तान के कई करोड़ शिक्षित बेरोजगार नौजवानों में से एक हूँ। मैंने पिछले चौदह साल अपने स्कूल कॉलेजों और समाज से एक अनुशासित और समर्पित नौकर बनने की तमीज़ सीखी है। पर मैं नौजवान हूँ और मेरे भी अपने सपने हैं, और महोदय मैं आनेवाले कुछ वर्षों बाद आपकी कुर्सी पर बैठकर किसी मेरे जैसे नौजवान को नौकरी दे रहा होऊँगा, मैं इस वक़्त ऐसा सपना ही देख रहा हूँ।''

इतने सालों बाद हर वाक्य तो याद नहीं पर मैं पन्द्रह सेकेंड्स से कहीं ज़्यादा बोला था। रावण कुल मेरे इस जवाब से सन्तुष्ट हुआ, ऐसा नहीं लगा, क्योंकि तब तक दूसरा सवाल दग चुका था।

''मान लीजिए मैं नार्थ पोल में एक इग्लू में रहता हूँ, इग्लू समझते हैं न? और आप एक रेफ्रिज़रेटर कम्पनी के सेल्समैन हैं, मुझे फ्रिज बेचिए!'' मैं अपने उत्तर के बीच में ही था कि लंकेश के एक सर ने पूछा, मेरे पास दो पेन हैं, एक नीला और एक लाल। अब आप एक पेन कम्पनी के सेल्समेन हैं और आपके पास दो पेन हैं, एक लाल और एक नीला। कैसे मुझे आप दो पेन और बेचेंगे?''

ऐसा कब तक चलता रहा था याद नहीं। फिर इस खेल की समाप्ति की घोषणा करते हुए लंकेश ने टेबल पर रखे प्लेट से आलू चिप्स उठाकर सशब्द उसे अपने दाँतों तले पीसकर कहा, ''वेल, यू आर इंडीड अ ब्राइट चैप, पर बात है कि

हमें औरों का भी इंटरव्यू लेना है, आपको हम बाद में इन्फॉर्म करेंगे।''

लिफ्ट से नीचे उतरते हुए मैंने पहली बार जेब से रूमाल निकालकर अपना मुँह पोंछा था।

यह इंटरव्यू देने का मेरा पहला अनुभव था।

इस बहुराष्ट्रीय कम्पनी से जब मुझे अपॉइंटमेंट लेटर मिला था, तब मैं किसी और कम्पनी में चुन लिया जा चुका था और ट्रेनिंग ले रहा था। लिहाज़ा पूरी ज़िन्दगी इस देसी दवा कम्पनी में ही नौकरी करते बीता।

●

ट्रेनिंग के पहले दिन सुबह हम पन्द्रह अपरिचित नौजवान, कम्पनी के ट्रेनिंग सेंटर के बाहर खड़े एक-दूसरे से परिचित हो रहे थे। दक्षिण से महादेवन था तो महाराष्ट्र से जोशी! ओड़िशा से पटनायक आया था तो देहरादून से बी. एम. एस. रावत! यह एक जवान हिन्दुस्तान था, जो समय से कुछ पहले ही ट्रेनिंग सेंटर पहुँच कर अपनी नयी ज़िन्दगी शुरू करने के लिए तैयार होने को बेचैन था।

ट्रेनिंग में हम सब नये थे, यानी हममें से किसी को मेडिकल रिप्रेज़ेंटेटिव होने का कोई तजुर्बा पहले से नहीं था। दवा व्यवसाय से जुड़ी तमाम जानकारियाँ, विभिन्न रोगों और उन रोगों में काम करनेवाली औषधियों के बारे में बातचीत तो होती ही थी, पर इसी के बीच अजब-ग़ज़ब विषयों पर अपनी बात रखने मार्केटिंग विज्ञान के विद्वान भी आते थे। एक दिन की बात है सुबह ट्रेनिंग प्रोग्राम में देखा तो लिखा था, आज का विषय : मुस्कान। इस विषय पर, वक्ता ने जब लगभग दो घंटों का अपना भाषण ख़त्म किया, तो लगा इस पर मानों कई और घंटे बातचीत हो सकती थी। इस भाषण के पहले मैंने कभी हँसी, मुस्कान, अट्टहास, नकली हँसी आदि, हँसी के इतने सारे स्वतन्त्र रूपों के बारे में सोचा भी नहीं था। आपका कस्टमर अगर एक बेवकूफी भरा चुटकुला सुनाए तो उसकी तारीफ करते हुए जोर से हँसिए ताकि उसे लगे कि उसने बहुत अकलमन्दी का चुटकुला सुनाया है आपको। डॉक्टर हो या कैमिस्ट, अपनी विद्वता और ज्ञान को जेब से बाहर नहीं निकालें, क्योंकि, 'कस्टमर इज ऑलवेज करेक्ट!' दवा का नाम कम्पोज़ (Calmpose) और कोई कैमिस्ट या डॉक्टर अगर उसका उच्चारण कालंपोज़ कर रहा हो, तो आप भी गलत उच्चारण कीजिए, उसे सुधारिए नहीं। जहाँ भी जाइए वहाँ के रीति-रिवाज़ों को जितना ज़्यादा, जितने कम समय में जान लेंगे, सफलता उतनी ही जल्द मिलेगी, आदि-आदि।

ऐसा ही एक दूसरा व्याख्यान याद आ रहा है, जिसने मुझे हसरत, चाहत,

सपने, ख्वाहिश, मुराद के अर्थों के फ़र्क़ को समझाया था।

ट्रेनिंग के दिनों में बहुत कुछ सीखा, पर आज भी आकाँक्षा, महत्त्वाकाँक्षा और सपनों के बीच के अन्तर के बारे में अबूझ ही बना हुआ हूँ।

ट्रेनिंग के पहले दिन ही हमारे ट्रेनिंग मैंनेजर ने एक बात कही थी, जो उस दिन तो समझ में नहीं आयी थी, पर बाद में इस सच को बहुत शिद्दत के साथ महसूस कर पाया था। उन्होंने कहा था, ''सवा महीने का ट्रेनिंग महत्त्वपूर्ण तो है पर किसी को ट्रेनिंग देकर मेडिकल रिप्रेजेंटेटिव नहीं बनाया जा सकता है। यह एक ऐसा तत्त्व है, जो या तो आप में होता है या फिर नहीं होता है।''

और, ट्रेनिंग के ख़त्म होने के दिन हमारे ट्रेनिंग मैंनेजर मिस्टर बक्शी ने एक और बड़ी बात कही थी। उन्होंने कहा था, ''मेडिकल रिप्रेजेंटेटिव और डॉक्टर के बीच में एक मेज़ होती है, एक रिप्रेजेंटेटिव को यह बात कभी नहीं भूलनी चाहिए!''

●

मेडिकल रिप्रेजेंटेटिव की नौकरी के अपने लम्बे सफ़र में तमाम हमसफ़र मिले, जिनकी ज़िन्दगियों पर कहानियाँ नहीं, उपन्यास लिखे जा सकते हैं, पर दिक़्क़त एक ही है, कई पाठकों को वे विश्वसनीय नहीं लगेगी। क्योंकि ज़िन्दगी, एक जैसी शक्ल में सबसे नहीं मिलती, और वक़्त के गुज़रने के साथ-साथ उसके मायने भी बदलते रहते हैं। जिसे कभी एक छोटा-सा हादसा समझ कर, बगल से निकल गये थे-आज इतने वर्षों बाद जब उसे याद करता हूँ, तो लगता है कि उस मामूली-सी बात के अन्दर कितनी बड़ी कहानी छिपी हुई थी, जिसे मैं तब देख ही नहीं पाया था।

जीवनपुरहाट जंक्शन मेरी डायरी नहीं है, न ही यह किसी घटना या व्यक्ति का हू-ब-हू वर्णन ही है। हाँ, जगहों, लोगों के नाम बदल देना ज़रूरी लगा, सो बदल कर पेश कर रहा हूँ।

मधुबन/फूलपुर/जीयनपुर/अन्जान शहीद/हसरत गंज/उम्मीद पुरा/दुपहरीहाट/स्वप्न नगर/चाहत पुर/ख्वाब सराय/शबनम बाज़ार/मुसाफिर खाना/बैरागन बगिया/मुरादगंज/दोस्तपुर/रानी की सराय/सुखीमन का पुरवा/ख्वाइश गंज/यादनगर/घाट सफीना/पिया की पुलिया/बेग़मपुर बाज़ार/और, मेरा जीवनपुरहाट जंक्शन!

बीसवें साल की दहलीज़ पार कर इक्कीस की सफ़र में निकले एक नौजवान को दुनियादारी के विश्वविद्यालय में दाख़िला मिला था-1974 में। सोचा था सब कुछ ठीक-ठाक रहा तो दो चार साल में जीवन की सही समझ आ जाएगी मुझे। पर जीवन इतने ख़ूबसूरत रंगों को साथ लिए मुझसे मिलती रही, कि उसे समझने का

वक़्त ही नहीं मिला। दुनियादारी के सवालों ने परेशान करना चाहा, पर मुझे कहाँ वर्तमान में जीना था, जो मैं उन पर सोचता। मैंने सपने देखे, ख़ूब सारे सपने! हमारी उम्र बढ़ती जाती है, साथ के साथी छूटते जाते हैं, हाथ की मुट्ठियों से बालू के मानिन्द वक़्त सरकता जाता है, पर सपने हैं कि कभी मेरा साथ नहीं छोड़ते, वे जुलूस बनकर साथ चलते रहते हैं। शहर बदला, घाट बदले, सफ़र बदला, हमसफ़र बदले। मैं दुनियादारी की पाठशाला में बैठे-बैठे पाठशाला की दीवार पर फासिल बन गया, पर दुनियादारी का पहाड़ा रट नहीं पाया। पुरखों ने ताले दिए थे ढेर सारे, चाबियाँ बनाना भी ख़ूब सुन्दर सीखा मैंने, बस किस ताले में कौन-सी चाभी लगती है, इसी का इल्म नहीं हुआ मुझे। सो आज मैं निहायत गैर ज़रूरी तालें-चाभियों का बोझ ढ़ो रहा हूँ। उन्हीं में से कुछ आप सबमें बाँट रहा हूँ, यह जानते हुए भी कि ऐसा करने से यह बोझ हलका होनेवाला नहीं।

झूठ नहीं बोलूँगा! ताले-चाबियों के बोझ को कन्धे पर लाद कर चलने की मजबूरी के बावजूद, मुझे इस सफ़र में बहुत कुछ मिला जो सुन्दर था, बहुत कुछ हुआ जो बहुत सुन्दर था, बहुत कुछ देखा जिससे 'सुन्दर' शब्द मेरे लिए नये अर्थों के साथ परिभाषित हुआ, लिहाज़ा आज वे बहुत याद आते हैं। मेरा जीवनपुरहाट जंक्शन ख़ूबसूरत या साफ़-सुथरा कोई स्टेशन है, ऐसा कतई नहीं। यहाँ, न तो कभी कोई गाड़ी वक़्त पर आयी, न ही कोई वक़्त पर छूटी। पर एक गाड़ी है, जिसका ज़िक्र तो सबकी जुबानों पर रहता है, मगर कब आएगी इसका पता किसी को नहीं, लिहाज़ा उसके बारे में क्या कहा जाए!

जीवनपुरहाट जंक्शन : एक इंटरव्यू

'हैंडसम' या 'स्मार्ट' शब्द सही मायने में अरुण सिंह के लिए ही बने थे। उस पर उसका बेहद ईमानदार और उदार होना, उसके व्यक्तित्व को और भी आकर्षक बनाता था। वो लार्क वालटर्स नाम की एक बहुराष्ट्रीय दवा कम्पनी का मेडिकल रिप्रेज़ेंटेटिव था। लार्क वालटर्स, उन दिनों हिन्दुस्तान में सबसे ज़्यादा व्यापार करती थी, और लार्क वालटर्स के मेडिकल रिप्रेज़ेन्टेटिव की तनख़्वाह आम मेडिकल रिप्रेज़ेंटेटिव के चार गुना से भी ज़्यादा होती थी। दैनिक भत्ता भी दूसरी कम्पनियों से कहीं ज़्यादा थीं, और साथ ही अच्छा काम करने पर प्रोत्साहन पुरस्कार के रूप में मोटी नकद राशि और पाँच सितारा होटलों में छुट्टियाँ मनाने का भी आकर्षण था। इसलिए जो भी कोई मेडिकल रिप्रेज़ेंटेटिव बनने का सपना देखता था, तो वह सबसे पहले इस कम्पनी को ही तकता था।

अरुण अपने घर का सबसे छोटा था। उसके पिताजी बचपन में ही चल बसे

थे। बड़ी बहन की शादी दिल्ली मे हुई थी। माँ और सयानी बहन की ज़िम्मेदारी उस पर ही थी। एक तो अरुण पढ़ाई में अच्छा नहीं था, उस पर घर में कमाई का कोई स्थायी जरिया भी नहीं था। जिस चूल्हे पर उसके यहाँ खाना पकता था, चाय बनती थी, उसी चूल्हे पर मैदे में तूतिया मिलाकर लेई भी बनती थी, और माँ, बेटे और बेटी तीनों मिलकर लिफ़ाफ़े बनाते थे। कभी लिफ़ाफ़े बनाकर तो कभी लॉन्ड्री के काउंटर पर दिहाड़ी पर काम करते हुए, अरुण सिंह जैसे-तैसे ग्रेजुएट हो ही गया था।

●

उन्हीं दिनों, पैसों की किल्लत के बावजूद माँ के कहने पर अपनी बड़ी बहन से मिलने अरुण सिंह दिल्ली आया था। दिल्ली तब कैसा था यह अब किसी को शायद ही याद हो। बहरहाल कनॉट प्लेस तब भी था, आज भी है। मोटर साइकिलों वाले ऑटो रिक्शे थे। कनॉट प्लेस में कई ऐसी जगहें थीं जहाँ सवा रुपये में शरीफ लोग राजमा-चावल का लंच कर लेते थे। स्टेशन में अरुण के जीजा जी उसे लेने आये थे। जीजा जी बैंक में नौकरी करते थे और अपनी सीमाओं के बावजूद अरुण के परिवार की मदद करना चाहते थे। उस दिन सुबह के अख़बार में ही उन्होंने लार्क वालटर्स का विज्ञापन देखा था। जिसमें दो दिनों बाद एक पाँच सितारा होटल में मेडिकल रिप्रेज़ेंटेटिव के लिए 'वॉक इन इंटरव्यू' का विज्ञापन निकला था।

"जब दिल्ली आये हो तो इंटरव्यू देने में क्या हर्ज़ है, शायद हो ही जाए।" जीजा जी ने कहा था। अरुण सिंह के पास पैंट तो ठीक-ठाक थी, सो उसे धोकर प्रेस करवा लिया जा सकता था। शर्ट की समस्या थी, क्योंकि उसके पास एक भी शर्ट ऐसी नहीं थी, जिसे पहनकर इस विलायती कम्पनी में मेडिकल रिप्रेज़ेंटेटिव के लिए इंटरव्यू दिया जा सकता था। दुबले-पतले कद-काठी के जीजा जी की शर्ट से भी काम नहीं चलनेवाला था। अरुण की जेब में इतना पैसा कहाँ था कि वह नयी शर्ट खरीदता। अरुण ने बताया नहीं था, पर दीदी समझ गयी थी और अपना गुल्लक फोड़ कर दीदी ने अरुण को, दस-दस के दस नोट देते हुए कहा था, "कनॉट प्लेस में रेडीमेड शर्ट्स की बड़ी-बड़ी कई दुकानें हैं, अच्छी दुकान से ही शर्ट लेना। अब तो नौकरी के लिए इंटरव्यू देता रहेगा, सो एक शर्ट तो अच्छी होनी ही चाहिए।"

इंटरव्यू के एक दिन पहले जीजा जी ने बैंक जाते समय अरुण को कनॉट प्लेस पहुँचा दिया था। दिल्ली, उन दिनों विकास और प्रगति की हड़बड़ाहट में नहीं रहा करती थी, लिहाज़ा दुकानें भी जल्दी नहीं खुला करती थीं। अरुण सिंह काफ़ी देर अकेले कनॉट प्लेस में घूमता रहा। ऐसे अकेले बिना किसी ख़ास मक़सद के किसी अनजान शहर में घूमने का लुत्फ शायद कोई बेरोजगार नौजवान ही उठा सकता है।

वह कनॉट प्लेस की रेडीमेड कपड़ों की सभी दुकानों को जाँचता-परखता रहा। कई दुकानों के अन्दर भी गया, किसी-किसी दुकान के पास जाकर भी, अपनी जेब में दीदी के दिए सौ रुपयों की औकात समझते हुए अपने पैर वापस खींचने पड़े।

ऐसे ही घूमते हुए अरुण एक बड़ी दुकान के अन्दर दाखिल हुआ, क्योंकि दुकान एक बड़े नाम वाले रेडीमेड शर्ट की थी और दुकान के बाहर 'सेल्स ऑफर' का बोर्ड लगा था। सभी शर्ट एक से बढ़कर एक रंग के थे। काफ़ी देर तक अरुण उन्हें छूकर सहलाकर यही सोचता रहा, कि काश उसके पास पच्चीस रुपये और होते, क्योंकि एक शर्ट की क़ीमत एक सौ पच्चीस रुपये थी। शर्ट भी इतना महँगा हो सकता है, यह उसे पता नहीं था, पर इतना अच्छा होता है यह भी वो नहीं जानता था। इस दुकान का सेल्स ऑफर वाकई लुभावना था।

'एक शर्ट की क़ीमत एक सौ पच्चीस और दो की क़ीमत दो सौ!'

इस दुकान में जब अरुण दाखिल हुआ था, तब दुकान में बस एक और खरीददार था। पचास-पचपन साल के इस आदमी का व्यक्तित्व ऐसा था कि उन्हें न पहचाननेवाले भी इतना तो जान ही सकते थे, कि वो कोई विशिष्ट था। अरुण ने देखा वह आदमी उसे ही देख रहा था। अरुण ने मुस्कराकर हलके से 'हलो' कहा था। उस आदमी ने हाथ मिलाने के लिए अरुण की ओर अपना हाथ बढ़ा कर कहा था, 'आई एम अनिल, अनिल मेहता!' अरुण ने जवाब में अपना भी परिचय दिया था।

"आप थोड़ी देर पहले लिबर्टी के शोरूम में भी गये थे न? क्यों, लिबर्टी के शर्ट आपको पसन्द नहीं आये?"

"नहीं, शर्ट तो सभी एक से एक थे, पर मेरी जेब में उतने पैसे नहीं थे। क्या आप भी शर्ट खरीदना चाह रहे हैं?" अरुण ने पूछा। अनिल मेहता ने इस बात का जवाब न देते हुए अरुण से पूछा था, "यंग मैन, क्या आपको नहीं लगता कि ये शर्ट भी कुछ ज़्यादा ही महँगे हैं?"

"सर, मैं बेरोजगार हूँ और कल मेरा एक इंटरव्यू हैं। ये शर्ट महँगे तो हैं ही, पर मेरे पास कुल एक सौ रुपये हैं। मैं काफ़ी देर से ऐसे किसी खरीददार को तलाश रहा हूँ जिसे शर्ट खरीदना हैं।" अनिल मेहता ने पूछा था, "वो क्यों?"

"सर, यहाँ ऑफर है एक शर्ट एक सौ पच्चीस में और दो शर्ट दो सौ रुपये में। अब आप अगर एक शर्ट लेना चाहें तो हम दो शर्ट वाला ऑफर ले सकते हैं और मुझे मेरे बजट में ही शर्ट मिल जाएगा।"

अरुण ने बेतकल्लुफी और बिना किसी लाग-लपेट के अपनी बात को अनिल मेहता के सामने रख दिया था।

"हाँ, क्यों नहीं" कहकर अनिल मेहता ने अपने पर्स से सौ रुपये का नोट निकालकर अरुण को देते हुए कहा था, "मेरा नम्बर 40 है।"

काउंटर पर दो आइवरी व्हाइट शर्ट के लिए दो सौ रुपये देते हुए अरुण ने कैशियर से कहा था, "इज़ाज़त हो तो क्या मैं आपसे एक एक्स्ट्रा कैरी बैग माँग सकता हूँ?" काउंटर पर बैठे आदमी के पास शायद इस लखनवी नज़ाकत का कोई जवाब नहीं था, उसने मुस्कराते हुए दो अलग बैगों में शर्टों को पैक कर दिया। पीछे खड़े अनिल मेहता अरुण को गौर से देख रहे थे। दुकान से बाहर आकर अनिल मेहता ने अरुण से कहा था, "कैन वी हैव लंच टुगेदर, यंग मैन?"

वोल्गा में लंच करते हुए अनिल मेहता ने पूछा था, "आपका इंटरव्यू कहाँ है, किस कम्पनी में अप्लाई किया है।" अरुण से कम्पनी का नाम सुनकर अनिल मेहता बोले थे, "सुना है लार्क वालटर्स, इंडिया में सबसे ज़्यादा बिज़नेस करती है। क्या आपको लगता है, कि एक बेशक़ीमती शर्ट में आपको देखकर इंटरव्यू लेनेवाले आपको सिलेक्ट कर लेंगे?"

"नहीं, ऐसा तो मैं कतई नहीं समझता। पर इतना ख़ूबसूरत शर्ट मुझे एक आत्मविश्वास देगा, जो मुझे इंटरव्यू के लिए बहुत ज़रूरी लगता है।"

"ओ. के., आपके इंटरव्यू की सफलता के लिए मेरी शुभकामनाएँ!"

अनिल मेहता के इस बात पर अरुण ने उन्हें धन्यवाद देते हुए कहा था, "मैं इंटरव्यू देने दिल्ली नहीं आया था, यहाँ आकर ही विज्ञापन देखा। मुझे नौकरी मिल भी सकती है और नहीं भी मिल सकती है, पर आपसे मिलना मेरे लिए बहुत सुखद रहा। ये मेरे लिए सदा यादगार रहेगा।"

"आपसे मिलना मुझे भी बहुत अच्छा लगा।" अनिल मेहता ने अपना कार्ड अरुण को देते हुए कहा था, "यह मेरा पर्सनल कार्ड है। पता और फ़ोन नम्बर है, कभी बम्बई आना हुआ तो ज़रूर मिलें।"

●

बहुत सुबह उठकर ही दीदी पूजा में जुट गयी थी। अरुण को एक फूल देते हुए उन्होंने कहा था, "इसे जेब में रख ले, आशीर्वाद का फूल है।"

इंटरव्यू सुबह नौ बजे शुरू होना था। अशोक होटल के मेन लॉबी में तब बीस-पच्चीस नौजवान, टाई सूट पहने पहले ही पहुँच चुके थे। रिसेप्शन के पास ही कम्पनी का कोई प्रतिनिधि मौजूद था, जो इंटरव्यू के लिए आये लोगों का नाम लिख रहा था और एक-एक कर इंटरव्यू के लिए भेज रहा था।

थोड़ी देर बाद अरुण का नाम पुकारा था उस आदमी ने।

जिस कमरे में इंटरव्यू चल रहा था, उसमें एक बड़े से गोल मेज की एक ओर पाँच लोग बैठे थे। सामने की एक कुर्सी खाली थी। पाँचों लोगों को देखकर अरुण को यह समझने में देर नहीं लगी थी, कि सबसे महत्त्वपूर्ण व्यक्ति बीच में बैठा हुआ था।

''प्लीज टेक योर सीट, यंग मैन।'' अनिल मेहता नयी आइवरी व्हाइट शर्ट पहने हुए थे।

अरुण सिंह कई दिनों से इंटरव्यू के तमाम सम्भावित सवालों के बारे में सोचता रहा था, पर यह एक ऐसी पहेली थी जिसके बारे में उसने सपने में भी नहीं सोचा था। चन्द पलों में उसने सोच लिया की कल की बात को दिमाग़ से निकाल देना ही उचित होगा। ''सर, दिस इज माई एप्लीकेशन एंड सी.वी.'' इतना कहते हुए अरुण ने लिफ़ाफ़ा अनिल मेहता की ओर बढ़ा दिया था।

अनिल मेहता ने लिफ़ाफ़ा लेकर अपने पास बैठे आदमी को देते हुए अरुण से पूछा था, ''हाउ इज द शर्ट?'' अरुण ने सोचा था अनिल मेहता दूसरे लोगों की उपस्थिति में कल की बात तो नहीं ही छेड़ेंगे। पर वह बिना हिचक के बोला, ''सर, मैंने तो पहले कभी ऐसा शर्ट नहीं पहना। पर आप इस शर्ट में काफ़ी यंग लग रहे हैं!''

''क्या मतलब! मैं कोई बूढ़ा हूँ क्या?'' अनिल मेहता के बात करने के अन्दाज़ पर सब हँस पड़े थे।

अनिल मेहता ने अपने साथ बैठे लोगों की ओर देखते हुए कहा, ''कल लगभग दो घंटे मैंने मिस्टर अरुण सिंह का इंटरव्यू लिया है। इस नौजवान के पास वो सब है, जो एक सफल मेडिकल रिप्रेजेंटेटिव के लिए ज़रूरी होता है। एंड आइ हैव सिलेक्टेड हिम, आप लोगों को अगर कोई सवाल पूछना है तो इनसे पूछ सकते हैं।''

''बहुत-बहुत बधाई हो मिस्टर अरुण! लार्क वालटर्स परिवार में आपका स्वागत है। आप कृपया लॉबी में इन्तज़ार करें, हम जल्द ही सिलेक्टेड कैंडिडेट्स के साथ लंच मीटिंग करेंगे।'' इतना कहते हुए अनिल मेहता के पास बैठे आदमी ने अरुण से हाथ मिलाया था। इसके बाद सभी से हाथ मिलाने के बाद अरुण जब अनिल मेहता से हाथ मिलाकर कमरे से बाहर आया तो उसने अपने ही बाँह पर चुटकी काट कर यह समझना चाहा, कि यह सच था या सपना!

नहीं, यह सच था! क्योंकि, चुटकी काटती उसकी उँगलियाँ, एक नये आइवरी व्हाइट शर्ट की कोमलता को महसूस कर पा रही थीं।

और यूँ अरुण सिंह, उसकी माँ और उसकी बहन के दुख के दिन ख़त्म हुए थे।

सुरजीत

पूरे उत्तर प्रदेश के विभिन्न जिलों में काम कर रहे सभी मेडिकल रिप्रेज़ेटेटिवों को महीने में एक बार अपनी-अपनी कम्पनियों के लखनऊ ब्राँच ऑफ़िस आना होता था। हम इसे सेल्स मीटिंग कहते थे। प्रदेश की राजधानी होने के चलते सभी दवा कम्पनियों के ब्राँच ऑफिस लखनऊ में ही थे, और इसीलिए दूसरे जिलों मे काम करनेवाले सहकर्मियों के साथ-साथ, दूसरे कम्पनियों में काम करनेवाले दोस्तों से भी इसी बहाने मुलाक़ात हो ही जाती थी। अपने-अपने घरों से दूर रह रहे हमारे लिए, ये ही सगे थे, ये ही आत्मीय थे।

सन् 1984 का अक्टूबर का आखरी दिन, यानी वित्तीय वर्ष (1984-85) का आधा हिस्सा ख़त्म हो चुका था। लखनऊ में कई कम्पनियों की हाफ-इयरली सेल्स मीटिंग हो रही थी। होटलों के कमरे भर चुके थे। मैं आमतौर पर इलाहाबाद से चलनेवाली रात की गाड़ी से ही लखनऊ आता था, क्योंकि यह गाड़ी सुबह-सुबह लखनऊ पहुँचा देती थी, जिससे मीटिंग के लिए होटल में तैयार होने का काफ़ी वक़्त मिल जाता था। उस दिन भी ऐसा ही हुआ था। इतनी सुबह होटल के रिसेप्शन में नेपाली चौकीदार, मैंनेजरी निभाने का आनन्द ले रहा था।

'साब कमरा तो कोई खाली नई है'! पिछले दस सालों से लगभग हर महीने आनेवाले किसी इनसान को, इतनी ख़ूबसूरत अक्टूबरी सुबह में ऐसी वाणी का कष्टकर लगना स्वाभाविक था। मैंने रजिस्टर में दर्ज़ नामों पर नज़र दौड़ाई। रजिस्टर में लिखे नाम से लगभग सभी मेरे परिचित थे। मेरे कई दोस्त कल ही लखनऊ आ चुके थे, सो किसी भी एक के कमरे में समा जाना मेरे लिए मुश्किल नहीं था।

"दस नम्बर कमरे में रावत साहब हैं, वहीं जा रहा हूँ", इतना कहते हुए रजिस्टर को अपनी ओर घुमाकर देहरादून के रिप्रेजेन्टेटिव बी.एम.एस. रावत के नाम के आगे अपना भी नाम लिखकर होटल की सीढ़ियाँ चढ़ने ही वाला था, कि पीछे से आवाज़ सुनाई दी। यह आवाज़ नहीं थी, एक शेर दहाड़ रहा था। होटल के सामने

संडीला और सीतापुर जानेवाली बसों के क्लीनरों–हेल्परों की पसींजरों को पुकारती आवाज़ और साथ ही होटल से सटे मन्दिर के लाउडस्पीकर से आते अनूप जलोटा के भजन को पस्त करता हुआ, सरदार सुरजीत सिंह मुझे 'सुप्रभात' कह रहा था। हालाँकि जब कोई सरदार दिल से बात करता है या सही में ख़ुश होता है तो वह रुखा सूखा 'सुप्रभात' नहीं बोलता, बल्कि आगे पीछे रसीले और श्रुतिमधुर शब्दों की कतार लगा देता है (अज्ञानी जन उन्हें गाली कहते हैं!)।

सुरजीत सिंह मेरी कम्पनी में तो नहीं, पर एक दूसरी दवा कम्पनी का रिप्रेजेंटेटिव था, और बरेली में रहता था। कई सालों पहले नौकरी मिलने के बाद, ट्रेनिंग के सिलसिले में मुझे एक महीने इसी होटल में रहना पड़ा था। ऐसे ही एक सुबह मेरे दरवाज़े पर दस्तक देकर सुरजीत ने जगाया था और अपना परिचय देते हुए कहा था, "भें...सनोफा...! होटल खोला है सालों ने, कहता है रूम नहीं हैं। अबे भें...रूम नहीं है का क्या मतलब मैं सड़क पर जाकर रहूँ? यार, आपको सुबह–सुबह जगा दिया। एक–एक चाय हो जाए"। इतना कहकर कमरे से बाहर अपना सर निकाल कर आवाज़ दिया, "ओय भजेन्देर, पन्द्रह नम्बर में दो गिलास चाय भेज यार।"

सुरजीत के अन्दाज़ बता रहे थे कि वह इस होटल में बराबर रुकता है। पर मैं पिछले एक महीने से इस होटल में रह रहा था पर किसी नौकर का नाम 'भजेन्देर' है, यह नहीं जानता था। ऐसे होटलों में सुबह चाय की जल्दी सभी को रहती है, इसलिए चाय आने में थोड़ी देर हो रही थी, शायद। सरदार सुरजीत सिंह ने फिर आवाज़ दी, "अबे बल्लू ओय! चाय जल्दी दे, मेरे बाप।" मैं एक बार फिर चौंका, क्योंकि बल्लू को भी मैं नहीं जानता था। मैंने पूछ ही लिया, "भजेन्देर, बल्लू ये लोग कौन हैं? मैं तो एक महीने से यहाँ हूँ, पर इनसे तो कभी नहीं मिला।"

मेज़ पर एक अख़बार बिछाकर उस पर अपनी पगड़ी को सँभाल कर रखते हुए सुरजीत बोला, "अरे वही जो चाय नाश्ता देता है न यहाँ! पहचानते नहीं? इतना कहकर फिर एक बार सरदार ने कमरे से बाहर निकलकर आवाज़ दी। "प हा दू...र! अबे बहादुर ओये! चाय कब देगा यार।"

सीढ़ी पर से मगन लाल ने जवाब दिया, 'आया साब!' कमरे में दाखिल होकर, इस फ्लोर का बैरा मगन लाल ने हमें 'गुड मॉर्निंग' कहते हुए अपनी ट्रे पर से, मेज पर दो चाय के गिलास उतार कर रख दिए। मगन लाल को मैं ख़ूब अच्छी तरह से जानता था। वो था तो नेपाली, पर उसका घर बार सब नेपाल बार्डर के इस पार नौतनवा के पास था। मगन लाल के गाँव के लोग रात को नेपाल जाकर दावत खाकर हिन्दुस्तान अपने घर लौटकर सो जाते हैं।

"मगन यार ये चाय तो तू फ्रिज़ से निकालकर लाया है? अगली चाय को

थोड़ा आग दिखा देना। जल्दी, हाँ!'' इतना कहकर सरदार ने अपने ओंठ से चाय का गिलास छुआते ही ''ओ तेरे की...'' कहकर किसी अदृश्य व्यक्ति से अपना नाता जोड़ता हुआ बोला, ''गरम है, यार!''

इस घटना के बाद कभी मुझे किसी होटल में जाकर वेटर को उसके नाम से पुकारने में दिक़्क़त नहीं हुई। वेटर को बुलाने के लिए नाम जानना ज़रूरी नहीं, पुकारने का अन्दाज़ पता होना चाहिए।

सुरजीत सिंह से मेरी पहली मुलाक़ात, यूँ हुई थी!

●

कई सालों के बीत जाने के बाद, यह अक्टूबर महीने का आखरी दिन था!

''मैं दस नम्बर कमरे में बी. एम. एस. के कमरे में जा रहा हूँ, तू भी दस नम्बर में साइन करके आ जा, साथ ही रहेंगे।'' मैं सुरजीत से कहकर होटल की सीढ़ियाँ चढ़ रहा था।

चौकीदार को सरदार ने सत्श्रीअकाल कहा और रजिस्टर पर अपना नाम लिखकर बोला, ''चल, साले बी. एम. एस. की नींद हराम करते हैं।'' सुबह होने में अभी कुछ वक़्त बाक़ी था, पर सरदार को सब्र कहाँ। ''पिताजी, ओय मेरे बाप, खोल दरवाज़ा'' इतना कहते हुए अपनी कलाई के कड़े से दरवाज़े को खटखटाया। अगर रावत सो रहा होता तो चन्द मिनटों में पूरा होटल जाग जाता। कमरे में दाखिल होते ही सुरजीत अपनी पगड़ी को मेज पर एक अख़बार के ऊपर रखते हुए बोला, ''सारी रात तू सोया है, उठ जा यार, अब मैं सोता हूँ'' इतना कहकर उसने चादर तान ली थी।

उस सुबह, सूरज पूरब से ही उठा था। कैलेंडरों में तारीख भी ठीक वैसे ही बदली थी, 1984 का अक्टूबर महीना ख़त्म हो रहा था। 31 अक्टूबर, 1984! लखनऊ में जब हम अपने-अपने ऑफिसों को हाफ इयरली सेल्स मीटिंग के लिए पहुँचनेवाले ही थे, तब दिल्ली में अपने दफ़्तर में ही प्रधानमन्त्री इन्दिरा गाँधी को उनके अंगरक्षकों ने गोली मारकर हत्या कर दी थी। समय नौ बजकर बीस मिनट का था। आज़ाद हिन्दुस्तान के इतिहास का काला सूरज हालाँकि कुछ घंटों बाद आसमान पर दिखा था और इस अन्धे सूरज की आग में लाखों सिखों का परिवार छिन्न-भिन्न हो गया था।

हम तब मोतीनगर के अपने ब्रांच ऑफिस में मीटिंग कर रहे थे, और मीटिंग के दौरान ही ख़बर मिली कि इन्दिरा गाँधी की हत्या कर दी गयी है। ऑफिस बन्द हो गया और लोग अपने घरों को चले गये। दोपहर के बाद पता चला कि लखनऊ में दंगा शुरू हो गया है। सड़क पर एक भी रिक्शा नहीं दिखा। थोड़ा पैदल चले, तो एक रिक्शेवाला मिला जो मोती नगर से चारबाग़ जाने के लिए तैयार हो गया। सड़कें वीरान होने

लगी थीं। उस बूढ़े रिक्शेवाले का इन्दिरा गाँधी के जीने-मरने से कोई लेना-देना नहीं था, उसे यह भी खबर नहीं थी कि उसके मुल्क की एक बड़ी आबादी आज अनाथ हो चुकी थी, और वे अनाथ सन्तानें देश में तबाही मचाने में जुट गयी थीं।

आर्य नगर से निकलकर हमने नहरिया पार ही किया था कि एक भीड़, कुछ दुकानों के ताले तोड़ने की कोशिश करती दिखी। कुछ आगे चले, तो देखा मुन्नेलाल धर्मशाला रोड पर दंगे का-सा माहौल था। रिक्शेवाले की हिम्मत टूट चुकी थी। "बाबू हमें छोड़ दें, मैं अब आगे नहीं जाऊँगा।" रिक्शेवाले को हमने छोड़ दिया, क्योंकि दस ही कदम पर हमारा होटल था। पर दस कदम की दूरी कितनी लम्बी होती है, यह पहली बार पता चल रहा था। सिख लोगों की दुकानों, घरों को लूटने के साथ-साथ उनके साथ किस कदर का अत्याचार किया जा रहा था, उसे देखकर मुझे लगा जंगलों के तमाम खूँख़ार जानवरों को लखनऊ की सड़कों पर छोड़ दिया गया था, जो नरभक्षी नहीं, सिखभक्षी थे! ऐसा नहीं की इन जानवरों को मैं ही देख रहा था, थोड़ी दूर खड़ी पुलिस की गाड़ी के पास खड़े पुलिस के वर्दीधारी भी इसको देख रहे थे। सुबह से पहली बार मुझे अचानक सुरजीत की याद आयी। "सुरजीत सिंह कहाँ है?" मैंने होटल के गेट पर खड़े होटल के मालिक से पूछा। "पहले अन्दर तो आइये।" इतना कहकर उन्होंने मेरे पीछे होटल के गेट बन्द कर ताला लगा दिया था। होटल के बाहर से चीखने-चिल्लाने की आवाज़ें आ रही थीं। होटल की छत पर से कुछ लोग सड़क पर हो रहे लूट मार को देख रहे थे। पुलिस लाउडस्पीकरों से कर्फ़्यू का ऐलान कर ज़रूर रही थी, पर उन जानवरों पर इसका कोई ख़ास असर नहीं पड़ रहा था। पुलिस भी मानों किसी अज्ञात निर्देश से पथरा गयी थी। पूरा होटल लगभग खाली हो चुका था। रावत को देहरादून जाने की कोई गाड़ी मिल गयी थी, वह जा चुका था। दस नम्बर कमरे में खाली मैं ही रह गया था। इलाहाबाद की गाड़ी जा चुकी थी।

वीरेन दासगुप्ता, सुरजीत सिंह के एरिया मैनेजर थे। बेहद मिलनसार और खुले दिलवाले। वीरेन दासगुप्ता को सब 'दादा' कहकर पुकारते थे। शायद वो दो-एक साल में ही रिटायर करनेवाले थे, पर दिल से वे हमसे भी ज़्यादा जवान थे। होटल मालिक से बोले, "भई, मैं तो रात की गाड़ी से निकलने वाला था, अब कर्फ़्यू लगा दिया है और जब तक कर्फ़्यू नहीं ख़त्म होता, मैं यहीं रहूँगा आपका मेहमान बनकर। एक पाई भी बिल नहीं दूँगा। अम्मा नहीं रही और बेटों से पैसे लेंगे आप। बस दो-दो रोटी डाल दीजिएगा, और क्या चाहिए जीने के लिए। रात को थोड़ी सी हाज़मे की दवा मिल जाए तो नींद में भले-बुरे सपने परेशान नहीं करते।" होटल में हम पाँच ही लोग रह गये थे, क्षण भर के लिए सब कुछ भूलकर हम सब दादा की बात पर हँस पड़े।

"दादा आप कैसी बात कर रहे हैं। तीस सालों से ज़्यादा हो गये आपको इस होटल में ठहरते, आप कोई हमारे पराये थोड़े हैं। इस होटल में हम लोगों ने मेडिकल रिप्रेजेंटेटिवों की इतने दिनों तक सेवा की है। एक महीना भी अगर कर्फ़्यू लगा रहे, किसी को खाने की दिक्क़त नहीं होगी। हाँ, और दादा आपकी दवा की मत चिन्ता कीजिए, मैं हूँ न।" होटल के मालिक ने हमें एक ट्रांज़िस्टर लाकर दे दिया था, जिसमें हम पाँचों ने बी. बी. सी. पर नये राजा की ताजपोशी की ख़बर सुनी थी। हाज़मे की दवा लेते हुए दादा ने कलकत्ते के सन् सैंतालीस के साम्प्रदायिक दंगों से जुड़ी तमाम कहानियाँ सुनायी थीं। दादा रिफ़्यूजी थे। पूर्वी पाकिस्तान में उनका घर था। विस्थापन के चलते भिखारी बनकर कलकत्ते आये थे। फिर एक शिक्षक की मदद से कॉलेज में दाख़िला भी लिया था, और उसी शिक्षक के घर पर रहकर पढ़ाई पूरी की थी।

इतने बड़े होटल में अगर केवल पाँच आदमी ही रह रहे हो, तो वो कितना उबाऊ होता है, इसका अन्दाजा शायद ही किसी को हो। अख़बार भी नहीं मिल रहा था, कि जिसे पढ़कर कुछ समय काट लेते। होटल में या तो लेटे-लेटे समय कट रहा था या फिर दादा की कहानियाँ सुनते हुए। दूसरे दिन शाम को दादा कहानी सुनाते हुए भावुक हो गये थे। कलकत्ते में दंगों के दौरान दादा और उनके शिक्षक ने किस तरह से एक मुसलमान सहपाठी की जान बचाई थी। यह कहानी कहते हुए दादा का गला भारी हो गया था, वे बोले, "यार मेरे माँ-बाप अभागे थे, जो समय से भाग नहीं सके थे।"

हम सबको दादा के इस वाक्य का अर्थ समझने में देर नहीं लगी। कर्फ़्यू लगे लखनऊ के आसमान में कोई एक चिड़िया चीख-चीख कर चक्कर लगा रही थी। हम सबको लगा वह पूछ रही थी, "डिड यू डू इट?... डिड यू डू इट?"। जिन लोगों ने कभी कर्फ़्यू लगे किसी शहर की रात को गहराते देखा होगा, उसने ज़रूर इस चिड़िया को ऐसा सवाल पूछते भी सुना होगा।

दादा ने अपना गिलास भरा और कमरे के बाहर चले गये। हम ख़ामोश बैठे रहे। थोड़ी देर बाद दादा मुस्कराते हुए कमरे में लौट आये। "इतना सीरियस होने की ज़रूरत नहीं।" दादा ने अपना दूसरा गिलास बनाया, और इस बार भी मैंने गौर किया कि दादा गिलास में पानी कम ले रहे थे। दादा फिर गिलास लेकर बाहर चले गये। हममें से किसी ने कहा, "दादा आज काफ़ी डिस्टर्ब्ड लग रहे हैं।" पर न जाने क्यों मुझे ऐसा नहीं लग रहा था। इस तरह तीसरा दिन भी बीता। हम रात को कमरे में रेडियो सुनकर, राजनैतिक विशेषज्ञों जैसे विश्लेषण कर दिन बिताते रहे, साथ ही खेल के मैदान से लेकर युद्ध के मैदानों तक हमारी चर्चाओं की आवाजाही बनी रही। फिर शाम हुई, फिर मय की याद आयी। दादा ने फिर काफ़ी दवा गटकी पर उनको इस दिन भी नशा

नहीं हुआ। वह मेरे जासूसी खुर्दबीन शीशे के नीचे आ चुके थे। मैं समझ नहीं पा रहा था, कि दादा क्यों गिलास लेकर कमरे के बाहर जाते हैं। और क्यों इतना पीने के बाद भी वे ज़रा भी नहीं बहक रहे थे। रात को सोते समय मैंने तय किया कि कल सुबह भी अगर कर्फ़्यू नहीं हटा, तो शाम को इस पहेली को ज़रूर सुलझाऊँगा।

पर मेरी क़िस्मत में दादा के इस रहस्य का सुलझाना नहीं बदा था।

वह सुबह, पिछली तीन सुबहों से अलग-सी थी। हवाओं में एक शहर की ज़िन्दगी के वापस लौटने का कोलाहल सुनाई दे रहा था। गाड़ियों और उनके बिना वजह हॉर्न की आवाज़ों से लग रहा था, कि सब कुछ अब धीरे-धीरे वापस पटरी पर लौट रहा था। सड़क पर पुलिस की जगह अब सेना टहल रही थी। जानवरों का समूह अपने खोहों में छिप चुका था।

तभी मेरे कमरे के दरवाज़े पर किसी ने दस्तक दी। दरवाज़े पर दादा को देख कर मुझे थोड़ी हैरानी-सी हुई।

''दादा, इतनी सुबह आप, सब खैरियत तो है?'' मैंने पूछा।

''मैं नीचे जा रहा हूँ, सुबह छह बजे से बारह बजे तक के लिए कर्फ़्यू में ढील दी गयी है। तुम दस मिनट में तैयार होकर नीचे आ जाओ। बाक़ी बाद मे बताता हूँ।''

जब मैं तैयार होकर होटल के गेट पर पहुँचा, दादा मेरा इन्तज़ार कर रहे थे। सड़क पर इतनी सुबह दो-चार लोग ही दिखे। हम होटल से निकलकर रेलवे स्टेशन के ठीक सामनेवाली फुटपाथ पर के एक 'इटालियन सैलून'(ऐसे नाइयों के यहाँ बैठने के लिए कुर्सी की जगह कुछ ईंटें होती थीं, जिस पर बैठकर लोग बाल कटवाते थे या हज़ामत बनवाते थे। इस ईंट से ही ऐसे सैलूनों का नाम इटालियन सैलून पड़ा था) पर अपने ग्राहक को तकते एक नाई के पास पहुँचे। उस बूढ़े नाई की कमाई कई दिनों से कर्फ़्यू के चलते बन्द थी। उसने बड़ी उम्मीद के साथ हमारी ओर देखा। ''भाई, बच्चे का मुंडन करते हो?'' नाई ने चहककर कहा, ''क्यों नहीं जनाब।''

नाई को साथ लेकर हम होटल लौट तो आये, पर मुझे समझ में कुछ भी नहीं आ रहा था। पर सीढ़ियों पर जो हुआ उसके लिए तो मैं कतई तैयार नहीं था। आगे आगे दादा सीढ़ी चढ़ रहे थे, उनके पीछे बूढ़ा नाई था और उसके पीछे मैं। दादा अचानक पीछे मुड़े और नाई की गिरेबान पकड़कर गुर्राए, ''एक साहब के दाढ़ीबाल बनवाना है। यहाँ से बाहर निकलकर किसी से कहा तो काटकर रख दूँगा। भेजे में बात गयी या नहीं। जरा भी चालाकी दिखाई तो जान ले लूँगा''। दादा की आवाज़ में ऐसा कुछ ज़रूर था, कि मैं भी मान गया कि अगर बेचारे नाई ने कुछ चालाकी दिखाई तो दादा उसे नहीं बख़्शने वाले थे। हम उस नाई को लेकर एक बन्द कमरे के बाहर पहुँचे और दादा ने अपनी जेब से चाभी निकालकर ताला खोला। कमरे में

सरदार सुरजीत सिंह बैठा मुझे देख रहा था, मैं कुछ देर तक उसे देखता रहा।

ज़िन्दगी में कई सवाल ऐसे होते हैं, जिनके जवाब हमें ज़िन्दगी भर तलाशने पर भी नहीं मिलते। मुझे देखकर शेर दिल सरदार रो पड़ा था। इसके बाद सब कुछ यन्त्रवत हो गया था। दादा ने सुरजीत के बालों को एक अख़बार में लपेट कर मेज की दराज़ में रख दिया था। सुरजीत बिलकुल अपरिचित-सा लग रहा था। उसके माथे के बीच में एक उजला सा तिकोना निशान मुझे आज भी याद है। इतनी देर तक मैंने अपने को रोक रखा था, पर अन्तत: अपने को सँहाल नहीं पाया और सरदार से लिपटकर रोने लगा। सरदार सुरजीत सिंह के इस हाल के लिए मैं ज़िम्मेदार था, मैं उन लोगों में एक था जिसने सिखों के साथ ऐसी दरिन्दगी की थी, उन जानवरों ने मुझे छोड़ दिया क्योंकि मैं उनकी नस्ल का था, क्योंकि मैं सिख नहीं था!

मुझे ऐसा क्यों लगा था? मैं क्यों रोया था? इन सब सवालों के जवाब मुझे कभी नहीं मिले। जबकि जवाब किसी और को नहीं, मुझे ही देना था।

31 अक्टूबर को सुरजीत सिंह को दादा ने होटल में छिपाया था, यह बात बस होटल मालिक को ही पता थी। रात को दादा गिलास लेकर कहाँ जाते थे ये रहस्य भी अब रहस्य नहीं रह गया था।

दस बजे की गाड़ी से दादा सुरजीत को लेकर बरेली रवाना हो गये थे। स्टेशन जाने के पहले दादा ने मुझे अलग बुलाकर कहा था, ''सुरजीत के घरवालों को कल ही पता चला है कि सुरजीत जिन्दा हैं। मैं साथ जा रहा हूँ उसे बरेली छोड़ने। उसके दोनों भाइयों को 31 को ही जिन्दा जला दिया गया था। पता नहीं कैसे सुरजीत को सँहालूँगा मैं। पर सुन, एक काम और करना है तुझे। सिखों के लिए बाल बहुत पवित्र होते हैं। कमरे की मेज़ की दराज़ में सुरजीत के बाल रखे हैं। अपने साथ इलाहाबाद ले जाना और संगम में विसर्जन कर देना।''

इसके बाद तीस सालों का वक़्त बीत चुका है। फिर कभी मैं सुरजीत से नहीं मिला। उसने नौकरी छोड़ दी थी। आज वो कहाँ है और कैसा है, मैं नहीं जानता। पर जब भी किसी सरदार से मिलता हूँ तो मुझे कम से कम एक बार सुरजीत की याद ज़रूर आती है, और हर बार मुझे एक अपराधी होने का अहसास होता है।

संगरोध

क्वारेंटाइन को हिन्दी में 'संगरोध' कहते हैं। इक्कीसवीं सदी में लोगों का इस शब्द से पाला कम ही पड़ता है, लिहाज़ा इससे अब कम लोग ही परिचित होंगे। यह एक ऐसी व्यवस्था है, जिसमें छुआछूत की बीमारी से पीड़ित किसी रोगी को अन्य साधारण लोगों से दूर रखने का इन्तज़ाम किया जाता है, जिससे रोग से प्रभावित व्यक्ति से रोग दूसरों तक न फैल सके। भारत में महामारी का लम्बा इतिहास हैं। प्लेग, कालाजार, चेचक आदि ऐसे ही रोग थे। भारतीय साहित्य में इन रोगों की पृष्ठ भूमि में कई अविस्मरणीय रचनाएँ भी मिलती हैं।

1970 –1975 के दौरान हिन्दुस्तान से चेचक (बड़ी माता) या स्मॉल पॉक्स को निर्मूल करने के उद्देश्य से डब्ल्यू. एच. ओ. (विश्व स्वास्थ्य संस्था) ने एक महत्त्वपूर्ण काम किया था, जिसके चलते आज पूरी दुनिया से चेचक को ख़त्म कर दिया जा सका है। मैं दूसरे इलाकों के बारे में तो नहीं कह सकता, पर सत्तर दशक के आरम्भिक वर्षों में पूर्वी उत्तरप्रदेश में चेचक उन्मूलन का काम युद्धस्तर पर किया गया था।

●

मेडिकल रिप्रेजेंटेटिव की डेढ़ महीने लम्बे ट्रेनिंग के बाद लग रहा था कि कालापानी में भी अगर पोस्टिंग मिले, तो मुझे वहाँ जाकर काम करने में ज़रा भी दिक़्क़त नहीं होगी। अँग्रेज़ी में 'ब्रेन वाश' शब्द बहुप्रचलित है। हिन्दी में हम 'मगज़ धुलाई' शब्द का हम भले ही कम इस्तेमाल करते हैं, पर हम इस प्रक्रिया से कमोबेश सभी परिचित हैं। मेडिकल रिप्रेजेंटेटिव ट्रेनिंग का यह एक ज़रूरी पक्ष होता हैं, क्योंकि इक्कीस साल के किसी युवक के लिए पूरी तरह से अपरिचित जगह जाकर रहना और नौकरी करना निश्चय ही कठिन होता हैं। इसलिए उसे यहीं बताया जाता हैं कि, मेडिकल रिप्रेजेंटेटिव की नौकरी, वास्तव में एक 'मिशन' है, चुनौती है और यह

केवल कुछ विशिष्ट गुणवाले आप जैसे स्मार्ट नौजवान ही स्वीकार कर सकते हैं! उलूक निर्माण में कारगर इन वाणियों की हकीकत को जब आप जान पाते हैं, तब तक आप एक 'घाग' मेडिकल रिप्रेजेंटेटिव हो चुके होते हैं।

बहरहाल, ट्रेनिंग के आखिरी दिन जो बन्द लिफ़ाफ़ा मिला, उसमें कैद पोस्टिंग लेटर में लिखा था, हेड क्वार्टर : जिला चाँदगढ़ और कार्य क्षेत्र में शामिल अन्य जिले : शाहज़ाबाद और मुल्तानपुर!

कानपुर के किसी क्रिश्चियन कॉलेज के वनस्पति शास्त्र में स्नातकोत्तर डिग्री पाने की कोशिश में जुटे युवक के लिए कॉलेज को अलविदा कहना आसान था, पर उत्तर प्रदेश के नक्शे में जिला चाँदगढ़ को खोजना आसान काम न था। ट्रेनिंग के बाद और पोस्टिंग के पहले चार दिनों के लिए घर आया था। चाँदगढ़ के बारे मे लोगों से पूछा, तो किसी ने कहा, 'सहारनपुर के पास ही हैं, मेरे मौसा के भाई की बारात वहीं गयी थी', किसी ने कहा, 'लै, जे भी नहीं पता, देख भरतपुर है न, आगरा से आगे, वहीं हैं चाँदगढ़!' पूरी तरह से भटक गया था, मैंने तय किया की कल सुबह सीधे कानपुर के रेलवे स्टेशन मास्टर के पास जाकर पूछूँगा चाँदगढ़ का पता। पर इसके पहले ही जब शाम को फूलबाग़ से रिक्शे पर घर लौट रहा था, तो बात ही बात में पता चला कि रिक्शेवाला चाँदगढ़ के किसी गाँव का रहनेवाला है। 'लखनऊ से दियरा (देहरादून एक्सप्रेस) पकड़कर शाहगंज। फिर शाहगंज से चाँदगढ़!'

सो मैं लखनऊ से शाहगंज पहुँच कर, वहाँ से एक पसिन्जर पकड़ कर चाँदगढ़ उतरा था।

●

चाँदगढ़ में शुरूआती दिनों में मेरा दोस्त था डॉक्टर प्रकाश सेठ। प्रकाश भोपाल का रहनेवाला था और भोपाल मेडिकल कॉलेज से ही पढ़ाई की थी। डॉ. प्रकाश, डबल्यु. एच. ओ. के चेचक उन्मूलन कार्यक्रम में चाँदगढ़ जिले का चीफ सर्वेलेन्स ऑफिसर था। संस्था से उसे एक जीप मिली हुई थी। मैंने चाँदगढ़ के गाँव-देहातों को, वहाँ के लोगों को, डॉ. प्रकाश के साथ जीप में घूम-घूम कर जाना-पहचाना था।

उन दिनों, चेचक उन्मूलन कार्यक्रम धीरे-धीरे अपने अंजाम की ओर पहुँच रहा था। कई महीनों से कहीं से कोई नये मरीज़ की खबर नहीं आयी थी,चेचक के टीकाकरण का काम भी पूरा हो चला था। तभी एक दिन डॉ. प्रकाश को तरवा गाँव से पन्द्रह किलोमीटर दूर भिनजर गाँव से एक नये केस की सूचना मिली।

'एक नये केस की रिपोर्ट मिली है। चाँदगढ़ से चालीस किलोमीटर है भिनजर, तरवा से दस किलोमीटर कच्चा रास्ता है। सस्पेक्ट को क्वारेंटाइन किया गया हैं, चलोगे?'

'क्वारेंटाइन' यानी 'संगरोध' शब्द में ही एक निषेध का भाव था, जिसके आकर्षण से अपने को रोक पाना उस उम्र में मेरे लिए कठिन था, सो मैं डॉ. प्रकाश के साथ चल दिया था, भिनजर की ओर!

भिनजर को जितना पिछड़ा और कटा हुआ इलाका समझ रहा था, वह वैसा था नहीं। छोटा-सा गाँव, गाँव के सीवान से थोड़ी दूर एक टीले पर एक अस्थायी झोपड़ी बना कर उसमें रोगी को रखा गया था। एक चारपाई पर पड़ा वह आदमी मुझे कहीं से भी बीमार नहीं लग रहा था। गठीला शरीर, सुन्दर चेहरा, उम्र ज़्यादा से ज़्यादा बीस साल! डॉ. प्रकाश के पूछने पर उसने अपना नाम बताया था, 'मोहन यादव'।

डॉ. प्रकाश और स्थानीय पी.एच.सी. (प्राथमिक चिकित्सा केन्द्र) के डॉक्टर आपस में गम्भीर आलोचना में जुट गये। मोहन के कपड़े उतार कर पूरे शरीर पर उभरे लाल दानों की जाँच की गयी। प्राथमिक जाँच के बाद, डॉ. प्रकाश की राय में, कम से कम चौबीस घंटों तक मोहन को निगरानी में रखने की ज़रूरत थी। ग्राम प्रधान की मदद से कई पहरेदारों को नियुक्त किया गया, इसमें चार लोग ऐसे थे, जिन पर ज़िम्मेदारी थी कि कोई भी मोहन की मड़ैया के तीस गज़ के भीतर न आ सके। डॉ. प्रकाश कुछ चिन्तित-सा दिख रहा था। उसने मुझसे कहा, 'अगर यह स्माल पॉक्स या बड़ी माता का पॉजिटिव केस निकला, तो इसे कल ही जिला अस्पताल में शिफ़्ट करना पड़ेगा।'

डॉ. प्रकाश शायद किसी काम से कहीं निकल गया था। मैंने इस बीच मोहन पर निगरानी के लिए नियुक्त चौकीदारों में से एक से दोस्ती गाँठ ली। इस आदमी का नाम रामसनेही था, उम्र में मोहन से ज़्यादा बड़ा तो नहीं था पर कई साल हो गये थे उसकी शादी के।

चाँदगढ़ में रहते अभी कुछ ही महीने हुए होंगे, पर मुझे एक बात समझ में आ गयी थी, कि गाँव के लोग सीधे-सादे ज़रूर होते हैं पर बुद्धिहीन नहीं होते।

रामसनेही मुझे 'डॉक्टर साहब' कह कर सम्बोधित कर रहा था।

रामसनेही से कुछ देर बातचीत करने के बाद मुझे कई बातें पता चली। रामसनेही कोई गरीब परिवार का नहीं था, कि दो पैसों के लिए डॉ. प्रकाश के विभाग में अस्थायी चौकीदार का काम कर रहा था। वह 'मोहनवा' का बहुत घनिष्ट था और उसकी

पत्नी की सगी बहन से मोहन की शादी हुई थी और इसी हफ़्ते उसका गवना भी हुआ था। मोहन के घर तीन दिन पहले ही उसकी बीवी के पाँव पड़े थे और उसी रात मोहन को तेज बुखार आया और माता निकली।

इस घटना और आज के बीच चार दशकों के दौरान, सृष्टि की तमाम ऊँचाइयों को चुनौती देती कल्पना चावला, सुनीता विलियम्स हों या बछेन्द्री पाल, छन्दा गायेन जैसों ने शक्तिमान होने के पुरुष-दम्भ को तोड़ा ज़रूर है, पर हिन्दुस्तान के बड़े हिस्से में बहू के पाँव पड़ते ही अगर बेटे को माता निकल आये तो उसे निस्सन्देह डायन या चुरैल मान लेने का रिवाज़ आज भी अटूट बना हुआ है।

मोहन की बीवी के साथ ऐसा ही हुआ। सुबह होने की देर नहीं थी कि गुग्गल-लोबान का धुआँ फैलता हुआ सिद्ध योगी नुमा किसी ने आकर घोषणा की, कि मोहन अब बस दो दिन का मेहमान था, क्योंकि माता को वह भा गया था। चेचक उन्मूलन से जुड़े स्वास्थ्य कर्मियों की सजगता के चलते, इसके पहले कि माता को तुष्ट करने के तमाम कर्मकांड शुरू होते, प्राथमिक चिकित्सा केन्द्र के डॉक्टर को खबर लग गयी और बिना किसी देरी के उसे क्वारेंटाइन करने का इन्तज़ाम कर दिया गया था। रामसनेही ने भी तुरन्त डॉक्टर से कह-कहा कर मोहन की पहरेदारी की ज़िम्मेदारी ले ली थी, ताकि वह मोहन के पास रह सके।

शाम होने के पहले मैं एक बार अकेले जाकर मोहन से मिल आया था। मोहन हिम्मती था, पर उसे बस उसकी मेहरारू की ही फ़िक्र थी, जिस पर झाड़-फूँक करनेवाले कई ओझा-बाबा अपनी ताकत दिखाने के लिए आतुर हो रहे थे।

मोहन का प्रेम देख कर मुझे पहली बार पता चला कि 'प्रेम' कोई शहरी, पढे-लिखे लोगों की बपौती नहीं थी! गाँव में भी प्रेम होता था। यह आज किसी को कितना ही हास्यास्पद क्यों न लगे, मुझे मोहन और उसकी बीवी के बीच के प्रेम अकल्पनीय-सा लगा था। मोहन की 'संगरोध' वाली मढ़ैया से तीस गज दूर एक पेड़ के नीचे मैंने उसकी बीवी को कच्चे चूल्हे में रोटी बनाते देखा तो पहले तो कुछ समझ न सका। बाद में रामसनेही ने बताया, कि जाड़े का वक़्त है और चूँकि मोहन का घर यहाँ से कुछ दूर पड़ता है, घर से यहाँ तक रोटी लाने में रोटी ठंडी हो जाती। मोहन को गरम रोटी खिलाने के लिए उसकी बीवी ने यह इन्तज़ाम किया था!

मोहन की कुटिया से कुछ ही दूर पर प्राथमिक चिकित्सा केन्द्र था। उसी के एक कमरे में डॉ. प्रकाश और मेरे रहने का इन्तज़ाम किया गया था। इस कमरे की खिड़की से वह टीला और टीले पर बनी मोहन की अस्थाई मढ़ैया साफ़ दिखती थी। गाँव में रात

जल्दी होती है, फिर यहाँ बिजली चूँकि सुबह चार बजे के करीब आती थी, शाम होते ही लोग अपने-अपने घरों में दुबक गये। ग्राम प्रधान खाना लेकर आये थे, सो डॉ. प्रकाश खाना खाकर ही सो गया, सारे दिन बेचारा काफ़ी व्यस्त था इसलिए शायद थक गया था।

रात के कितने बजे थे, पता नहीं। मेरी नींद टूट गयी। मैं लेटे-लेटे, मोहन और उसकी बीवी, रामसनेही और बैरागी ओझा, ग्राम प्रधान आदि के बारे में सोचने लगा। पेड़ के नीचे अकेले बैठे आटा गूँथ कर रोटी बनाते हुए उस औरत की लगन को देख कर लगा था कि वह किसी पूजा की तैयारी में माला गूँथ रही थी या पंजीरी बना रही थी। मोहन से मिले उसे तीन दिन ही हुए थे, पर इतने कम समय में इतना लगाव-इतना प्रेम! इसे समझना मेरे लिए सम्भव नहीं था, पर मैं इसे देख कर अभिभूत ज़रूर हो गया था। मुझे रात के उस गहराये वक़्त में रामसनेही से पूछने की इच्छा हुई, 'मोहन की बीवी का नाम क्या है?'

मैं अपना कोट डाले, कमरे से बाहर आकर चिकित्सा केन्द्र के बरामदे से मोहन की मढ़ैया को देखा। आकाश में फैली एक मद्धिम रौशनी के सामने वह झोपड़ी, टीला और आस-पास के पेड़, सब गहरे काले रंग के लग रहे थे। एक कोहरा था जो ज़्यादा घना तो नहीं था पर मुझे बेहद अपरिचित सा लगा। मोहन की झोपड़ी के अन्दर लालटेन जल रही थी। मुझे यक़ीन था इस वक़्त रामसनेही ही ड्यूटी पर होगा, मैं टीले की और बढ़ गया।

रामसनेही ने मुझे आते देखकर, टार्च जलाकर मेरे करीब आया और मुझे रास्ता दिखा कर मढ़ैया तक ले गया। मोहन की मढ़ैया के बाहर, एक ढ़ीली बुनाईवाली टुटही चारपाई पर गद्दा बिछा था। यह चारपाई पहरेदारों के लिए रखा गया था।

'डॉक्टर साहब बइठल जाय!'

मैं चारपाई पर जाकर बैठ गया। मोहन की झोपड़ी में, पुआल को रस्सी से बाँध कर एक दरवाज़ा नुमा आड़ बना लिया गया था, जिससे मोहन को ठंड न लगे। झोपड़ी के ऊपर तिरपाल चढ़ा दिया गया था।

'रामसनेही, मोहन ने ठीक से खाना खाया? अब बुखार तो नहीं हैं।'

'डॉक्टर साहब, मैं यहाँ दोपहर से बैठा हूँ, किसी को इस ओर आने ही नहीं दिया। और सच तो यह है कि लोग इतना डर गये हैं कि कोई इधर गलती से भी नहीं आएगा।'

मेरे सवाल का यह जवाब नहीं था। मुझे रामसनेही पर शक़ हुआ। मैंने चारपाई से उठते हुए कहा, 'चलो मोहन को देख आते हैं।'

रामसनेही हड़बड़ा कर उठ खड़ा हुआ और बोला, 'डॉक्टर साहब रहने दें, अभी बेचारा सो रहा होगा। कल सुबह मिल लीजिएगा!'

रामसनेही की बात से मुझे यह समझने में देर नहीं लगी कि वह मुझसे कुछ छिपा रहा था।

'क्या बात है रामसनेही? मुझे क्यों रोक रहे हो मोहन से मिलने?' मैंने जरा सख़्ती के साथ ही कहा।

रामसनेही जहाँ खड़ा वहीं उकड़ू बैठे रुआँसी आवाज में बोला, 'क्या बताये डॉक्टर साहब, मैंने बहुत मना किया कि 'रोग छुआछूत का है, डॉक्टर साहब का सख़्त आदेश है कि कोई भी इस मढ़ैया के आस-पास न दिखाई दे', पर क्या बताये, कमला मानी ही नहीं, देर रात छिपते-छिपाते चली आयी यहाँ। डॉक्टर साहब, किसी ने उसे आते नहीं देखा यहाँ, मैं अभी कहता हूँ उससे कि यहाँ से चली जाए।'

मुझे समझ में नहीं आ रहा था कि मैं किससे क्या कहूँ। रामसनेही, कमला को डाँटते हुए काफ़ी भला बुरा कहने लगा। मैंने उसे रोक कर कमला से कहा, 'तुम्हें जब पता है कि तुम्हारे आदमी को माता निकली है, तो तीन-चार रोज के लिए सबर नहीं कर सकती थी! अब अगर तुम्हें भी ये रोग हो जाए तो क्या होगा? 'मैंने न जाने क्या-क्या कहा था, या फिर कहने की कोशिश की थी, अब आज इतने वर्षों बाद याद नहीं, पर कमला की बातें मैं आज भी नहीं भूल पाया हूँ।

सुबह की पहली रौशनी की लालिमा अपने चेहरे पर बिखेरे एक गवई संकोच के साथ वो बोली थी, 'हमका मरे का कौनो डर ना है डाट साब', अगर मेरा आदमी जिन्दा नहीं बचा, तो क्या मैं बाक़ी ज़िन्दगी इस पाप को माथे पर लिए जीऊँगी कि मेरे कारण ही मेरे मर्द को माता ले गयीं!

रात ख़त्म हो चुकी थी, मैं ख़ामोश खड़ा भिनजर के आसमान पर सुबह की रौशनी को छिटकते देख रहा था। तभी दूर से डॉ. प्रकाश आता दिखाई दिया। मुझे लगा कि मैं यह सब डॉ. प्रकाश से छिपा जाऊँ, पर मैंने अन्ततः उससे पूरी बात कह ही दी, सिवा उस बात के जो मुझसे कमला ने कही थी।

मैंने सोचा था, कि डॉ. प्रकाश, रामसनेही, कमला और मोहन को फटकार लगाएगा। पर ऐसा कुछ भी नहीं हुआ। डॉ. प्रकाश ने काफ़ी समय लगा कर मोहन की जाँच की और फिर हम दोनों प्राथमिक स्वास्थ केन्द्र के उस कमरे की ओर चल पड़े, जहाँ गरम चाय लेकर प्रधान का आदमी हमारा इन्तज़ार कर रहा था।

'थैंक गॉड, यह स्माल पॉक्स का केस नहीं है! कल फ़ोन पर मेरी विस्तार से बात हुई थी हेडक्वार्टर से, 'आज दस बजे तक बनारस से हमारे बॉस डॉ. पीटर यहाँ पहुँच रहे हैं। हम लोग डॉ. पीटर के साथ ही वापस चाँदगढ़ लौट जाएँगे।' चाय पीते

हुए डॉ. प्रकाश ने कहा, 'मैं हालाँकि कल ही समझ गया था कि यह कोई स्माल पॉक्स का केस नहीं है, आज तो कन्फर्म हो गया! पर हर सस्पेक्ट को डबल चेक करना ज़रूरी है इसीलिए डॉ. पीटर आ रहे हैं। यार, तुम्हें इस गॉड-फॉरसेकेन उजाड़ गाँव में मेरे साथ समय बिताना पड़ा।'

भिनजर गाँव से निकलने में थोड़ा समय लग गया। डॉ. पीटर प्राथमिक चिकित्सा केन्द्र के डॉक्टर, कम्पाउंडर, नर्स आदि के साथ मीटिंग कर, उनकी तत्परता के लिए अपनी टूटी-फूटी हिन्दी में धन्यवाद दिया।

मीटिंग में रामसनेही मेरे बगल में ही खड़ा था।

●

इसके बाद एक दिन हिन्दुस्तान को स्माल पॉक्स या बड़ी माता से पूरी तरह से मुक्त घोषित कर दिया गया। डॉ. प्रकाश चाँदगढ़ से डब्ल्यु.एच.ओ. के किसी मिशन पर अफ़्रीका चला गया। मैं हालाँकि चाँदगढ़ में कई साल रहा पर फिर कभी भिनजर गाँव जाने का मौक़ा नहीं मिला। भिनजर के उस प्रेमी जोड़े को मैं आज भी नहीं भूल सका। वह लड़की जिसका तीन दिन पहले ही गवना हुआ था, उसकी बात आज भी मेरे कानों में गूँजती है,

'हमका मरे का कौनो डर ना है डाट साब'!

सुहाग

अगर चला ही जाना हो आज, तो चला जाऊँगा।
अगर साँझ बाती बुझा कर रात-कथरी तले गुम होना ही
रिवाज़ हो इस जीवन का,
तो बिना किसी शिकायत के ओढ़ लूँगा मैं, अपनी आख़िरी नींद!
आज के पहले कभी मैंने यूँ नहीं धौंस दिखाई थी तुमसे, ज़िन्दगी,
आज से पहले तुम भी तो
मुझे इतनी समूची नहीं लगी थी, कभी।

सो आज चलता हूँ मैं, बगैर शिकायत की गाँव तकिया से लिपटे
न किस उम्मीदों की गिलाफ चढ़े गर्म लिहाफ़ की चाह लिये,
बस एक अदद नींद ही तो चाहिए मुझे अपने से मुँह छिपाने के लिए।

●

आज इतने वर्षों बाद चन्द्रशेखर मिश्रा और सविता के बारे मे लिखते हुए, मन में एक सवाल ज़रूर आ रहा है, कि क्या इस कहानी पर आज का पाठक उस तरह रिएक्ट करेगा, जिस तरह मैंने आज से चालीस सालों पहले किया था, जब यह कोई कहानी नहीं, बल्कि एक हकीकत बनकर सामने आयी थी, मेरे?

शायद नहीं!

पर फिर भी मैं लिख रहा हूँ, यह मानों मेरे ऊपर एक क़र्ज़ हो, जिसे मेरे सिवा और कोई उतार नहीं सकता। सयाने होने, वयस्क होने या परिणत होने के दौर में कैसे-कैसे ज़िन्दगी अपना पाठ हमें पढ़ा जाती है, इस जीवनपुरहाट जंक्शन में। एक ज़िन्दगी गुज़ार लेने के बाद ही शायद यह थोड़ा बहुत समझ में आने लगता है। एक उम्र में कुछ घटनाएँ हमें इतनी विचलित कर जाती हैं कि उसे याद करने से भी जी

कतराता है, पर वैसी ही घटनाएँ आज हमें उतनी गहराई तक विचलित नहीं कर पातीं। ऐसा क्यों होता है, शायद इसका उत्तर ढूँढ़ते हुए चन्द्रशेखर-सविता की अचानक याद आ गयी। दरअसल, कुछ लोग महज चन्द लम्हों, चन्द शब्दों के चलते भी हमारी स्मृतियों में ज़िन्दगी भर के लिए घर कर जाते हैं।

"भाई, मैं जीना चाहती हूँ!"

अंजानगंज जिला अस्पताल के बर्न वार्ड में सत्तर प्रतिशत जल चुकी सविता ने मुझसे कहा था। सविता के बस इस वाक्य के चलते सविता को मैं भूल नहीं सका। सविता जब भी याद आती है तो साथ में चन्द्रशेखर, सत्तर दशक के पूर्वी उत्तर प्रदेश के कस्बे, अंजानगंज का समाज, अंजानगंज में तजुर्बों के थपेड़ों से वयस्क और अनुभवी होते मेरे अपने को भी साफ़ देख पाता हूँ।

चन्द्रशेखर मिश्रा में अच्छा कहने को कुछ भी नहीं था। न तो बात करने का ढंग आता था उसे, और न ही चुप रहने की तमीज़ थी उसमें। पर बावजूद उसकी बेवकूफ़ियों के हम सब उसे मानते थे। वास्तव में उसकी एकमात्र ताक़त, उसके 'मिश्रा' और 'लोकल' होने में थी। अंजानगंज जिला तमाम दवा कम्पनियों का हेडक्वार्टर था, लिहाज़ा छोटे बड़े, कम से कम तीस कम्पनियों के मेडिकल रिप्रेज़ेंटेटिवों का हेडक्वार्टर तो था ही, साथ ही इतने ही कम्पनियों के रिप्रेज़ेंटेटिव इलाहाबाद, बनारस, लखनऊ आदि शहरों से महीने में एक बार तो आते ही थे। चन्द्रशेखर उन सबों का रक्षा कवच था। किसी को रहने को मकान नहीं मिल रहा किराये पर, तो चन्द्रशेखर! कोई किसी स्थानीय 'बकैत' या 'दादा' से भिड़ गया तो चन्द्रशेखर! चन्द्रशेखर मिश्रा के पास एक ऐसी चाभी थी, जो समस्याओं के ऐसे सभी तालों में आसानी से फिट बैठ जाती थी।

चन्द्रशेखर केवल लोकल नहीं था, अंजानगंज के राम मन्दिर और गौरी थान के सर्वेसर्वा ब्रह्मचारी बलराज पंडित का एक मात्र बेटा था। चन्द्रशेखर बनारस पढ़ने ज़रूर गया था, पर यह सब रामजी और गौरी मैय्या की कृपा ही थी, कि उसने जस-तस बी. एस. सी. की डिग्री हासिल कर ली थी। पर डिग्री पाकर दिमाग़ ख़राब हो गया था-उसका। और मन्दिर सँभालने के बजाय, उसने टाई-सूट वाली मेडिकल रिप्रेजेंटेटिव की नौकरी करने की ठान ली। उन दिनों एक छोटी दवा कम्पनी अपना कार्य व्यापार फैलाने के लिए जिला अंजानगंज के लिए किसी 'लोकल' को तलाश रही थी, सो चन्द्रशेखर को बिना इंटरव्यू नौकरी मिल गयी थी। ब्राह्मण कुल में जन्म लेने का मतलब अगर सही मायने में समझना हो तो मौक़ा मिले तो कभी सत्तर दशक के पूर्वी उत्तर प्रदेश के किसी जिले में चले जाइए, पता चल जाएगा! चन्द्रशेखर मिश्रा

को सभी मुसलमान डॉक्टर और कैमिस्ट भी 'पंडितजी' कह कर सम्मान करते थे, हिन्दुओं का तो क्या कहें। अपने कन्धे में दुनाली और किसी मँडुआडीही या ठंडी सड़क में तीन रखैल रखनेवाले, तनी मूछोंवाला ठाकुर–जिसकी उम्र चन्द्रशेखर के ताऊजी से भी ज़्यादा थी, वह भी झुक कर कहता था– 'गोड़ लागी महाराज'!

इस वर्ण का लाभ चन्द्रशेखर को जितना मिलना था, सो तो मिला था पर उसकी कम्पनी को भी इसका भरपूर लाभ मिला था। नयी कम्पनी होने के बावजूद, कुछ ही महीनों में अंजानगंज जिले में चन्द्रशेखर और उसकी कम्पनी 'छा' गयी थी।

पूर्वी उत्तर प्रदेश में आज इस इक्कीसवीं सदी में, बाभन देवताओं का राज अब कैसा चल रहा है, इसकी खबर मुझे नहीं हैं।

बहरहाल, न जाने क्यों मुझे चन्द्रशेखर बहुत मानता था। सैकड़ों कोशिशों के बाद भी जब मैं उसे टाई का सही नॉट बाँधना नहीं सिखा पाया था, तो उसकी पत्नी सविता ने कहा था, "भाई, मुझे सिखा दीजिए, मैं ही बाँध दिया करूँगी!"

सविता ने लखनऊ के ला'मार्टिनीयर से पढ़ाई की थी। पिता लखनऊ विश्वद्यालय में हिन्दी पढ़ाते थे, ब्राह्मणों में उनके कुल को काफ़ी सम्मान मिला हुआ था, और इसीलिए ब्रह्मचारी जी ने अपने बेटे के लिए सविता को चुन लिया था। यह समय सरकार द्वारा स्थापित वेतन आयोगों के पहले का था, और विश्वविद्यालय के कई शिक्षकों को देख कर प्राय: सुदामाजी की शक्ल याद आ जाती थी। सविता अपने तीन भाइयों की सबसे छोटी और इकलौती बहन थी। शादी में दहेज़ जुटाने में सुना था, कि पिता के साथ तीनों बेटे भी जुटे थे, पर चन्द्रशेखर के हिसाब से सविता के पिता ने दहेज़ में घोटाला किया था।

मुझे अपनी उम्र की पचीस की दहलीज़ को छूने में अभी कुछ और साल बाक़ी थे, इसलिए दुनियादारी की कई बातों को कम नहीं, बल्कि बिलकुल ही नहीं समझता था। और जिस दहेज़–घोटाले की बात चन्द्रशेखर करता था, उसका ज़िक्र एक आध कहानी–उपन्यासों में ज़रूर पढ़ रखा था, पर मुझे लगता था कि ये सब कुरीतियाँ, सती प्रथा जैसे ही हमारे समाज से मिट चुकी थीं। पर चाँद की बलुअर माटी पर इनसान के पैरों के निशान के बने कई साल गुज़र जाने के बाद भी चन्द्रशेखर ने शादी में लड़की वालों से रुपया–पैसा, जेवर–गहनों से लेकर सोफा–खाट, लोटे–बर्तन, कुकर–हीटर, रेडियो–रेकॉर्डर, सूट–साड़ियाँ आदि धरवा लेने के बाद, खिचड़ी की रस्म के दौरान एक अदद 'बुलेट' मोटर साइकिल के लिए जब हट कर बैठा, तो सविता के पिता और भाइयों के जेबों में कुछ फुटकर ही शेष बचे थे। मामला बिगड़ते देख, सविता और चन्द्रशेखर के परिवार के चन्द बुज़ुर्गों ने सादे काग़ज़ पर सविता के पिताजी से वादा लिखवा लिया, कि वे जल्द ही जमाई राजा के लिए 'बुलेट' लेकर

देंगे। घोटाला दरअसल इस 'जल्द ही' शब्द में छिपा हुआ था, जिसे केवल चन्द्रशेखर ही सबसे पहले समझ पाया था। शादी के छह महीने बीत चुके थे। चन्द्रशेखर के पिताजी का धैर्य टूटने लगा था और सविता पर अत्याचारों का पहाड़!

पहले पहल सविता को आड़े-तिरछे ढंग से ताने मिलने लगे, पर जल्द ही सीधी-सपाट गालियों और अपमानों का दौर शुरू हुआ। चाय में शक्कर ज़्यादा हुई, तो चन्द्रशेखर ने जानना चाहा, कि 'क्या शक्कर की बोरी दहेज़ में आयी है'। यूँ ही एक दिन सब्ज़ी में मिर्च के मसले पर सविता को चन्द्रशेखर ने चपत भी लगा दी। दाम्पत्य-शालीनता का ऐसा दौर जल्द ही चन्द्रशेखर के पौरुष-प्रताप के सामने ध्वस्त होने लगा, और जब-तब सविता के शरीर पर उसकी काली-नीली धारियाँ उभरने लगीं।

एक दिन सविता की बाँह में एक ऐसी ही ताज़ा उकेरी हुई धारी से मैं समझ गया था, कि ऐसे घाव बेल्ट से नहीं बन सकते, इसके उकेरने के लिए लोहे के छड़ को लम्बे समय तक आग के संस्पर्श में रहना पड़ता है। चन्द्रशेखर ने कहा, "न जाने क्या करती है ये, देखिए बैठे-बिठाए हाथ जला बैठी है"। उन्हीं दिनों मेरी कम्पनी ने 'सिल्वर सल्फाडायाजीन' क्रीम बाज़ार में लांच की थी, इस दवा का नया होने के साथ-साथ अपना श्रेष्ठ होने का दावा भी था, सो मैंने वह क्रीम लाकर सविता को दी थी और जिसके चलते चन्द्रशेखर को सविता को लेकर डॉक्टर के पास नहीं जाना पड़ा था।

मैंने एक 'शरीफ आदमी' होने के नाते, चन्द्रशेखर से या सविता से इस जलने की वज़ह पूछना ज़रूरी नहीं समझा था, पर इस घटना के क़रीब तीन महीनों बाद अंजानगंज जिला अस्पताल के इमरजेंसी वार्ड में रात के दो बजे, रोते-बिलखते चन्द्रशेखर मिश्रा से, पुलिस ने सविता के बुरी तरह से जल जाने की वजह पूछी थी।

स्ट्रेचर पर सविता आँख मूँदे पड़ी थी, पर वह न तो सो रही थी और न ही बेहोश थी।

सुबह होने के काफ़ी पहले ही चन्द्रशेखर के पिताजी आ गये थे। दिन चढ़ने के साथ स्थानीय विधायक और कुछ नेता भी आये। कुछ स्थानीय पत्रकार 'निर्भीक-पत्रकारिता' की मशाल लिए अस्पताल के इर्द-गिर्द दिखाई दिए। अगले दिन के अख़बार में सविता की दुर्घटना की ख़बरें भी आयीं, और शिफॉन-जार्जेट की साड़ियों के ज्वलनशीलता को रेखांकित भी किया गया, पर दो-तीन दिनों के बीत जाने के बाद इस बारे में कोई और ख़बर अख़बार में नहीं थी।

हम सभी रिप्रेज़ेन्टेटिव, जो चन्द्रशेखर के परिचित थे, अस्पताल में आते-जाते रहे और चन्द्रशेखर नियमित दहाड़ मारकर रोता-बिलखता रहा। चन्द्रशेखर की हालत देखकर हममें से कइयों की आँखें भी भींग जाती। इसी बीच पुलिस ने मजिस्ट्रेट की

उपस्थिति में बयान दर्ज़ करवाने का काम भी पूरा कर लिया।

"खाना बनाते हुए फर्श पर रखे स्टोव से मेरी साड़ी उलझ गयी थी। स्टोव से मिट्‌टी का तेल फर्श में फैल गया और आग पकड़ ली। मेरे पति ने ही आकर मुझे बचाया..."

"...मेरे पति और मेरे बीच कभी कोई झगड़ा-झंझट नहीं हुआ..."

"दहेज़ वगैरह के बारे में मेरे ससुरजी और पिताजी ही जानते हैं। मैं और मेरे पति को इस बारे में कुछ भी नहीं पता..."

"नहीं, ससुराल में मुझसे कभी किसी ने बुरा बर्ताव नहीं किया।"

ऐसे बयानों को लखनऊ ला'मार्टिनीयर से पढ़ी सविता ने उस एक दिन में ही कंठस्थ कर लिया था, जिस दिन चन्द्रशेखर ने सविता के माथे को छूकर रोते हुए कहा था, "सविता, भूल जाओ बीती बातों को! ट्राँसफ़र लेकर हम कहीं दूर शहर में जाकर गृहस्थी बसाएँगे, जहाँ मेरे और तुम्हारे सिवा कोई और नहीं होगा!" इतना कहते हुए शायद चन्द्रशेखर आखरी बार रोया था। सविता के चेहरे को, दरअसल आग की लपटों ने छोड़ दिया था, ताकि नयी ज़िन्दगी के सपने देखते समय, बिना बालोंवाली सत्तर फ़ीसदी जली सविता का चेहरा एक नयी-नवेली दुल्हन के मानिन्द फिर एक बार खिल उठ सके।

अस्पताल में, इमरजेंसी वार्ड में स्ट्रेचर पर लेटी सविता को देखा था, फिर एक ही बार उससे मिल सका था, बर्न वार्ड में! उसे लग रहा था कि वह ठीक हो रही थी और वह एक नयी ज़िन्दगी शुरू करने जा रही थी। जिस दिन दोपहर को उसने आखरी साँस ली उस दिन सुबह उसने मुझसे कहा था, "भाई, मैं जीना चाहती हूँ!"

वह जीना चाहती थी, चन्द्रशेखर से भी उसने कई बार इसी बात को दोहराया था। डॉक्टर, नर्सों और अस्पताल के स्टाफ ही नहीं, बल्कि पुलिस के अधिकारियों और कचहरी के मजिस्ट्रेट से भी उसने यहीं कहा था।

सविता को श्मशान के लिए विदा करने के पहले चन्द्रशेखर मिश्रा के परिवार की महिलाओं ने उसकी माँग में सिन्दूर इस उत्साह से भरा था, जैसे घर आयी नयी दुल्हन को उसकी पहली होली में लोग गुलाल लगाते हैं।

आखिर सविता सुहागन जो थी, और इतनी भाग्यवती भी कि बिना बालोंवाले माँग में सिन्दूर लेकर वह इस दुनिया से सीधे स्वर्ग को जा रही थी।

श्मशान घाट पर ज़्यादा लोग नहीं थे। सविता के दोनों भाई जो पिछले कई दिनों से अस्पताल में मिलते रहे थे, वे भी वहाँ नहीं दिखे। हम आठ-दस मेडिकल रिप्रेजेंटेटिव और बाक़ी चार-पाँच चन्द्रशेखर के घरवाले। सड़क से घाट कुछ दूर था,

सो जीप से सविता की अरथी को कन्धा देकर हम घाट तक ले गये। कन्धा देने न चन्द्रशेखर दिखा और न सविता के अपने। मेरे दाहिने कन्धे के बहुत क़रीब अरथी पर सविता का सिन्दूर से लिपा चेहरा था।

राम के नाम के सत्य होने की घोषणा करनेवाला भी कोई नहीं था–वहाँ।

वो चन्द्रशेखर कोई और था जो अस्पताल में पिछले सात दिनों से रोता-बिलखता, बावला घूम रहा था और यह चन्द्रशेखर कोई और था, जो घाट पर अपने घर के लोगों से जाड़े के मौसम में सर्द नदी में पानी के कम होने की समस्या पर बात कर रहा था। घाट में दाह संस्कार का काम करनेवाले शराबी डोम से चन्द्रशेखर ने चुटकी लेते हुए कहा था, "मरदे, तनि जल्दी कमवा कर दिया हो, सत्तर फीसदी तो पहले से जरी है, तोहके तो कुल तीसे फीसद काम करे का है!"

मेरे पास ही सक्सेनाजी खड़े थे। सक्सेनाजी पूर्व सैनिक थे और स्थानीय सरकारी गर्ल्स कॉलेज में काम करते थे। हम सब, जो बाहर से इस जिले में काम करने आये थे, वे हमारे लोकल गार्जियन हुआ करते थे। सक्सेनाजी घाट के रस्म-रिवाज़ों की बारीकियों से परिचित थे। चिता पर लकड़ी-फूस चढ़ाने के बाद वे मेरे पास आकर खड़े हो गये थे।

चिता की लपटों के पीछे सविता की अस्पष्ट होती काया से सक्सेना जी को कौन-सा संकेत मिला था, पता नहीं। वे चौंककर बोले थे, "ओह माई गॉड, शी वाज़ प्रेगनेंट!"

जाड़े के मौसम में गाँवों-कस्बों में रात जल्द उतरती है। जब हम तीनों दोस्त और सक्सेनाजी घर लौटे तब और दिनों की तरह ही बिजली नहीं थी और पूरा इलाका अँधेरे में डूबा हुआ था। थोड़ी देर इधर-उधर की बात होती रही, फिर सब अपने-अपने घरों को चल दिए। सारे दिन हम सब इधर-उधर दौड़ते रहे थे, इसलिए बहुत थक गये थे। बंसी ने खाना पूछा तो मैंने उसे खाकर सो जाने के लिए कहा।

सुबह, जब मेरी नींद खुली, तब क़रीब चार बज रहे थे। रात ख़त्म भी नहीं हुई थी कि कोहरे की परतों को रोशन करता भोर हो रहा था–धीरे-धीरे। मुझे कल की बातें एक-एक कर याद आने लगीं। बंसी जाग चुका था और मेरे कहने के पहले ही चाय का गिलास मेरे सिरहाने की मेज पर रख गया था।

कमरे के अन्दर कल शाम से पैठा अँधेरा अब पस्त होने लगा था और सुबह की ताज़ा रोशनी में दरवाज़े-पर्दे, मेज़-कुर्सियाँ और बिस्तर पर बेतरतीब पड़े चादर-लिहाफ़ दिखने लगे थे। चाय का गिलास हाथ में उठाते वक़्त, उसी रोशनी में मुझे मेरे दाहिने कन्धे के पास और कलाई के पास की आस्तीन पर ढेर सारा सिन्दूर लगा दिखाई दिया।

मुझे लगा, कि मैं रंगे हाथों पकड़ लिया गया हूँ। मेरे हाथों में लगा सिन्दूर

मानों मुझसे सवाल पूछ रहे थे, मेरी कायरता का पर्दाफाश कर रहे थे।

सविता, अँधेरी रात के लम्बे सफ़र के बाद न जाने कितनी दूर चली गयी थी, पर उसका सिन्दूर मेरे शर्ट के आस्तीन से चिपका, सुबह की रोशनी में दमक रहा था।

मुझे सविता के शब्द याद आये, "भाई, मैं जीना चाहती हूँ!"

चाय का गिलास मेज़ पर उतार कर देर तक मैं खामोश बैठा रहा था।

हम सभी, शायद कमोबेश ऐसे ही अनुभवों के निर्मम थपेड़ों से धीरे-धीरे सयाने हो उठते हैं और दुनियादारी सीख जाते हैं।

●

इस बीच मेरा तबादला शाहज़ाबाद हो गया था। नयी जगह, नये लोग, नयी चुनौतियाँ और बिन माँगे नये अनुभवों की बौछारें! तभी एक दिन किसी ने बताया था कि चन्द्रशेखर मिश्रा की दूसरी शादी बनारस में हो गयी थी।

सविता के गये तब साल भी नहीं बीता था!

आंटी जी

चाँदगढ़ में मेरे शुरुआती दिनों का दोस्त था, नीरज कौशिक!

घुँघराले बालोंवाला उसका साँवला चेहरा मुझे आज भी याद है। संगमरमर के बजाय काले ग्रेनाइट के पत्थर को तराश कर अगर 'डेविड' की मूर्ति कोई बनाता, तो वह हिन्दुस्तानी डेविड, नीरज जैसा लगता! नीरज एक बहुराष्ट्रीय कम्पनी का मेडिकल रिप्रेजेंटेटिव था। नीरज के पिताजी ने रिटायर होने के पहले लखनऊ के अलीगंज में अपना मकान बनाया था। नीरज से दोस्ती होने के बाद जब भी लखनऊ जाना होता था, तो मैं नीरज के घर ही ठहरता था। इस तरह धीरे-धीरे मैं उस परिवार का एक सदस्य-सा बन गया था। मैं उसके बड़े भाई की शादी में बारात में शामिल था, तो छोटी बहन की शादी में परिवार के सगे जैसा ही उनके साथ था।

नीरज कौशिक के बड़े भाई साहब मर्चेंट नेवी में थे, जो बाद में कनाडा में बस गये थे। नीरज की कम्पनी का कोई बड़े पाये का एक अमरीकन अफसर हिन्दुस्तान आया था और उसने बनारस के बारे में इतना सुन रखा था, कि वह एक सप्ताह बनारस में रहने का प्रोग्राम बना कर ही अमरीका से चला था। बनारस में साहब बहादुर की खिदमत की ज़िम्मेदारी नीरज पर थी। नीरज, अपने अमरीकन साहब के काशी दर्शन के नायाब फरमाइशों से तनिक भी विचलित नहीं हुआ। मणिकर्णिका घाट के आसपास की गलियों की दुकानों से खुरचन-रबड़ी का आनन्द लेने के बाद, रात के तीन बजे से सुबह होने तक अगल-बगल जलती-बुझती चिताओं के बीच बैठे, दोनों गाँजा के चिलम में दम लगाते रहे और उसी श्मशान-वैराग्य की आध्यात्मिक आलोचनाओं के बीच कहीं नीरज ने कनाडा जाकर नौकरी करने की इच्छा भी जाहिर कर दी थी। साहब दो दिन और रुक कर सारनाथ में सर झुकाया तो नंगे पैर विश्वनाथ जी से भी मिला, दशाश्वमेध में नदी में दीप बहाये और ख़ाँ साहब की शहनाई सुनने बेनिया बाग़ भी गया। फिर गर्मजोशी से नीरज से हाथ मिला कर, बावतपुर से उड़ लिया अपने मुल्क की ओर।

श्मशान में गाँजे के नशे में नीरज ने साहब से क्या कहा था, वह ख़ुद ही भूल चुका था, पर कुछ ही दिनों में साहब का शानदार लिफ़ाफ़ा आया था, जिसके अन्दर नीरज की मेहमान नवाज़ी के लिए ढेरों शुक्रिया से लदे एक ख़त के साथ, नीरज के कनाडा तबादले की खुशखबरी भी तहा कर धरी थी!

नीरज के कनाडा चले जाने के बाद भी, नीरज और उसके परिवार के साथ मेरा रिश्ता बना रहा। नीरज के साथ शुरू-शुरू में महीने दो महीनों में ख़तों का आना-जाना होता था, फिर नये साल की शुभकामनाएँ देने-लेने तक ही रिश्ता भले ही सिमट गया था, पर लखनऊ में मैं जब भी जाता था तो अंकल-आंटी के साथ ज़रूर मिलता।

आंटी जी एक आम हिन्दुस्तानी परिवार की माँओं जैसी ख़ामोश महिला थीं। उन्होंने अँग्रेज़ी में एम. ए. किया था और पढ़ने का उन्हें बहुत शौंक था। रात को जब सब सो जाते तो आंटी देर रात तक पढ़ती थी। साहित्य और किताबों की इस नायाब दुनिया से मुझे आंटी ने ही परिचित कराया था।

कई किताबें ऐसी होती हैं जिसके शुरू के पन्ने किताब से फट कर खो चुके होते हैं, और इसलिए उस किताब को कोई पढ़ना नहीं चाहता। पर अचानक अगर कहीं वे खोये हुए पन्ने मिल जाएँ तो एक समूची कहानी सामने आ जाती है।

पर मैंने कभी नहीं सोचा था कि एक दिन आंटी ही मेरे लिए एक ऐसा उपन्यास बन जाएँगी, जिसके शुरू के बहुत सारे पन्ने किताब से जुदा होकर न जाने कब-कहाँ खो गये थे।

●

इस बीच नीरज कौशिक ने कनाडा में नौकरी छोड़ कर अपने भाई के साथ टोरंटो में एक बड़ा रेस्ट्राँ खोल लिया था, और बहुत जल्द ही वह रेस्ट्राँ शहर में काफ़ी प्रसिद्ध भी हो गया था। दोनों भाई, कनाडा के झंडे को छूकर शपथ लेकर, कनाडा के नागरिक भी बन चुके थे। अंकल-आंटी भी सोच रहे थे, कि क्यों न लखनऊ से नाता तोड़ कर बाक़ी ज़िन्दगी कनाडा में ही रहा जाए।

मेरा भी इस बीच चाँदगढ़ से इलाहाबाद तबादला हो गया था।

तभी एक दिन आंटी का फ़ोन मिला। वह इलाहाबाद आना चाहती थीं। मुझे थोड़ा आश्चर्य हुआ जब यह पता चला, कि आंटी अकेले ही आ रही हैं और कल ही आ रही हैं।

मैं दूसरे दिन वक़्त पर उन्हें लेने स्टेशन पहुँचा। आंटी रात भर के सफ़र के बाद लखनऊ से इलाहबाद पहुँची थीं, थोड़ी थकी लग रही थीं।

"अशोक, पहली बार इलाहाबाद आ रही हूँ। यहाँ तुम्हारे अलावा किसी को नहीं पहचानती, इसलिए तुम्हें ही तकलीफ़ देनी पड़ी। मेरे एक रिश्तेदार... रिश्तेदार नहीं, परिचित कह सकते हो, यहाँ टैगोर टाउन में हैं। सुना है बहुत बीमार हैं, सो उनसे मिलने चली आयी, आज रात ही वापस लखनऊ लौट जाऊँगी।"

"ठीक है, पहले घर चलते हैं। आप थोड़ा आराम कर लें, फिर आप जहाँ कहेंगी ले चलूँगा।"

पर आंटी मेरे घर, मुश्किल से आधा घंटा ही रुकी थीं।

"बेटा वहाँ पहुँचने में कहीं देर न हो जाए, सुना है उनके पास वक़्त बहुत कम बचा हैं।"

आंटी ने मुझे एक लिफ़ाफ़ा देते हुए कहा था, "पता इस पर लिखा है, यहीं चलना है।" टैगोर टाउन के जिस मकान का पता लिखा था, उसे खोजने में ज़्यादा परेशानी नहीं हुई। बड़े से फाटक को पार कर हमें अन्दर आते देख, एक नौकरनुमा आदमी ने हमसे पूछा, "साहब, किनसे मिलना हैं?"

चूँकि इसका जवाब मेरे पास नहीं था, इसलिए मैंने आंटी की ओर देखा। आंटी ने कहा, "सरला से कहो, मीनू आयी है! "

हमें अन्दर एक कमरे में बैठाकर, वह आदमी अन्दर किसी सरलाजी को बुलाने गया। मैंने देखा, आंटी की आँखें भींगी थीं।

आंटी के साथ इस मकान में जब मैं दाखिल हुआ था तब सुबह के नौ सवा नौ बज रहे थे। जब फफक-फफक कर रोती हुई आंटी को लेकर उस मकान के बाहर आया तब शाम ढल चुकी थी। इन दस घंटों के बीच, मैंने मानों कई लोगों के अतीत के कई सौ पन्नों का इतिहास पढ़ डाला था और इस दौरान हज़ारों मीलों का लम्बा सफ़र भी तय कर लिया था, उनके साथ।

●

वह समय, उस मोहल्ले के बचपन का था।

सरकार की ओर से शिक्षकों, वकीलों, डॉक्टरों को इस इलाके की जमीनें बेची गयी थीं। जमीनें सस्ती मिली थी, इसलिए लोगों ने जस-तस अपना-अपना मकान बनाकर, जल्द ही इस इलाके को आबाद कर दिया था। बच्चों के खेल के लिए एक बड़ा मैदान ज़रूर था, पर मुहल्ले में तब ढेरों ज़मीनें खाली पड़ी थी, सो

बच्चे जहाँ खेलने लगते वह ही उनके लिए खेल का मैदान बन जाता।

पर ऐसा नहीं था, कि इस मोहल्ले में सब बच्चे ही थे, जवान होने की ताक में कुछ लड़के-लड़कियाँ भी थे। इस मुहल्ले के बचपन में, पहली शादी जायसवाल मास्टर के बेटी की हुई थी। पहली बार इस मुहल्ले से निगम साहब की बूढ़ी माँ की अर्थी उठी थी। पहली बार इस मुहल्ले में यादवजी के घर बच्चा पैदा हुआ था। मुहल्ले का मुहम्मद रफ़ी जैसा गानेवाला मोहन ही पहला लड़का था, जिसकी साइकिल चोरी हो गयी थी। और इस मुहल्ले का पहला प्रेम मीनू और दीपक के बीच हुआ था।

102 डिग्री बुखार से तप रहे मीनू के हाथ को पकड़ कर दीपक ने कहा था, ''मैं तुमसे शादी करूँगा, तुम करोगी मुझसे?'' मीनू ने 'हाँ' कहा था।

दोनों कक्षा सात में थे तब!

कक्षा बारह पास कर दोनों ने कॉलेज में एक साथ दाख़िला लिया था। इन दोनों के रिश्ते में कोई ऐसी बात नहीं थी, कि जाड़े की धूप सेंकते हुए मटर छीलते,स्वेटर बुनते या आलू पापड़ सूखाते हुए मुहल्ले की चाची-काकियाँ कोई सरस कहानी बुन पातीं। अँग्रेज़ी में एक कहावत है, 'द होल वर्ल्ड लव्स द लवर्स'! हिन्दी में यह कहावत मौजूद है या नहीं यह नहीं जानता, पर पूरा मुहल्ला मीनू दीपक के प्यार से प्यार करता था।

पर तभी मीनू के पिताजी, सीतापुर के एक कॉलेज के प्रिंसिपल बन गये और उन्हें शहर छोड़ना पड़ा। इसके बाद क्या हुआ और कैसे हुआ, यह अब उस पुराने पड़ गये मुहल्ले के नये बाशिन्दों को पता नहीं। पर दीपक की बहन सरला ने चालीस सालों के इस लम्बे समय में, मीनू के साथ रिश्ता बनाए रखा था। दीपक ने शादी नहीं की थी और पिछले तीन साल से कैंसर से जूझ रहे थे।

●

सरलाजी आंटी से लिपट गयी और बोली, ''मैं आज ही भैया से कह रही थी, इतने दिन रुका है, तो एक दो दिन का और वक़्त दे दे। मीनू को ख़त मिलते ही, जैसे भी हो वह आएगी ज़रूर।'

आंटी जी ने पूछा, ''क्या इतना बीमार है दीपक!''

''मैंने तुझे ख़त में नहीं लिखा था... टर्मिनल...'', इतना कहते हुए सरलाजी पास की कुर्सी पर बैठ गयीं। आंटी भी उनका हाथ थामे थोड़ी देर उनके बगल बैठे सिसकती रही।

इस मकान की दूसरी मंज़िल के एक बड़े कमरे में दीपकजी लेटे हुए थे। आंटी को देख कर उन्होंने बिस्तर से उठने की कोशिश की, पर उठ नहीं सके। सरलाजी और मैंने उन्हें सहारा देकर धीरे-धीरे बिस्तर पर बैठाया।

न जाने क्यों मुझे लगा कि मुझे अब यहाँ नहीं रहना चाहिए। "आंटी मैं बाहर हूँ, जब ज़रूरत पड़े तो बुला लीजिएगा।" पर आंटी शायद मेरी बात सुन नहीं पायी।

मैं फिर उस कमरे में लौट आया था, जहाँ इस मकान में आने के बाद मैं और आंटी, सरलाजी से मिले थे।

मैं टेबल पर रखे अख़बार उठा कर उसे पलटने लगा। फिर अलमारियों में धरी किताबों को देखते हुए, मैं आज सुबह से हुई सब घटनाओं की कड़ियों को जोड़ने की कोशिश करने लगा। काफ़ी देर बाद सरलाजी आयीं।

"आपको हमारे लिए परेशान होना पड़ा..."

"इलाहाबाद में कहाँ रहते हैं...., कब से रह रहे हैं?", "नीरज से कब से मुलाक़ात है... आदि कुछ औपचारिक बातों के बाद, सरलाजी मुझे लेकर, अतीत के लम्बे सफ़र को पार कर कानपुर के उस मुहल्ले पहुँच गयीं, जो उन दिनों अपने बचपन से जवान हो रहा था। सरलाजी मानों नींद में चल रही थीं और रह रह कर राह भी भटक रहीं थीं। अतीत का सफ़र शायद ऐसा ही होता है। पर मैं, इस मकान के दूसरे कमरे में आंटी और दीपकजी के बीच ठहरे हुए वर्तमान को समझने की कोशिश कर रहा था।

ऐसे ही न जाने कब, दिन ढल कर शाम हो गयी। मैं, दीपकजी को नमस्कार कर जब आंटी जी को लेकर उस मकान के बाहर आया था, तब रात हो चुकी थी। मकान के फाटक पर खड़े सरलाजी और आंटी काफ़ी देर तक बातें करती रहीं, रोती रहीं।

हम स्टेशन समय से पहुँचे थे, पर ट्रेन कुछ लेट थी। मुझे यकायक इस बात का अहसास हुआ कि सुबह जब से आंटी दीपकजी के कमरे में दाखिल हुईं थीं, तब से अब तक उन्होंने मुझसे कोई बात नहीं की थीं। पर इससे मुझे बुरा नहीं लगा।

ट्रेन में चढ़ने के पहले जब मैंने आंटी के पैर छूए, तो आंटी ने अपनी थकी हुई आवाज़ में कहा, "आज की बात अंकल या नीरज से कहने की ज़रूरत नहीं।"

मुझे लगा कि दीपकजी, आंटी और सरलाजी के छोटे से घेरे में, कहीं मैं भी शामिल हो चुका था।

●

जीवनपुरहाट जंक्शन कोई स्टेशन का नाम ही नहीं, एक रंगमंच भी रहा है-मेरे लिए! यहाँ अनवरत चलनेवाले नाटकों के स्क्रिप्ट लिखनेवाले की हुनर तो

देखिये! क्या मजाल है, कि आप एक दृश्य को देखते हुए अगले दृश्य की होनी को भाँप जाएँ!!

दीपकजी के लिए इस नाटक में और ज़्यादा वक़्त नहीं बचा था। उस रात, जब मैं और आंटी टैगोर टाउन से स्टेशन पहुँचे थे, दीपकजी के जीवन के अन्तिम दृश्य पर पर्दा भी तभी गिरा था। जीवनपुरहाट जंक्शन के नाटककार को शुक्रिया, कि दीपकजी की ज़िन्दगी के अन्तिम कुछ घंटे वह अपनी मीनू से मिल सके थे।

वर्ना चाहते तो पर्दा तो एक दिन पहले भी गिरा सकते थे!

शरफुद्दीन

शब्दकोश में कई शब्द ऐसे हैं, जिनका सही मायने आप तभी समझ पाते हैं, जब आपके सामने वह शब्द, एक इनसानी चेहरा ले लेता हैं! 'धूर्त्त' ऐसा ही एक शब्द है, जिसका अर्थ आपके लिए क्या है, पता नहीं, पर मेरे लिए इसका अर्थ–चन्द्रमोहन था!

चन्द्रमोहन की इस धूर्त्तता का आधार, उसका चरम कंजूस और परम झूठा होना था। उसका नकली स्मार्टनेस इस पैकेज को पूरा करता था। चाँदगढ़ में उसके परिचित सभी थे, इसलिए उसका दोस्त कोई नहीं था। वैसे इस बात से उसको कोई मलाल नहीं था। सस्ते का जमाना था और लोग सीधे–सादे थे, ऐसे में चन्द्रमोहन के लिए, आसपास के लोगों को आसानी से टोपी पहनाकर, या दूसरे अन्य तरीकों से अपने बैंक जमा राशि को बढ़ते देखना ही उसकी सबसे बड़ी ख़ुशी थी।

उन दिनों चाँदगढ़ के साथ–साथ जिला शाहज़ाबाद भी मेरे कार्य क्षेत्र में आता था, इसलिए हर महीने, एक सप्ताह के लिए मुझे शाहज़ाबाद रहना पड़ता था। शाहज़ाबाद चन्द्रमोहन का भी कार्य क्षेत्र था लिहाज़ा न चाहते हुए भी उसके साथ शाहज़ाबाद में अकसर मुलाक़ात हो ही जाती थी।

●

उस दिन का सूरज न जाने किस–किस रंग को अपने में समेटे निकला था, पता नहीं। पर मैं और चन्द्रमोहन सुबह आठ–नौ के आसपास शाहज़ाबाद से मनकापुर बाजार की ओर जानेवाली बस पर सवार हो लिए थे। आठ डॉक्टर और पाँच दवाखानों में हाजरी लगाने के बाद जब हम मनकापुर बाज़ार बस स्टेशन, शाहज़ाबाद वापस लौटने के लिए पहुँचे, तब घड़ी में कुल दो बज रहे थे! बस स्टेशन में आकर पता चला कि कई घंटों से शाहज़ाबाद जाने की बसें नहीं आ रही थीं।

चन्द्रमोहन अपनी रट लगाये था, "ओये, कोई नई अभी जुगाड़ बैठाता हूँ। नेशनल मेडिकल हाल का शर्मा है न, एक रात टिकने का इन्तज़ाम तो हो ही जाएगा उसके

घर।''

पर दिन के चार भी बज गये पर चन्द्रमोहन का जुगाड़ नहीं बैठा। शायद चन्द्रमोहन के बारे में शर्माजी की धारणा हमसे अलग नहीं थी।

दोपहर के भोजन को, जिसे हम 'लंच' कहते थे, बस स्टेशन के टी-स्टॉल पर चार-पाँच सूखे क्रीम रोल और कई गिलास पानी गटक कर चुके थे! कुछ समय बाद टी-स्टॉल वाला भी अपनी दुकान बढ़ाकर घर चला गया तो हम दोनों को लगा की मानों हम एक बिलकुल अपरिचित जगह में फँस गये हैं, और अब रात, मनकापुर बाज़ार बस स्टेशन के खुले में ही काटनी पड़ेगी। सत्तर के दशक में ऐसे छोटे कस्बों में शाम, चार और पाँच के बीच उतर आती थी और सात बजे को चाहे तो आप मध्य रात्रि भी मान सकते थे।

हम बस स्टेशन के अहाते से निकलकर सड़क पर खड़े हो गये। सड़क भी सूनी पसरी थी। तभी एक मोटर साइकिल पर एक आदमी आता दिखा, जो अपनी वेशभूषा में मनकापुर बाजार का नहीं लग रहा था। हम दोनों को सड़क किनारे असहाय खड़े देख उसने पास आकर अपनी मोटर साइकिल रोक दी। वह आदमी रेलवे में काम करता था और मनकापुर बाजार से पाँच मील दूर महाराजगंज स्टेशन का शायद स्टेशन मास्टर था। हमारी समस्या सुनकर वह बोला, "अब आप लोग सुबह सवा सात वाली गाड़ी से ही शाहज़ाबाद लौट सकते हैं। रात काटना स्टेशन पर तो सम्भव नहीं है, क्योंकि इधर कई दिनों से लकड़बग्घों का उत्पात बढ़ गया है। हाँ, स्टेशन से एक मील पश्चिम में एक डाकबँगला है। दो ही कमरे हैं-वहाँ अब अगर कोई अधिकारी न टिका हो, तो कमरा मिल भी सकता है।''

हम और चन्द्रमोहन दोनों स्टेशन मास्टर की मोटर साइकिल पर जस-तस लद लिये थे। मोटर साइकिल पर एक नहर के किनारे बने कच्ची सड़क पर उछलते-कूदते अन्ततः हम महाराजगंज स्टेशन पहुँच ही गये थे। एक मालगाड़ी को पास करवाना था, सो स्टेशन मास्टर डाकबँगले तक न आकर, अपने किसी चौकीदारनुमा आदमी को हमारे साथ कर दिया था।

दिन की बुझती रोशनी में दूर से डाकबँगले को देख कर लगा कि मानों मैं कोई सपना देख रहा था। घने पेड़ों की छाह में बसे, लाल खपरैल के छतवाले उस छोटे-से ख़ूबसूरत डाकबँगले को पास से देखकर मैं दंग रह गया था। इसके पहले मैंने कभी कोई डाकबँगला नहीं देखा था। सामने बगीचे की मेंड़ चूने से रंगी हुई थी, तो पेड़ एक ऊँचाई तक गेरू से रँगा! ऐसा साफ़-सुथरा बँगला, मुझे जन्माष्टमी की झाँकी की याद दिला रही थी।

गेट के पास ही हैंडपम्प पर इस डाकबँगले का केयर टेकर शरफुद्दीन मिला।

शरफुद्दीन ने झुककर दाहिने हाथ से सलाम किया, बायाँ हाथ उसके पीठ के नीचे कमर के पास था। बोला, ''सर, मैं शरफुद्दीन, हुकुम करें।'' मैंने अबकी बार चन्द्रमोहन को किसी तरह के 'जुगाड़' लगाने का मौक़ा नहीं दिया। शरफुद्दीन से मैंने पूरी बात साफ़ साफ़ कह दी।

''शरफुद्दीन भाई, अब हम आज रात तो यहाँ से कहीं नहीं जाएँगे। आप अगर मना कर देंगे तो इसी बरामदे में कुर्सी पर बैठे रात बिता देंगे।''

''तौबा, तौबा। कैसी बात कर रहे हैं हुजूर। आप मेरे मेहमान हैं।''

शरफुद्दीन ने हमारे लिए एक कमरा खोलते हुए कहा, ''सरकार तशरीफ़ रखें, मैं चाय लेकर आता हूँ।''

''आला दर्ज़े का चालू माल है, यह शरफुद्दीन!'' चन्द्रमोहन ने काफ़ी देर बाद अपनी चुप्पी तोड़ते हुए मुझे अपनी दबी जुबान में कहा था।

शरफुद्दीन थोड़ी देर में चमकदार पोर्सलीन के प्लेट-प्यालियों में चाय लेकर आया। उत्तर प्रदेश के एक अनाम इलाके के एक छोटे से डाकबँगले में इतनी शानदार क्राकरी की उम्मीद शायद यहाँ कभी आने-जानेवाले अँग्रेज़ अधिकारी भी नहीं करते होंगे, यह तो सन् पचहत्तर था! मैं सफुद्दीन की तारीफ किये बगैर नहीं रह सका।

''हुजूर, काँच के बर्तन हैं, जरा-सी चूक हुई और टूट गया! अब तो कुछ ही बचे हैं।''

लकड़ी के बड़े ट्रे में कप-प्लेटों को सँभाल कर शरफुद्दीन के कमरे से बाहर जाते ही चन्द्रमोहन बोला, ''शरफुद्दीन को फिट करते हैं, मुझे दो कप और दो प्लेट तो चाहिए ही। ये लोग अगर दो पैसे अलग से मिल जाए तो क्राकरी आदि बेच देते हैं और रिकॉर्ड में दिखा देते हैं कि टूट गया। इतना बड़ा बाग़ देखा डाकबँगले के कम्पाउंड में, ये साले सब फल बेच खाते होंगे।''

हमारे कपड़े, बाल और चेहरे पर नहर किनारे की कचिया की मिट्टी इस कदर चढ़ चुकी थी, कि लगा अभी सबसे ज़रूरी काम नहाना ही था। तभी शरफुद्दीन ने आकर कहा, ''हुजूर, गुसलखाने में गरम पानी रख दिया है, आप लोग नहा लें। और हुजूर, डिनर में क्या लेंगे, बता दें तो इन्तज़ाम करूँ!''

आज जिन्हें सन् पचहत्तर याद है, उन्हें उन दिनों पचास रुपये की हैसियत ज़रूर याद होगी। फिर भी मैंने शरफुद्दीन को पचास रुपये का नोट देते हुए कहा, ''आप जो खिला देंगे खा लूँगा।''

''चिकन मिलेगा क्या?'' डाकबँगले के बिस्तर पर बिना जूते उतारे, अधलेटे चन्द्रमोहन ने शरफुद्दीन से यों पूछा, जैसे वह उसकी ईमानदारी का इम्तिहान ले रहा हो।

''हुक्म करें सरकार!''

"तो, फटाफट चिकन करी और राइस लगा दो। दो रोटी और पीली दाल साथ में मिल जाए तो क्या कहने! यार ग्रीन सलाद हो तो इट विल बी जस्ट हेवेनली, मियाँ!"

"सरकार, जैसा हुक्म हो!"

इतना कहकर शरफुद्दीन कमरे से बाहर चला गया था। मुझसे रहा नहीं गया, और मैं चन्द्रमोहन पर बरस पड़ा।

"यार, आज अगर दाल चावल ही मिल जाता तो उससे क्या फ़र्क़ पड़ता। इतनी रात को बेचारे शरफुद्दीन को परेशान किया।"

"ओय, छाड्ड यार! ये तेरा शरफुद्दीन तेरे दिए पचास से दस-बारह से ज़्यादा नहीं खर्चेगा, बाक़ी साले की जेब में! इसीलिए तो मुर्गा बनाया साले को। थोड़ा ही सही कुछ तो पैसा वसूल होगा की नइ?"

मेरे पास इसका कोई जवाब नहीं था!

बचपन में डाकबँगले के साथ फिरंगी भूतों के रिश्तों के क़िस्से मैंने भी सुन रखे थे, जैसे आप सबों ने सुन रखे होंगे। और डर मुझे भी लगता था, क्योंकि बचपन में पड़ोस की चाची जी के तमाम कहने पर भी मैं हनुमान चालीसा कंठस्थ नहीं कर पाया था। आज इतने सालों बाद डाकबँगले में मुझे चाची जी याद आयी। दरअसल जब से हम डाकबँगले में आये थे, तभी से किसी की, या कुछ महिलाओं की रोने की आवाज़ रह-रहकर मैं सुन पा रहा था। पर चूँकि इस इलाके की प्रसिद्धि, लकड़बग्घे और रात को टहलने निकलनेवाले दूसरे जंगली जानवरों के चलते थी, इसलिए इस रोने धोने पर पहले ध्यान नहीं गया।

लगभग इस जंगलनुमा इलाके में, महाराजगंज स्टेशन से करीब बैठकर रात का खाना तो चाहे कोई खा भी सकता था, पर 'डिनर' करना असम्भव था। पर यह बात चन्द्रमोहन पर लागू नहीं होती थी, क्योंकि उसने पूरे 'डिनर' के दौरान शरफुद्दीन को खड़ा रखा और 'डिनर' के बाद हाथ धोने के लिए 'फिंगर बोल' की माँग कर मुझे हैरान कर दिया।

समझने में मुझे दिक़्क़त नहीं हुई, कि यह पचास रुपये के, 'पैसा वसूल' का चन्द्रमोहन का अपना तरीका था!

चन्द्रमोहन को शरफुद्दीन का खाना बहुत पसन्द आया था, यह बात उसने अपनी जुबान से तो नहीं कही, पर उसके खाने के अन्दाज़ ने इसकी चुगली कर दी।

"सरकार, आज ठीक से इन्तज़ाम नहीं कर पाया, मौक़ा लगे तो एक बार फिर आइएगा, आप लोगों की खिदमत में कुछ बेहतर और लज़ीज़ खाना पेश करूँगा।"

'पैसा वसूल' करने के चक्कर में चन्द्रमोहन ने डटकर जीमा था, सो 'फिंगर बोल' वाले पर्व के बाद वह कम्बल तान कर खर्राटें मारने लगा। चारों ओर फैली ख़ामोशी को तोड़ते, चन्द्रमोहन के खर्राटों से मैं पहले कभी परिचित नहीं था, मुझे वह लकड़बग्घों के अट्टहास से कम भयावह नहीं लगा। थोड़ा ही वक़्त बीता होगा, मुझे लगा कि चन्द्रमोहन के साथ एक कमरे में रात गुजारने से, लकड़बग्घों के सान्निध्य में रात बिताना कहीं ज़्यादा सुखकर होगा। कुछ ऐसा सोचकर मैं कमरे के बाहर आ गया था।

पर कमरे के बाहर आकर पाया, कि दूसरी परेशानी मेरे लिए मुँह बाए खड़ी थी। औरतों के रोने की आवाज़ अब और स्पष्ट सुनाई दे रही थी। इसके पहले, कि मेरा यक़ीन पक्का होता कि ये भूत पिशाचों का समवेत क्रन्दन है, तभी मुझे शरफुद्दीन आता दिखाई दिया।

"शरफुद्दीन, यह कैसी आवाजें है?', मैंने पूछा।

"सर, आप सोये नहीं? मैं तो आप लोगों के कमरें की बत्ती बुझाने आया था!'

'पर ये रोने की आवाज़ कहाँ से आ रही है, शरफुद्दीन? मैं जब से आया हूँ यहाँ, तब से मुझे ये आवाज़ सुनाई दे रही है।'

शरफुद्दीन ने मेरे सवाल का काफ़ी देर तक जवाब नहीं दिया, फिर एक गुनहगार के अन्दाज़ में बोला, "सरकार, कौन रोक पाया है जानेवाले को। मेरी बीवी शाम से मातम कर रही है। रो-रो कर बुरा हाल है उसका। अब आप ही बताएँ, जानेवाला कभी लौटता भी है क्या, रोने धोने से।"

"मैं समझा नहीं शरफुद्दीन!"

"सरकार, खुदा ने इस जनम में एक ही बेटी दी थी हमें, शकीला! दो साल भी नहीं हुए थे, सरफ़राज़ से उसकी शादी कराये। उम्मीद से थी, आठवाँ लगा था कि आज शाम चल बसी। मेरे घर आयी थी बच्चा जनने, खाली हाथ बुला लिया उसे ऊपरवाले ने। बावली है मेरी बीवी, जो शाम से बैठी पड़ोस की औरतों के साथ रोने-धोने में लगी हैं। मैंने बार-बार मना किया, पर माँ का मन है सरकार, अब कौन समझाए!" शरफुद्दीन की आँखों में आँसू नहीं थम रहे थे।

मुझे वो हर एक वाक़या याद आया, जो हमारे डाकबँगले के आने के बाद हुआ था। मुझे चन्द्रमोहन की वे सब बातें याद आ रही थीं, जो उसने शरफुद्दीन से कही थीं। मैं सर झुकाये थोड़ी देर ख़ामोश खड़ा रहा, फिर न जाने क्या सोचकर शरफुद्दीन से कहा, "मैं तुम्हारे क्वार्टर चलना चाहता हूँ!"

शरफुद्दीन की बेटी मानों फर्श पर सो रही थी, उससे कुछ हट कर पाँच-छह औरतें बैठी रो रही थीं। मुझे, शरफुद्दीन के साथ आते देख वे चुप हो गयीं।

मैं थोड़ी देर वहाँ खड़ा रहा। मुझे समझ में नहीं आ रहा था, कि मैं क्यों शरफुद्दीन के क्वार्टर आया था। शरफुद्दीन मेरे बगल में ख़ामोश खड़ा था। और रह-रह कर अपनी आँखें पोंछ रहा था।

"सरकार आप लोगों की गाड़ी सुबह-सुबह है। मैंने चौकीदार रामसकल से कह दिया है। आप लोगों को चाय देगा और स्टेशन तक छोड़ भी आएगा। अब हम बहुत सुबह ही मिट्टी लेकर जाएँगे, बस सरफ़राज़ का इन्तज़ार है। रात बहुत हो गयी सरकार, अब आप जाकर सो जाएँ!"

शरफुद्दीन मुझे मेरे कमरे तक छोड़ने आया था।

"सरकार, इतनी कम उम्र में बिटिया चली गयी इसीलिए मेरी बीवी और पड़ोस की औरतों को कोई होश नहीं था, इसलिए वे यूँ चीख चिल्ला रहीं थीं। मैंने मना कर दिया है, अब कोई शोर नहीं करेगा। मैंने मेहमानों की खिदमत की ही नौकरी की है आज तक, सरकार! मेहमान ईश्वर होते हैं, सो मेरी नौकरी और धरम दोनों एक हैं। मुझसे कोई भूल-चूक हुई हो तो माफ़कर दीजिएगा, मेरा भी दिमाग़ काम नहीं कर रहा है।"

●

शरफुद्दीन के चले जाने के बाद मैं बहुत देर तक डाकबँगले के बरामदे में रखी कुर्सी में बैठा रहा। मुझे शाम से अब तक बीते चार पाँच घंटों की वे सब घटनाएँ याद आ रही थीं। कैसे कोई इनसान, अपनी एक मात्र जवान बेटी की मिट्टी को अपने घर के फर्श पर रख कर, चार-पाँच घंटों तक हमारी खिदमत में जुटा रह सकता है! मुझे मेरे शहर के बहुत पढ़े-लिखे, बहुत पैसे वाले लोग और उनसे जुड़ी तमाम छोटी बड़ी घटनाएँ याद आ रही थीं। उस वक़्त अपने क्वार्टर में, छोटी नौकरी करनेवाला अनपढ़-गरीब शरफुद्दीन, मुझे ही नहीं बल्कि चन्द्रमोहन और चन्द्रमोहन सरीखे तमाम पढ़े-लिखे शहरी लोगों को बौना बनाकर, पूरे पाँच घंटों बाद अपनी मरी हुई बेटी के सिरहाने पहली बार बैठ पाया था।

सुबह आँख खुली तो एक अनजान आदमी दो गिलास गर्म चाय ट्रे पर रखकर मेरे सामने खड़ा था।

"बाबू, हम रामसकल, इहाँ के माली। भाई बोल कर गया था कि आप लोगों को चाय पिला दूँ, और स्टेशन तक पहुँचा दूँ। आप लोग तैयार हो जाएँ!"

''गुड मानिंग! यहाँ तो टूथ ब्रश-पेस्ट कुछ नहीं मिला, माली ने नीम के दो दातौन ला कर दे दिया, अब इसी से काम चलाओ। और हाँ, वो तुम्हारा शरफुद्दीन भी सुबह होने के पहले चम्पत हो गया। साला पचास रुपया पूरा गटक गया। ख़ैर, ये तो मैं पहले से ही जानता था। नथिंग अनयुज़वल!'' चन्द्रमोहन की आवाज़ में पिछली रात की खनक बरकरार थी। मेरा सर भारी लग रहा था, इसलिए ख़ामोश ही रहा।

रामसकल अगर डाकबँगले से निकल कर बीस कदम चल कर हमें स्टेशन दिखा देता तो हम खेतों के मेड़ पर से चलते हुए आसानी से स्टेशन पहुँच सकते थे, पर रामसकल नहीं माना। वह चन्द्रमोहन का बैंग कन्धे में लाद कर, आगे-आगे चल रहा था। स्टेशन पहुँचकर वह बोला, ''बाबू, पैसे दें तो टिकट लेता आऊँ।''

मुझे टिकट और फुटकर लौटाकर राम सकल ने अपने जेब से एक कागज़ की पर्ची में लपेटे गये कुछ नोट और सिक्के दिये।

पर्ची में मुर्गा, आटा, दाल आदि का हिसाब लिखा था। नीचे कुल खर्च और बाक़ी पाई पैसों का हिसाब था। मुझे पर्ची-पैसा पकड़ा कर, रामसकल नमस्कार कह कर खेतों के रास्ते गुम हो गया था।

मैंने, किसी बड़े शहर में पले-बढ़े-पढ़े, मेरे स्मार्ट मेडिकल रिप्रेज़ेन्टेटिव दोस्त, चन्द्रमोहन की ओर, शरफुद्दीन के हाथ का लिखा परचा बढ़ा दिया था। जिसमें हालाँकि हमारी मक्कारियों का हिसाब कहीं भी दर्ज़ नहीं था, पर चन्द्रमोहन के बैग में डाकबँगले से शरफुद्दीन से 'वसूला' गया पोर्सलीन का एक कप और प्लेट सुरक्षित धरा था!

चौकीदार

निशाचर!

कुछ लोग ऐसे होते है जो रात में देर तक जगे रहते हैं। बहुत कम समय में, चाँदगढ़ में मेरी गिनती ऐसे लोगों में हो गयी थी। दरअसल, चाँदगढ़ में मेरा दिन तो काम-काज-मटरगश्ती में ठीक वैसे ही बीतता था, जैसे मेरे दूसरे रिप्रेजेंटेटिव साथियों का बीतता था, पर शाम बीतकर रात होते ही मुझे एक अजीब-सा अहसास आ घेरता था। मुझे लगता था कि दो वक़्त की रोटी कमाने भर से ज़्यादा यहाँ मैं और कुछ नहीं कर पा रहा हूँ। नौकरी करना मेरी मज़बूरी थी, इसीलिए रात के बाद ही समय मिल पता था, जब मैं वक़्त निकाल कर या तो चित्र बनाता था या फिर किताबें पढ़ता था।

इसीलिए चाँदगढ़ में दोस्त मुझे 'निशाचर' कहते थे!

चाँदगढ़ जिला मुख्यालय होने के नाते, जिले के गाँव-देहात-कस्बों से लोग को कोर्ट-कचहरी-बैंकों से लेकर तमाम दूसरे सरकारी काम-काज के लिए चाँदगढ़ आना ही पड़ता था। इन सरकारी दफ़्तरों के बन्द होने के साथ-साथ लोग अपने-अपने घरों को लौट जाते थे। सिविल लाइन्स में कचहरी के आस-पास चाय की दुकानों और भोजनालयों में दिन भर लोगों का आना-जाना लगा रहता था, पर दोपहर के ख़त्म होने के साथ-साथ इस इलाके में एक ख़ामोशी-सी फैल जाती थी। होटलों की अँगीठियों की आग, राख तले दब जाती थी और होटल के अन्दर फर्श धोने और बाहर बर्तन माँजने का काम शुरू हो जाता था। इसके बाद अगर चाय पीना हो तो खोजना पड़ता था, कि किस होटल के चूल्हे में आग बची है या किसके पास दूध बचा है।

चाँदगढ़ में शाम होने और रात उतरने के बीच ज़्यादा अन्तराल नहीं हुआ करता था।

रात को कभी चित्र बनाते या कभी किताब पढ़ते-पढ़ते, मैं रोज़ रात को दो-ढाई बजे के पहले नहीं सोता था। इस इलाके के हरिराम चौकीदार का पहला गश्त

ठीक दस बजे लगता था। हरिराम को लोग 'पहलवान' कह कर भी बुलाते थे। उसके एक पाँव में शायद कभी चोट लगी थी, इसलिए वह कुछ लँगड़ा कर चलता था। मेरे कॉलोनी वालों में बहुत कम लोगों ने उसे रात में देखा था, बस महीने में एक दिन वह हाथ में एक रजिस्टर थामे जब चौकीदारी के पैसे लेने आता था, तभी लोग उसे देख पाते थे।

पर मैं उससे लगभग हर रोज़ मिलता था!

मेरे कमरे की रोशनी को देख उसे मेरे घर के आगे सीटी बजाने या हाँक लगाने की ज़रूरत नहीं पड़ती थी, पर मुझे दूर से पास आती और फिर दूर जाती उसकी आवाज़ बहुत अच्छी लगती थी। 'जागते रहो! होशियार!!' हाँक लगा कर वह एक लम्बी सीटी बजाता था और अपने हाथ की एक सात फुट लम्बी लाठी को वह रह-रह कर ज़मीन पर ठोकता था। बारिश हो या गर्मी, होली हो या दिवाली–हरिराम बिना नागा रोज़ रात अपने काम पर होता था। वह कहाँ से गश्त लगाना शुरू करता था यह तो नहीं जानता, पर मुन्नेलाल कॉलोनी से स्टेट बैंक, कचहरी और ऑफिसर्स कालोनी होते हुए, फिर वापस हमारी कालोनी से होकर गुज़रता था। रात में उसके तीन-चार चक्कर तो लग ही जाते थे।

रात को जब भी मेरी मुलाक़ात हरिराम से होती तो वह, 'सलाम साब!' कहता, बस इसके आगे कभी कोई बात नहीं बढ़ी। मैं उन दिनों सिगरेट पीता था और रात को वे, यानी सिगरेट मुझे मेरे सच्चे दोस्त जैसा साथ देते थे। एक रात हुआ यों, कि बारह बज चुके थे और दुकानें कब के बन्द हो चुकी थीं, मैंने देखा कि मेरे पास एक भी सिगरेट नहीं बची थी। रात के अकेलेपन में ऐसे दोस्त की गैर मौजूदगी में क्या करूँ, यह समझ में नहीं आ रहा था। जिन्होंने कभी सिगरेट से सच्ची यारी की है, वे ही इस असहाय स्थिति को शायद बेहतर समझ पाएँगे, हालाँकि जो सिगरेट से नफरत करते हैं और ऐसी दोस्ती को एक यारी नहीं बल्कि 'लत' कहते हैं, उनसे आज कतई बहस नहीं करूँगा।

तभी मुझे हरिराम आता दिखाई दिया।

"हरिराम, एक काम कर दोगे मेरा?"

"हुकुम साब!"

"मेरा सिगरेट ख़त्म हो गया है। क्या तुम मेरे लिए बस स्टेशन से सिगरेट ला दोगे?"

"क्यों नहीं, चाय की दुकान पर मेरी साइकिल रहती है, मैं अभी बस अड्डे से लेकर आता हूँ!" दस-पन्द्रह मिनट लगे होंगे, हरिराम सिगरेट का पैकेट लेकर लौट आया। और यूँ हरिराम से मेरी पहली बार बातचीत हुई।

इसके बाद, मुझे रात में जब भी ऐसी ज़रूरत होती तो हरिराम मेरे लिए बस स्टेशन से तो कभी चौक से सिगरेट ले आता था।

एक बार मैं बस से लखनऊ से लौट रहा था। बरसात का मौसम था, कई इलाकों में बाढ़ के चलते सड़कें बन्द थीं। बस ड्राइवर ने न जाने कहाँ-कहाँ से घुमा फिरा कर चाँदगढ़ में, चार बजे दिन की जगह रात के दो बजे पहुँचाया। कॉलोनी पहुँच कर रिक्शे से उतर ही रहा था कि मुझे हरिराम दिखा।

''सलाम साब!''

मैंने यूँ ही उससे पूछा, ''क्या टाइम हो रहा है, हरिराम? ''

''बताता हूँ, साब'' इतना कह कर उसने अपना सात फुटा लाठी का एक सिरा जमीन पर टिका कर अपने शरीर से एक हाथ दूर सीधे खड़ा किया और आसमान की और यूँ देखने लगा कि मानों अपनी लाठी से वह आसमान को नाप रहा था।

''साब दो बजकर चालीस मिनट हुए हैं!''

मैं उसके जवाब से चकित रह गया। अपनी कलाई घड़ी देखी, तो उसमें ठीक पौने तीन बज रहे थे।

''हरिराम, तुमने बिना घड़ी देखे इतना सही समय कैसे बता दिया?''

''साहब, फ्रंट पर जब घड़ी नहीं हो तो टाइम देखना ऐसे ही सीखा था, मुझे कभी भी घड़ी की ज़रूरत नहीं हुई।''

उस रात अपने बँगले के बाहर सीढ़ियों पर बैठे, पहली बार मैंने हरिराम की कहानी सुनी थी।

''चाँदगढ़ के पूरब में गाँव सोजपुर का रहनेवाला हूँ मैं। एक दिन घर से भाग कर फ़ौज में भर्ती होने के लिए बनारस छावनी जा पहुँचा था। बीस साल से कम ही उम्र थी मेरी, अँग्रेज बहादुर की नौकरी में लग गया था। उन दिनों मेरी सिंगापुर में पोस्टिंग थी, जब जापानियों ने सिंगापुर पर कब्ज़ा कर लिया। हमारी सेना का कहीं अता-पता नहीं था, मैं यूँ ही कुछ दिनों तक इधर-उधर भटकता रहा। सन 1943 का जुलाई का महीना था, नेताजी सिंगापुर पहुँचे। उन्होंने नारा दिया था, 'तुम मुझे खून दो, मैं तुम्हें आज़ादी दूँगा!' सच कहता हूँ साब, गुलामी किसे कहते हैं, इसका अहसास मुझे तभी पहली बार हुआ था। नेताजी के स्वागत में कैप्टन राम सिंह ठकुरी के बैंड ने गाया था, ''सुभाषजी, सुभाषजी वो जान-ए-हिन्द आ गये है नाज़ जिसपे हिन्द को वो शान-ए -हिन्द आ गये।''

''साहब सुना है आपने ये गाना?''

रात तब ख़त्म होने को थी, पूरब के आसमान पर हल्का उजास दिखने लगा था।

चाँदगढ़ के मुन्नेलाल कॉलोनी का एक भी बाशिन्दा तब तक जागा न था शायद। हरिराम ने दबी आवाज़ में पर पूरे जोश के साथ मुझे यह गाना सुनाया था। साठ साल की उम्र पर आकर भी हरिराम की आवाज़ में न केवल एक ख़ास खनक थी, बल्कि उसका सुर-ताल, सब बहुत दुरुस्त था।

इस घटना के बाद, फिर कभी हरिराम से सिगरेट मँगवाने की मेरी हिम्मत नहीं हुई!

''साहब, मैं तो कैप्टन राम सिंह ठकुरी का मुरीद था। जब भी मौक़ा मिलता कैप्टन के पास बैठ जाता था। कितने सारे साज़ बजा लेते थे वो! साहब आपने पंडित बंशीधर शुक्ला का नाम सुना है? वही, जिन्होंने आज़ाद हिन्द का मार्च सांग लिखा था, 'कदम-कदम बढ़ाये जा ख़ुशी के गीत गाये जा ये ज़िन्दगी है कौम की तू कौम पे मिटाए जा।' थोड़ी देर तक ख़ामोश किसी सोच में डूबा रहा था हरिराम, फिर मानों अपने आप से उसने कहा था, ''मनुस बली नहीं होत हैं, समय होत बलवान!''

मैं तिरपन में पैदा हुआ था, यानी आज़ादी मिलने के पूरे छह साल बाद! पढ़-लिख कर आज़ाद हिन्दुस्तान में बड़ा हुआ। पर इस बड़े होने के दौर में वे तमाम बातें जो मुझे नहीं बताई गयी थीं, हरिराम मुझे बता रहा था। मैं उससे बहुत बात करना चाहता था, उससे बहुत बातें जानना चाहता था। कई बार ड्यूटी के बीच में वह समय निकालकर मेरे बँगले चला आता था और किस्तों में अपनी ज़िन्दगी की, अपने वक़्त की, आज़ाद हिन्द फौज और उसके सैनिकों की कहानियाँ सुनाता था। मैं कई बार उसके कहे को अपनी डायरी में उतार लेता था। मैंने धीरे-धीरे उसके ज्ञान पर आश्चर्य या अचम्भित होना छोड़ दिया था, क्योंकि उसके पास जो कुछ जानकारियाँ और कहानियाँ थीं, उनके बारे में मैंने पहले कभी, कहीं नहीं सुनी थीं। उसे घटनाएँ, नाम और तारीखें ज़ुबानी याद थीं।

हरिराम चौकीदार मुझसे या हममें से किसी से कम शिक्षित नहीं था!

भैयाजी, नेताजी को 'वन्दे मातरम' बहुत पसन्द था, पर उन्होंने आज़ाद हिन्द फौज के क़ौमी तराना के लिए, गुरुदेव का 'जन गण मन अधिनायक जय हे' ही चुना। पर इसमें भी दिक़्क़त होने लगी, क्योंकि यह हिन्दुस्तानी में नहीं लिखा गया था। तब हमारे कैप्टन आबिद अली से उन्होंने गुरुदेव के गीत को आधार बना कर एक गीत लिखने को कहा। कैप्टन आबिद अली का नाम तो सुना ही होगा आपने! बहुत पढ़े-लिखे बड़े दिलवाले इनसान थे जी। पूरा नाम था मेजर आबिद हसन। नेताजी के साथ सबमेरीन में जर्मनी से सिंगापुर आये थे मेजर आबिद हसन साहब। उन्होंने ही 'जन गण मन' का अपने ढंग से अनुवाद किया था, कैप्टन राम सिंह ने धुन दी थी इसकी। गीत था 'शुभ सुख चैन कि बरखा बरसे, भारत भाग है जागा।' अहा,

क्या खूब लिखा था मेजर साब ने, 'सब के दिल में प्रीत बसाए, तेरी मीठी बाणी हर सूबे के रहनेवाले, हर मज़हब के प्राणी सब भेद और फ़र्क़ मिटा के, सब गोद में तेरी आके, गूँथें प्रेम की माला।'

आबिद हसन का नाम मैंने नहीं सुना था, मुझे किसी ने बताया नहीं था। मैं नहीं जानता था कि आज़ाद हिन्द के क़ौमी तराना क्या था।

हरिराम चौकीदार ने मुझसे कहा था, "जानते हैं भैयाजी! 'जय हिन्द' का नारा इसी मेजर आबिद हसन साहब का ही दिया हुआ है।"

"मैं कर्नल गुलज़ारा सिंह के कमान में थर्ड गुरिल्ला रेजिमेंट में था जब हमें कैद कर हिन्दुस्तान लाया गया, मुझे दिल्ली के पास बहादुरगढ़ कैम्प में रखा गया था। फिर मुकदमा चला और सन सैंतालिस में वो मुल्क भी आज़ाद हुआ, जिसके लिए हम सब लड़े थे। हमें जेल से छोड़ दिया गया। हम जानते थे इतने बड़े मुल्क की फौज में हम सबको इज़्ज़त की नौकरी ज़रूर मिलेगी, पर अँग्रेज़ों ने नेहरूजी को हिन्दुस्तान की कमान सौंपते हुए हिदायत दी थी कि आज़ाद हिन्द फौज के किसी को भी आज़ाद हिन्दुस्तान की फौज में नौकरी नहीं देना। नेहरूजी ने ऐसा ही किया था।

हम सब अपने ही मुल्क में चौकीदार-चपरासी की नौकरी के लिए दर-दर भटकने लगे।"

"भैयाजी,जानते हैं, मनुस बली नहीं होत हैं, समय होत बलवान!"

चाँदगढ़ छोड़े कई दशक बीत चुके हैं, कई बातें याद रह गयीं, कई अब भूल चला हूँ। पर हरिराम चौकीदार को मैं कभी नहीं भूल पाऊँगा। उसकी एक-एक बात मेरी स्मृति की डायरी के पीले होते पन्नों में दर्ज हैं।

स्मृति की उसी डायरी में यह भी दर्ज है, कि एक दिन हरिराम को चौकीदारी छोड़नी पड़ी थी। रात को गश्त लगाते समय उसे मामूली-सी चोट लगी थी, पर देखते ही देखते उसके बायें पैर में गैंग्रिन हो गया। जिला अस्पताल के डॉक्टरों के पास उसके घुटने के नीचे से पैर को काटने के अलावा और कोई चारा नहीं था। मुझे इस पूरे हादसे की कोई जानकारी नहीं थी। कई महीनों बाद एक रात हरिराम मुझसे मिलने आया था। बैसाखियों के सहारे खड़ा, हरिराम बेहद कमज़ोर लग रहा था। मैंने उसके पैर के बारे में कोई चर्चा नहीं की, बस यूँ ही इधर-उधर की बातें होती रही। उसने बताया कि उसकी चौकीदारी की नौकरी छूट गयी थी और वह अब चाँदगढ़ छोड़कर अपने गाँव सोजपुर में ही रह रहा था। मुझसे बिदा लेते हुए उसने दोहराया था, "भैयाजी, मनुस बली नहीं होत हैं, समय होत बलवान!"

इसके बाद मैं फिर कभी हरिराम से नहीं मिला।

सोजपुर था तो चाँदगढ़ जिले में, पर मैं कभी वहाँ नहीं गया था। डॉक्टर राय के भाई की बारात में अचानक ही सोजपुर जाने का मौक़ा मिला, तो सोचा की शादी में शामिल भी होना हो जाएगा और हरिराम से मिल भी लूँगा। एक साल से ऊपर हो गया था, हरिराम से मिले।

जब बारात दुआर लगी तब शाम हो चुकी थी। चूँकि शादी देर रात की थी, इसलिए सब आराम करने लगे। मैं जनवासे से निकल कर पास ही एक चाय की दुकान पर जाकर हरिराम का पता पूछा। चायवाला हरिराम को नहीं जनता था पर उसके पैरों का ज़िक्र आते ही वह पहचान गया, 'अरे वह लंगड़ा चपरासी! ब्लाक स्कूल में चपरासी था, अभी पिछले महीने ही तो मलेरिया से मरा बेचारा। पर साहब आप कैसे जानते है उसे, उसे तो गाँव का कोई नहीं जानता था। बड़ा भला आदमी था, स्कूल में घंटा बजाने का काम था उसका, पर बच्चों को गाने भी सिखाता था।'

बारात में मेरे शामिल होने की औपचारिकता पहले ही पूरी हो चुकी थी, मैं किसी से कुछ कहे बगैर बस अड्डे की ओर निकल आया और सोजपुर से चाँदगढ़ वापस जानेवाली बस का इन्तज़ार करने लगा। थोड़ी देर बाद जब चाँदगढ़ वापस जाने के लिए बस पर बैठा तो कानों में बस चाय वाले की एक ही बात गूँज रही थी, हरिराम 'स्कूल के बच्चों को गाने भी सिखाता था!'

सोजपुर ब्लॉक स्कूल के बच्चों को हरिराम ने 'शुभ सुख चैन बरखा ब्ररसे' गाना ज़रूर सिखाया होगा। कैप्टन राम सिंह ठकुरी और मेजर आबिद हसन ज़ाफ़रानी की कहानियाँ ज़रूर सुनायी होगी। यह सोचते हुए मैंने आसमान की ओर देखा। शहरों–महानगरों के मुकाबले गाँवों–देहातों के आसमान पर कहीं ज़्यादा तादाद में और कहीं ज़्यादा चमकवाले तारे आते हैं, सो पूरा आसमान तारों से भरा था।

इन्हीं तारों को देख कर हरिराम समय बताया करता था।

और वह यह भी कहा करता था 'साहब, मनुस बली नहीं होत हैं, समय होत बलवान!'

लाटरी

उन दिनों चाँदगढ़ से अगर लखनऊ आना-जाना होता था, तो पूर्वी उत्तर प्रदेश के अन्य सभी ज़िलों जैसे ही, बस ही सबसे आसान ज़रिया था। दिन भर में जहाँ एक या दो ट्रेनें थी, वहीं हर घंटे-दो घंटों में राज्य परिवहन की बसें थीं। चाँदगढ़ में काम करनेवाले लगभग सभी मेडिकल रिप्रेजेंटेटिवों के कम्पनियों का प्रादेशिक मुख्यालय लखनऊ में हुआ करता था, लिहाज़ा हमें महीने में दो-एक बार लखनऊ जाना ही पड़ता था। हम सभी रात को सफ़र करना ज़्यादा पसन्द करते थे,क्योंकि रात नौ-दस बजे चाँदगढ़ से चलनेवाली बस, सुबह सूरज निकलने के पहले ही चारबाग बसस्टेशन पर लग जाती थी।

इस इलाके की जनता, सदियों से सहिष्णु और क्षमावान रही है और वह जमाना, धूम्रपान करनेवालों के प्रति, आज के जैसा इतना आक्रामक भी नहीं था, सो कइयों के लिए बस में ठंड और नींद से लड़ने के लिए सिगरेट एक कारगर दोस्त हुआ करता था। हालाँकि आज समझता हूँ, कि बसों के उन सहयात्रियों को कितनी असुविधा होती होगी हम सिगरेट पीनेवालों से, पर वे हमारे शहरी होने का,सभ्य और पढ़े-लिखे होने का सम्मान करते थे, इस लिए हमारी इस ज्यादती को झेल लेते थे!

बहरहाल, आमतौर पर यह सफ़र अकेले ही काटना पड़ता था पर कहीं अगर दो तीन साथियों को एक साथ लखनऊ जाना पड़ता तो हँसी-मज़ाक और तमाम ऊल-जुलूल बातों के बीच न जाने कब हम लखनऊ की चुंगी पार कर जाते थे। अब चूँकि बातें बेमतलब की ही ज़्यादा होती थी, इसलिए इतने समय के बीत जाने के बाद ज़्यादा कुछ अब याद नहीं रहा।

पर एक बेमतलब का वाकया आज भी याद रह गया, जो चाँदगढ़-लखनऊ के बीच के एक रात के सफ़र को आज भी नहीं भूलने देता!

●

आजकल, हालाँकि सरकारी गृहस्थान योजनाओं और क्वार्टरों के आवंटन के सन्दर्भ में 'लाटरी' शब्द कभी-कभार ही सुनने को मिलता है, 'लाटरी' शब्द का इस्तेमाल यूँ प्राय: एक मेटाफर या रूपक जैसे होने लगा है। सरकारी नौकरी में किसी को 'मालदार' पोस्टिंग मिल जाने को 'लाटरी' लग जाना कहते है, ठीक वैसे जैसे किसी राजनेता को जीतने के बाद रसेदार मन्त्रालय की ज़िम्मेदारी मिल जाने पर उनकी 'लाटरी' खुल जाना कहा जाता है। पर, जिन्हें सत्तर का दशक याद हैं, निश्चय ही उन्हें प्रादेशिक राज्य लाटरियों का स्वर्ण युग भी याद होगा। उन दिनों महानगरों, छोटे-बड़े शहरों, कस्बों और देहातों में समान रूप से छोटे-बड़े दुकान से सपनों की सरकारी फेरी जोर-शोर से चलती थी। रेलवे स्टेशनों, बस स्टेशनों, मेलों, बाज़ारों से लेकर घाटों और हाटों में, जब चाहते तो आप बस एक रुपये में अपनी क़िस्मत परख सकते थे-साथ दिया तो लखपति, नहीं दिया तो कोई बात नहीं!

हिन्दुस्तान के राष्ट्रपति की तनख्वाह जब दस हज़ार रुपये प्रतिमाह हुआ करती थी, सभी प्रदेशों के राज्य लाटरी का पहला पुरस्कार एक लाख रुपयों का होता था, इससे कम से कम लाटरी के वज़न के बारे में आज एक अन्दाज़ा तो लगाया ही जा सकता है।

साथ ही आम आदमी के सपनों में लाटरी की जगह क्या थी इसके बारे में भी जिज्ञासा स्वाभाविक ही है। सबका तो नहीं कह सकता पर मेरे दोस्त नरेन्द्र सेठ के सपनों में लाटरी को एक नायाब जगह हासिल थी!

दरअसल, उन दिनों पूर्वी उत्तर प्रदेश की सड़कों और परिवहन निगम की बसों के बीच अद्भुत समानता थी, मानों वे एक दूजे के लिए बने थे, जिसके चलते छोटी-छोटी दूरियों को तय करने के लिए घंटों लग जाते थे। दूसरे लोग इस निर्विकल्प स्थिति को गरियाते हुए झेल लेते थे पर नरेन्द्र, बस एक लाटरी के टिकट के सहारे मस्त और खुशमिज़ाज, अपने ऐसे सफ़रों को तय कर लेता था। नरेन्द्र जब भी बस से सफ़र करता, तो सबसे पहले वह बस स्टेशन पर किसी एक लाटरी के टिकट बेचनेवाले बच्चे से एक रुपये का एक लाटरी का टिकट खरीद लेता था, और यह वह बिना नागा रोज करता था। टिकट को लेकर, उसे अपनी शर्ट के बायें जेब में बहुत करीने से तहा कर रखकर, बस की चिल्ल-पों और तमाम अन्य असुविधाओं की मौजूदगी के बीच भी बेखटके सपने देखता, कि उसके जेब में रखे टिकट पर लाख रुपये की लाटरी लग गयी है, कानपुर में सर्वोदय नगर में उसने दुमंज़िला मकान खरीद लिया है, भैया-भाभी दूसरी मंज़िल में और नीचे नरेन्द्र और उसके मम्मी-बाउजी! लॉन में कम्पनीबाग से विलायती घास मँगवाकर नरम हरियाली का गलीचा बिछा है, और एक अम्बेसडर गाड़ी दरवाजे पर खड़ी, मालिक मकान की

हैसियत बता रही है। ये सब कर लेने में उसके बस चालीस–पचास हज़ार ही खर्च हो सके हैं, अब बाक़ी रुपयों का वह क्या करेगा? ऐसे नायाब सवालों के जवाब खोजते हुए वह न जाने कब अपने गन्तव्य को पहुँच जाता था। ऐसे सपनों की गुनगुनाहट, वापस चाँदगढ़ आते वक़्त भी बनी रहती थी पर बस से उतर कर पहला काम करता था, कि वह अपनी जेब से उस तहाये हुए टिकट को फाड़ कर चिन्दियाँ बना कर उड़ा देता था।

अपने सपनों जैसा ही नायब था नरेन्द्र सेठ!

●

उस रात मैं और नरेन्द्र लखनऊ जा रहे थे। चाँदगढ़ बस स्टेशन पर पहुँच कर देखा तो हमारे तीन और साथी प्रदीप, उमेश और रवि भी उसी बस से लखनऊ जा रहे थे। बस–स्टेशन के सामने होटलों और भोजनालयों की कतार थी और इस कतार के बीच–बीच कहीं पान–बीड़ी–सिगरेट की दुकानें और लाटरी के स्टॉल थे। उसी एक पान की दुकान पर प्रदीप, रात के सफ़र के लिए पान बँधवा रहा था, और हम सब बस पर सवार हो चुके थे, तभी नरेन्द्र बस से उतर कर एक लाटरी का टिकट खरीद लाया। रवि ने नरेन्द्र और लाटरी टिकट के आपसी रिश्तों के बारे में बहुत कुछ सुन रखा था।

'तनि गड़िया रोकल जाय हो ड्रेवर साब, आज हमहूँ के लखपति बने का हा' कहता हुआ रवि उतर कर एक टिकट खरीद लाया। रवि के पक्के इरादे के इस भोजपुरी ऐलान पर बस पर बैठे सभी लोग हँस पड़े। रवि को देख कर प्रदीप और उमेश भी बस से उतर कर टिकट खरीद लाये और नरेन्द्र पर बरस पड़े, 'साले, यू आर सो मीन, हमें बताया नहीं और अकेले–अकेले टिकट ले आये। इस बार मेगा दिवाली बम्पर है, दस लाख का फर्स्ट प्राइज! और तुम अकेले हज़म करोगे?' इतना कह कर प्रदीप ने नरेन्द्र की पीठ पर एक मुक्का जड़ दिया। उमेश ने हाँक लगाई, 'मार साले को!'

रवि ने भी अपना प्रस्ताव जोड़ा, 'पटक के मार, भागने न पाये, सरउ!'

इस पर पूरा बस ठहाके से गूँज उठा।

आमतौर पर अकेले, चाँदगढ़ से लखनऊ तक का सफ़र बहुत ख़ामोश गुज़रा करता था, पर हम सब को लग गया था, कि आज रात का सफ़र ऐसे ही हो–हल्ला, हँसी–मज़ाक करते बीतेगा। मैं ऐसा सोच ही रहा था कि प्रदीप ने कहा, 'कल रवीन्द्रालय में इस दस लाख वाले बम्पर लाटरी का ड्रा हैं। गज़ब का कोइन्सिडेंस साला, कि आज ही मैंने ज़िन्दगी में पहली बार टिकट लिया और कल मैं लखनऊ में

होऊँगा जहाँ इसका ड्रा है!'

'व्हाट अ स्टुपिड इन्नोसेंस! प्रदीप का जवाब नहीं यार!' रवि ने कहा।

'क्यों इसमें बेवकूफी जैसी कौन-सी बात दिखी तुम्हें! प्रदीप दरअसल ये सोच रहा हैं, कि पहली बार लाटरी का टिकट खरीदा और पहली बार ही दस लाख मिलनेवाले हैं, सो यह तो न्याय नहीं है, इसी बात का गिल्ट सता रहा है बेचारे को।' नरेन्द्र बोला।

●

बस वक़्त पर छूटी। जैसे आम लोगों की आदत होती है, मैंने भी बस पर बैठे सब सवारियों को एक बार देख लिया। बस में 'पढ़े-लिखे' और 'शरीफ' बस हम पाँच ही थे, बाकी कुल गवई! तीन सवारियों वाली सीटों पर दो लोग और दो सवारियों वाली सीटों पर अकेले बैठ पाने की ऐयाशी, चाँदगढ़-लखनऊ की रात्रि-सेवा वाली बसों में आम दिनों में असम्भव सा था। प्रदीप ने पूछा, 'यार लाटरी के पैसे में कितना परसेंट टैक्स कटता है?' इस पर रवि बोला, 'गयी आज की नींद प्रदीप की, आज तो रात भर ये पैसे गिनता रहेगा!'

'क्यों, टिकट खरीदा है, मिले न मिले, उम्मीद तो रखनी ही चाहिए न!' प्रदीप ने जवाब देते हुए सामने सीट पर बैठे एक सवारी से पूछा, 'क्यों भाई साहब, मैं कोई गल्त कह रहा हूँ?'

इस पर उस आदमी ने कोई जवाब तो नहीं दिया पर उसकी मुस्कान से लगा कि वह प्रदीप की बात से इत्तेफाक रखता था। साठ के आस-पास की उम्र का वह आदमी खादी का धोती-कुरता पहने था पर नेता नहीं लग रहा था।

'प्रदीप यार, ये बता की तुझे कल जब लाटरी का चेक मिलेगा तो सबसे पहले तू क्या करेगा?' रवि ने पूछा।

'पागल है क्या, मैं कहीं उत्तर प्रदेश सरकार से चेक लूँगा? बैंक में चेक लगाते पता चलेगा कि 'सरकारी खजाने में पैसा नहीं हैं!' अब लगाते रहिये चक्कर बैंक के और निदेशालय के', फिर एक बार प्रदीप ने धोती-कुरता पहने उस आदमी की ओर देख कर पूछा, 'क्यों भाई साहब, मैं कोई गल्त कह रहा हूँ?'

प्रदीप और रवि की बेसिर-पैर के इस बातचीत का मक़सद केवल हँसी-मज़ाक करते हुए सफ़र काटना था, इसलिए मुझे लग गया कि बातचीत का यह सिलसिला अब खिंचता चला जाएगा और लखनऊ के बस अड्डे पर जाकर ही थमेगा। हमारे बीच का लाटरी विशेषज्ञ नरेन्द्र, जो अब तक चुप बैठा था, बोला- 'मुझे तो रकम नकद कैश में चाहिए! टिकट के पीछे लिखे शर्तों में सब कुछ लिखा

है पर यह कहीं नहीं लिखा है, कि 'भुगतान केवल चेक से ही किया जाएगा' सो मैं तो लखनऊ उतर कर सीधे अमीनाबाद जाकर एक स्टील का ट्रंक खरीद लूँगा। नोट गिन कर ट्रंक में भर कर रोडवेज़ के बस से ही चाँदगढ़ लौटूँगा! यार तुम लोगों को बुरा तो लगेगा, पर मैं तुम चारों को नोटों वाले ट्रंक की ढुलवाई के एक-एक लाख दूँगा। मेरे लिए पाँच लाख ही बहुत हैं!'

'ओय, घोचूँ! तेरे लाटरी से एक लाख कहाँ गिर गये? चार और पाँच, कुल नौ ही तो हुए' उमेश अब इस बातचीत के मैदान में उतरते हुए पूछा।

'दिल देखा है, दिलदार नहीं देखा तूने उमेश! मैंने पहले ही तय कर लिया हैं एक लाख प्रधानमन्त्री राष्ट्रीय राहत कोष में दान कर दूँगा।' नरेन्द्र पूरे रोब के साथ बोला।

प्रदीप ने ऐलानिया अन्दाज़ में कहा, 'मिल चुका दस लाख तुम्हें! कोई आइडिया है कि दस लाख एक ट्रंक में आ जाएँगे या नहीं? सरकार ने हज़ार के नोट भी वापस कर लिए हैं।* अब इतने नोटों से भरा ट्रंक बस के दरवाज़े से अन्दर तो आने से रहा', प्रदीप अपने उसी अन्दाज़ में, उसी सज्जन से फिर पूछा। 'क्यों भाई साहब, क्या मैं गल्त कह रहा हूँ? आप ही बतायें क्या दस लाख एक ट्रंक में आ सकता है?'

वह आदमी प्रदीप के सवाल का जवाब दिए बगैर बस की खिड़की के बाहर देखने लगा, मानों वह बस के बाहर फैले अन्धेरे में दमकते जुगनुओं को गिन रहा था।

रवि ने प्रस्ताव रखा, 'इस प्लान के मूल में ही गलती हो रही हैं। जिस कदर आजकल नकली नोटों का धन्धा चल रहा है, सबसे 'सेफ' है अगर लाटरी का पैसा एक रुपये के नोटों में लिया जाए!'

रवि के प्रस्ताव ने सब को सोचने को मजबूर कर दिया। थोड़ी खामोशी के बाद प्रदीप बोला, 'मुझे लगता हैं, अगर लाटरी की रकम एक रुपये के करेंसी नोट में लिये तो ट्रंक की ज़रूरत नहीं होगी! बस में सीटों को हटा कर जगह बना लेंगे फिर एक के ऊपर एक गृद्दी रख देंगे, पूरा बस भर जाएगा।'

प्रदीप को रवि की बात जँची नहीं, उसने सवाल किया, 'बताओ दस लाख रूपये में एक रूपये वाली कितनी गड्डियाँ होंगी?'

'एक लाख गड्डियाँ!' उमेश ने लपक कर कहा।

तभी वह आदमी, जो अब तक ख़ामोश था, बोल पड़ा, 'नहीं, दस हज़ार गड्डियाँ होंगी!'

'कहाँ से हाई स्कूल पास किया है, उमेश बेटे?' रवि ने चुटकी ली तो प्रदीप क्यों पीछे रहता, 'जिसे नोट गिनना नहीं आता, वह चला है बम्पर लाटरी जीतने!

* *1978 में तत्कालीन प्रधानमन्त्री मोरारजी देसाई ने 1000 रुपये के नोट का विमुद्रीकरण किया था।*

क्या ज़माना आ गया है' इतना कह कर प्रदीप उस आदमी से अपने पुराने अन्दाज़ में एक बार फिर पूछा, 'क्यों भाई साहब, क्या मैं गल्त बोल रहा हूँ?'

प्रदीप के इस सवाल पर वह आदमी बिना कोई जवाब दिये, एक बार फिर खिड़की के बाहर तेज गुजरते हुए अँधेरे को देखता रहा।

प्रदीप ने कुछ सोचते हुए हम सबके लिए एक नया सवाल उछाल दिया, 'एक रुपये वाली गड्डी में कुल सौ नोट होते है, गड्डी की मोटाई याने थिकनेस क्या होगी?'

नरेन्द्र बोला–'लगभग एक सेंटीमीटर!'

'और बस के फर्श से छत तक कितने सेंटीमीटर होंगे?' प्रदीप का दूसरा सवाल था यह।

'दो मीटर, याने दो सौ सेंटीमीटर!'

'तो फर्श से नोटों की गड्डियों को अगर एक के ऊपर एक रखा जाए तो कितनी गड्डियाँ होंगी?

हम सभी हिसाब लगाने में जुटे हुए थे कि नरेन्द्र ने तपाक से कहा 'दो सौ गड्डियाँ!'

'याने दस लाख की रकम में से बस बीस हजार!' इतना कह कर प्रदीप ने उस आदमी से पूछा,

'क्यों भाई साहब, मैं गल्त तो नहीं बोल रहा हूँ?'

इसके बाद जो हुआ, उसके लिए हममे से कोई या यूँ कहें कि पूरे बस में कोई और तैयार न था। वह आदमी अपनी जगह से यकायक उठ खड़ा हुआ और हम सब की ओर हाथ जोड़ कर बोला, 'बस कीजिए भाई साहब, बस कीजिए! मेरा सर फट जाएगा, अब और इस पर मत बात कीजिए, मैं मर जाऊँगा।' उस आदमी ने दोनों हाथों से अपना चेहरा ढँक लिया था, वह रो रहा था।

बस में एक अजीब-सी ख़ामोशी छा गयी। बस में हालाँकि ज़्यादातर यात्री ही नहीं कंडक्टर भी सो रहे थे। हमसे क्या गलती हुई यह समझ में नहीं आया, फिर भी मैं अपनी सीट से उठ कर उस आदमी के बगल में बैठ कर उसके कन्धे पर हलके से अपना हाथ रखा। वह आदमी फफक कर रो पड़ा।

'आय एम सॉरी बेटे। आप लोग तो अपने में आनन्द कर रहे थे, मैंने माहौल बिगाड़ दिया। मैं माफ़ी माँगता हूँ, आप सब से।' दोनों हाथ जोड़ कर वह आदमी झुक कर बोला, और कुछ देर तक यूँ झुका ही रहा। वह रो रहा था।

हम सब ख़ामोश मूर्तिवत् बैठे रहे।

बस के अन्दर ख़ामोशी थी। खिड़की के बाहर जुगनुओं का जुलूस, हमारे साथ

अँधेरे के इस सफ़र को तय कर रहा था।

●

बहुत कोशिशों के बाद, पंडित दीनानाथ त्रिपाठी को रानीगंज के प्राइमरी स्कूल में नौकरी मिली थी–तब वे पच्चीस साल के थे। जौनपुर के मुगराबादशाहपुर से कुछ दूर दूबपुर गाँव के एक दरिद्र ब्राह्मण परिवार में पैदा हुए थे दीनानाथ। रानीगंज स्कूल में नौकरी मिलने के बाद गाँव की अपनी बालिश्त भर की जमीन बेच कर, उन्होंने रानीगंज में स्कूल के पास एक टुकड़ा जमीन ले ली थी। उस ज़मीन पर पंडितजी ने अपना घर बनाया और बसाया था। पंडिताइन की गोद में पहले लक्ष्मी और फिर सरस्वती आयी थी। पत्नी और दोनों बेटियों को लेकर दीनानाथ पंडित को दो वक़्त की रोटी की चिन्ता कभी नहीं हुई। शाम को अपने आँगन में बच्चों को गणित पढ़ाते थे–कोई पैसा देता था तो कोई फोकट में पढ़ जाता था। शादी–जनेऊ–मुंडन करा कर और कथा बाँच कर कुछ ऊपरी कमाई भी हो ही जाती थी। पंडित दीनानाथ त्रिपाठी के बालों ने सफेदी पकड़ ली तो उन्हें बेटियों की शादी की चिन्ता ने भी आ घेरा। पर पंडिताइन को ज़्यादा चिन्ता नहीं करनी पड़ी, बस दस–पन्द्रह दिनों की बीमारी में ही वह दोनों बेटियों को पंडितजी के जिम्मे छोड़, शमशान के रास्ते उस पार चली गयी। गणित के त्रिपाठी मास्साब के लिए इस गणित के सभी सवाल अबूझ थे। उन्होंने कभी सोचा भी न था कि बिना माँ के दोनों बेटियों की नैया कैसे पार लगाएँगे।

उत्तर प्रदेश की सरकार की कोई नई नीति के तहत रानीगंज में नये हाई स्कूल भवन बनने की घोषणा के बाद न जाने क्यों पंडित दीनानाथ त्रिपाठी की तनख्वाह रुक गयी। नौकरी की तनख्वाह पर ही दीनानाथ की गृहस्थी टिकी थी, तनख्वाह रुकी तो गृहस्थी पटरी से उतरने लगी। शुरू–शुरू में किसी से उधार माँग कर जस–तस चला ले रहे थे, पर बाद में लोगों ने उन्हें उधार देना भी बन्द कर दिया। पचास रुपये का उधार माँगा, तो अगले ने पाँच का नोट थमा कर हाथ जोड़ कर बोला, 'रख लें महाराज, इसे वापस करने की ज़रूरत नहीं।'

लक्ष्मी, बड़ी मुश्किल से रानीगंज के सरकारी बैंक में अस्थाई हेल्पर की नौकरी में लग गयी। दिन भर स्टाफ को चाय–पानी पिलाना, फाइलों को इस मेज से उस मेज तक पहुँचाना, बैंक के बन्द होने के बाद डाक तैयार करना, ये सब काम कर लक्ष्मी जो कुछ कमाती, उससे बस दीनानाथ की चौके के चूल्हे की आँच बनी हुई थी। पर रानीगंज के घर चौपालों में बाभन की बेटी लक्ष्मी की, पहले धर्म और फिर चरित्र नास की चर्चाएँ जोर पकड़ने लगी। त्रिपाठी मास्साब लोगों से नज़र चुराने लगे। सरस्वती बहुत चाहती थी की वह भी कोई काम में लग जाए, पर पंडित दीनानाथ

और लक्ष्मी-सरस्वती की ख़ूबसूरती के चलते, उसे घर के बाहर नहीं भेज सके।

बेटी की कमाई से कब तक घर में हाथ पर हाथ धरे बैठे रहा जा सकता था, सो दीनानाथ ने लखनऊ दरबार का रुख किया और लगभग हर हफ़्ते चाँदपुर-लखनऊ रात्रि सेवा वाली बस में वे दिखने लगे। नेता जी, मन्त्री जी,सचिव, सह सचिव से लेकर शिक्षा विभाग का किरानी-कुल, चपरासी और विभाग के बाहर चाय समोसे वाले तक उन्हें दिलासा दिलाते रहे, पर साल गुजर जाने के बाद भी उन्हें अपना पैसा नहीं मिल सका। हार कर लखनऊ हाई कोर्ट के एक वकील के शरण में गये तो पता चला कि, 'केस कुछ ज़्यादा ही पेचीदा हैं, आप तो रिटायरमेंट के नजदीक पहुँच रहे हैं! अब तो पेन्शन और एरियर दोनों का अलग-अलग केस बनता है!'

रानीगंज स्कूल के गणित के मास्साब दीनानाथ धीरे-धीरे दीन में बदल गये थे। हर रोज अपने दोनों बेटियों को एक दिन और बड़ा होते देखना, उन्हें पागल-सा बना दिया था।

उस रात भी अपने फाइल-पत्तरों को गठिया कर लखनऊ दरबार में हाज़री देने जाते हुए वे चाँदपुर-लखनऊ रात्री सेवा वाली बस में सवार हुए थे, जिस बस में पाँच नौजवान कभी सपनों का मज़ाक उड़ा रहे थे तो कभी उसे फुटबाल बना कर लतिया रहे थे। पर पंडित दीनानाथ के पास सपनों के अलावा कुछ भी तो नहीं था। एक दिन पेन्शन ज़रूर मिलेगा, एक दिन वेतन का बकाया भी मिलेगा, एक दिन लक्ष्मी-सरस्वती की शादी भी होगी, एक दिन दीनानाथ पंडिताइन से मिलने उस पार भी चलेंगे। इतने सारे सपनों तले जीते-मरते गणित के मास्साब पंडित दीनानाथ को उस दिन हमारे लफूट और आवारा सपनों ने अनजाने में चुनौती दे दी थी, शायद।

मेरा हाथ थाम कर उन्होंने कहा था, 'मुझे माफ कर देना बेटे, हारते-हारते अब ऐसी जगह आ गया हूँ कि ....!' अपना वाक्य वो पूरा नहीं कर पाये थे।

मैंने खिड़की से बाहर देखा था, रात के ख़त्म होने के बहुत पहले ही जुगनुओं का जुलूस कहीं गुम हो चुका था!

●

उस रात के हम पाँच दोस्तों में शायद मैं ही हूँ, जिसे दीनानाथ पंडित का नाम याद रह गया है। पर मैं पूरे यक़ीन के साथ कह सकता हूँ, कि हममें से कोई भी उस घटना को नहीं भूला होगा।

हाँ, नरेन्द्र सेठ ने उस रात के बाद फिर कभी लाटरी का टिकट नहीं खरीदा, यह मैं जानता हूँ।

पलायन

मध्यप्रदेश के जबलपुर के थे डॉक्टर मुकेश श्रीवास्तव, पर मेडिकल पास किया था लखनऊ से। चाँदगढ़ में मेरे बिताये दस सालों के दौरान ऐसा दिलेर डॉक्टर मैंने दूसरा नहीं देखा। चहरे पर एक सदाबाहर भोलापन लिये, कद-काठी में वह आम कॉलेज में पढ़नेवाला छात्र सा लगता था, पर एक डॉक्टर तो कतई नहीं लगता था। डॉ. मुकेश भले ही चहरे से कितना ही भोला क्यों न लगता था, वह था बहुत तेज पढ़ने-लिखने में! जितना तेज था, उतना ही वह हाज़िर जवाबी था। पर उसे एक ही दु:ख था कि, ''यार, मरीज़ मुझे सीरियसली नहीं लेते!''

जिला अस्पताल में नर्स और स्टाफ में पीठ पीछे वह 'कटपीस' के नाम से ही परिचित था। मुझे उससे केवल हमदर्दी ही नहीं थी, बल्कि मैं उसे जिले का सबसे पढ़ा-लिखा डॉक्टर मानता था। उसके कमरे में जिधर देखो, मेडिकल जर्नलों का अम्बार दिखता था। चाँदगढ़ में रह कर उसे पता था, कि सुदूर ब्रसेल्स या ह्यूस्टन के किस प्रयोगशाला में दमे के मरीज़ों के लिए एक बेहतर दवा को खोजने के लिए क्या काम हो रहा था। कोई कम्पनी जब कोई नयी दवा बाजार में लाती थी, तो उस दवा के बारे में बड़ी-बड़ी डींगें हाँकना अनिवार्य और स्वाभाविक ही होता था, ऐसी कम्पनियों के रिप्रजेन्टेटिवों के बड़बोलेपन के गुब्बारे की हवा निकालने में उसका जवाब नहीं था।

पर बावजूद इस सब के उसका दु:ख जस का तस बना हुआ था, ''यार, मरीज़ मुझे सीरियसली नहीं लेते!''

उन दिनों जिला अस्पताल के सबसे बड़े डॉक्टर को सिविल सर्जन के नाम से जाना जाता था। डॉ. चतुर्वेदी, चाँदगढ़ के सिविल सर्जन थे। मूलत: वह एक हृदय रोग विशेषज्ञ थे और रिटायर होने ही वाले थे। डॉ. चतुर्वेदी, मुकेश का बहुत सम्मान करते थे और कठिन मरीज़ों के बारे में अस्पताल में केवल मुकेश से ही मशविरा करते थें, हालाँकि मुकेश जिला अस्पताल का सबसे कम उम्र के डॉक्टर थे।

लगभग सभी मेडिकल रिप्रजेन्टेटिवों से उसकी दोस्ती थी और अगर हममें से किसी को कोई दवा के बारे में समझने की ज़रूरत होती, तो वह बिना संकोच डॉ. मुकेश के पास पहुँच जाता था। इन्हीं मेडिकल रिप्रेजेंटेटिवों के ज़रिये डॉ. मुकेश का यश, चाँदगढ़ के सुदूर गाँव-देहातों तक फैल गया था। इस बात से जिला अस्पताल के दूसरे डॉक्टर उससे ईर्ष्या भी करते थें।

पर इसके बावजूद भी उसे लगता था, कि 'पेशेंट्स उसे सीरियसली नहीं लेते'।

पर एक दिन सचमुच उसका एक 'सीरियस' मरीज़ से पला पड़ गया!

हुआ यूँ, कि एक पचास-साठ साल की औरत को दिल का दौरा पड़ा और उसे उसके घरवाले जिला अस्पताल ले आये। डॉ. चतुर्वेदी ओ. पी. डी. में थे, उन्होंने मरीज़ को जाँच के बाद भर्ती कर लिया। दो दिनों तक इलाज़ चला पर मरीज़ की हालत में कोई भी सुधार नहीं हुआ, बल्कि केस हाथ से निकला जा रहा था। डॉ. चतुर्वेदी ने मुकेश को वार्ड में जाकर मरीज़ को देखने को कहा। डॉ. मुकेश पूरी गम्भीरता से मरीज़ की जाँच करने के बाद डॉ. चतुर्वेदी को बताया कि उनका इलाज़ बिलकुल सही था, और यह भी कि इस मरीज़ के सुधरने की कोई उम्मीद नहीं थी। डॉ. चतुर्वेदी अनुभवी डॉक्टर थे, उन्होंने अगले दिन सुबह उस मरीज़ के बेटों से मरीज़ की हकीकत को बयाँ करते हुए कहा, 'माई के अपनों को बुला लें, ज़्यादा वक़्त नहीं बचा हैं!'

घरवालों ने ऐसा ही किया। वे सबसे पहले अपने कुल पुरोहित को बुला लाये। पंडितजी ने भी कहा, 'आप लोगों की माई के स्वर्ग सिधारने का सर्वोत्कृष्ट मुहूर्त आ गया है, शाम तक ये चली जाएँगी'। जिला अस्पताल का वार्ड एक मंज़िला था, तभी यह सम्भव हो सका कि एक गाय को वार्ड के अन्दर बाँध कर हाँकते-घसीटते लाया जा सका और स्वर्ग यात्री माई उसे अपने हाथों से स्पर्श कर पंडित को दान कर सकी। फिर चावल, स्वर्ण और वस्त्रादि के दान का पर्व चला। इन सब के बाद मरीज़ की तीनों बहुओं ने एक स्वर में गाने-रोने का दौर शुरू किया। डॉ. चतुर्वेदी के चेम्बर में तब डॉ. मुकेश बैठे थे, तभी किसी ने आकर वार्ड में हो रहे इस कर्मकांड की सूचना दी। डॉ. चतुर्वेदी के लिए यह कोई नया नहीं था, लिहाज़ा वह अविचलित बने रहे। पर डॉ. मुकेश श्रीवास्तव के लिए यह बिलकुल नया था कि कोई अस्पताल के वार्ड में गोदान करे, और जो अभी मरा न हो उसकी विदाई के तमाम इन्तजामात पहले ही शुरू कर दिये जाए। वार्ड पहुँच कर डॉ. मुकेश ने कड़क कर वार्ड बॉय और नर्सों को डाँटा-डपटा और मरीज़ के अपनों को वार्ड से बाहर

जाने को कहा। पर चूँकि 'मरीज़ डॉ. मुकेश को सीरियसली नहीं लेते थे', मरीज़ के बेटे, बहुओं और अपनों का समूह, वार्ड के दरवाज़े पर से नहीं हिला। डॉ. मुकेश ने मरीज़ के पास जाकर उसकी नब्ज़ देखी, मरीज़ की नब्ज़ डूब रही थी। और देखते ही देखते मरीज़ की आँखें पलट गयी और गर्दन लुढ़क गयी। बहुओं ने फिर से रोना शुरू कर दिया, अब तीनों बेटों ने भी उनका साथ दिया।

'नर्स, इंजेक्शन दो!' डॉ. मुकेश ने लगभग चिल्ला कर कुछ दूर खड़े नर्स को पुकारा। डॉ. मुकेश वक़्त जाया नहीं करना चाहते थे। नर्स दौड़ कर इंजेक्शन का ट्रे लेकर डॉ. मुकेश के पास पहुँचते ही डॉ. मुकेश ने ट्रे से डेक्सामेथासोन इंजेक्शन के शॉक पैक से सीरिंज में दवा खींच कर मरीज़ के बाँये सीने के निचले हिस्से में चौथी पसली के पास, इंट्राकार्डियक, यानी हृदय में सीधे दवा से भरे सीरिंज को खाली कर दिया। इंजेक्शन देने के बाद डॉ. मुकेश अपनी पूरी ताकत से दिल का मालिश करने में जुट गये। यह एक ऐसा इलाज़ था जो कभी-कभार ही कारगर सिद्ध होता है, पर इसके लिए दिल का मालिश या कार्डियक मसाज भी बहुत ज़रूरी होता है। मरीज़ के बेटों को पहले तो कुछ समझ में नहीं आया, पर थोड़ी देर बाद उन्हें लगा की डॉक्टर साहब उनकी मरी हुई माँ पर बेमतलब अत्याचार कर रहे थे। वे पहले दबी जुबान में बुदबुदाने लगे फिर उन्होंने ऊँची आवाज़ में अपना रोष व्यक्त करना शुरू किया। इन सब से हालाँकि डॉ. मुकेश पर कोई असर नहीं हुआ, वह लगभग बीस मिनटों तक मालिश करते रहे। तभी मरीज़ में कुछ हरकत नज़र आने लगी। पास खड़े नर्स ने मरीज़ की कलाई पर धड़कनों की वापसी को महसूस किया। नर्स ने अपनी ज़िन्दगी में ऐसा न तो कभी देखा था और न ही कभी सुना था। आँखे फाड़े उसने डॉ. मुकेश की ओर देख कर कहा, 'डॉक्टर साहब, पल्स मिल रहा है!'

डॉ. मुकेश थक कर, पसीने से तर-बतर हो चुके थे, बेड के पास रखी कुर्सी पर बैठ गये। मरीज़ों के लिए रात का खाना देने ट्राली लेकर कैंटीन स्टाफ वार्ड में दाखिल हो ही रहा था, वे मरीज़ों को खाना देना भूल कर डॉ. मुकेश और उसके जीवित हो रहे मरीज़ को देखने लगे।

डॉ. मुकेश अपनी जगह से घंटों नहीं हिले। नर्स से मरीज़ का कभी बी. पी. तो कभी पल्स रेट लेने को कहते रहे। इस बीच यह बात इस वार्ड की सीमाओं को लाँघ कर अस्पताल के दूसरे वार्डों के डॉक्टरों, नर्सों, वार्ड-बॉयों, चौकीदारों से होते हुए अस्पताल के अहाते साइकिल स्टैंड चलानेवाले मातबर तक पहुँच चुकी थी। लोग जहाँ थे-जैसे थे उस वार्ड की ओर चल पड़े थे, जहाँ अभी-अभी एक अलौकिक हादसा हुआ था। नर्सों और वार्ड बॉयों के दल नेदरवाज़े से किसी को अन्दर नहीं आने दिया। मरीज़ ने कुछ देर बाद अपनी फौरी स्वर्ग यात्रा स्थगित रख

कर पानी पीने की इच्छा जाहिर की तो डॉ. मुकेश ने चैन की साँस ली।

डॉ. मुकेश अपने क्वार्टर लौट कर खाना खाकर सो गये थे। पर सुबह-सुबह किसी दैनिक अख़बार का स्थानीय संवाददाता, पहले-पहल उनका साक्षात्कार लेनेवाले संवाददाता बनने की चाहत लिये उनके दरवाजे पहुँच गया था! डॉ. मुकेश ने बहुत समझाने की कोशिश की, कि यह कोई अलौकिक बात नहीं थी और न ही कोई ऐसा काम था जो केवल वह ही कर सकते थे। यह एक चिकित्सा पद्धति है, जिसे विशेष परिस्थितियों में आजमाया तो जा सकता है, पर ज़रूरी नहीं कि इससे मरीज़ को जीवन दान मिले ही। पर पत्रकार की रचनाशील और उर्वर मस्तिष्क ने एक सनसनीखेज़ कथा के बीज तलाश ही लिए थे।

डॉ. मुकेश जब अस्पताल पहुँचे, तो माहौल छब्बीस जनवरी का सा हो रहा था। मरीज़ के बेटों ने पूरे अस्पताल में मिठाई बँटवाने का काम पहले से ही शुरू कर दिया था। लोगों ने मालों से डॉ. मुकेश को लाद दिया। डॉ. मुकेश सबसे पहले उस वार्ड में गये जहाँ कल शाम की मरीज़ आराम कर रही थी।

'कैसी हैं माई आप', डॉ मुकेश ने मरीज़ के सीने पर आला रख कर पूछा था।

'कुल पिशाचन और प्रेत हमार हाथ पाँव खींचत रहली। तोहके का बताई डाकसाब, अब तो हम पोतहुँ के मुँह देखे बगैर न मरब।' बुढ़िया ने अपने संकल्प का ऐलान करते हुए कहा था।

दिन के चढ़ने के साथ-साथ चाँदगढ़ के गली-कूंचों में डॉ. मुकेश द्वारा मरे को ज़िन्दा करने की कथा, अलग अलग रंग लेने लगी।

'बुढ़िया तो सुबह ही मर चुकी थी, दोपहर बाद जब डॉक्टर साहब को पता चला कि मुर्दा अकड़ने लगा है, तो लाश पर न जाने क्या किया कि बुढ़िया ज़िन्दा हो कर उठ बैठी।'

किसी की राय थी कि 'कलियुग के आये मा अभी कछु समय और बाक़ी बा।'

'डॉ. मुकेश ने न जाने कितने ऐसे मुर्दों को जिया दिया हैं, वो कोई साधारण डॉक्टर थोड़े ही हैं, धन्वन्तरि हैं, साक्षात धन्वन्तरि!'

मुझे जब किस्सा पता चला तो मैं डॉ. मुकेश से मिलने अस्पताल पहुँचा। पर डॉ. मुकेश कहीं नहीं मिले। डॉ. चतुर्वेदी से पूछा तो वह हँस कर बोले, 'पुअर मुकेश! पूरी ज़िन्दगी अब उसे इसकी सजा भुगतनी होगी। मेरे क्वार्टर में छिपा बैठा है, जाकर मिल लो।'

मैं उससे डॉ. चतुर्वेदी के क्वार्टर जाकर मिला था।

इस घटना के बाद करीब एक साल वह चाँदगढ़ में रहा, पर एक दिन भी वह एक आम इनसान की ज़िन्दगी नहीं जी सका। वह दरअसल भगवान बन चुका था। बनारस, जौनपुर, मिर्ज़ापुर, फैज़ाबाद से मरीज़ उससे इलाज़ कराने आने लगे थे।

तभी वह हादसा हुआ, जिसके चलते डॉ. मुकेश को मुल्क छोड़ना पड़ा।

मिर्ज़ापुर के किसी ईंटाभट्टी मालिक को विषैले साँप ने डँस लिया था। वह आदमी तो तुरन्त मर गया था, पर उसके परिवार का कोई भी इस मौत को मानने के लिए तैयार न था। उन लोगों ने डॉ. मुकेश के बारे में सुन रखा था, लिहाज़ा वे सीधे ट्रैक्टर पर मरे हुए आदमी को लेकर चाँदगढ़ आ पहुँचे। चाँदगढ़ आने पर उन्हें पता चला कि डॉ. मुकेश का तबादला गोरखपुर हो गया था, वे गोरखपुर की और चल पड़े। डॉ. मुकेश पिछले एक साल से लोगों के पागलपन को देख रहे थे, पर इस घटना के लिए वह कतई तैयार नहीं थे। आदमी की लाश बिगड़ चुकी थी पर उसकी बीवी बच्चे बिलख-बिलख कर डॉ. मुकेश से जीवन-दान की विनती कर रहे थे।

डॉ. मुकेश पत्थर की मूर्ति बने ख़ामोश खड़े रहे। अस्पताल के दूसरे डॉक्टरों के घंटों समझाने-बुझाने पर वे आखिर वापस तो चले गये थे, पर डॉ. मुकेश पर इस हादसे का बहुत गहरा असर पड़ा था।

डॉ. मुकेश की शिकायत थी, कि 'मरीज़ उसे सीरियसली नहीं लेते', पर उसने सपने में भी नहीं सोचा था कि एक दिन पूरा पूर्वी उत्तर प्रदेश उसे इस हद तक सीरियसली लेने लगेगा।

इस घटना के बाद डॉ. मुकेश इंगलैंड नौकरी ले कर चले गये थे।

शायद भाग ही गये थे, डॉ. मुकेश श्रीवास्तव!

आर.एम.डी.

हिन्दुस्तान में चिकित्सा सुविधाओं का लाभ महानगरों के शहरी, पढ़े-लिखे और पैसेवालों को ही मिल पाता है। हमारे देश के गाँव-देहातों में रह रही विशाल आबादी, बिना न्यूनतम शिक्षा और चिकित्सा की सुविधाओं के, सदियों से चलते-चलते इक्कीसवीं सदी के दूसरे दशक तक कैसे जिन्दा और साबुत पहुँच गयी है, यह एक कठिन पहेली है। एक लम्बे समय तक, पूर्वी उत्तर प्रदेश के विभिन्न जिलों में मेडिकल रिप्रेज़ेन्टेटिव की हैसियत से काम करते हुए मैंने यहीं देखा है, कि जिला मुख्यालयों और बड़े बाज़ारों के सरकारी अस्पतालों में ही एक आध शिक्षित डॉक्टरों के दर्शन सम्भव अगर हो भी जाते थे, बाक़ी जगहों पर जनता की चिकित्सा इश्वर और नीम-हकीमों के भरोसे ही थी।

दवा कम्पनियाँ, अपने मेडिकल रेप्रेज़ेंटेटिवों के ज़रिये इसका खूब लाभ भी उठाया था, और अब भी उठा रही होगी। सत्तर दशक में यह लूट केवल गाँवों तक ही सीमित था, पर अब इसका विस्तार और विकास महानगरों और छोटे-बड़े शहरों के नर्सिंग होम्स से लेकर सुपर स्पेशियलिटी हॉस्पिटलों में धड़ल्ले से दिखता हैं।

पर इस विषय पर बात आज नहीं, फिर कभी!

●

कोई मेडिकल रिप्रेज़ेन्टेटिव जब किसी इलाके में पोस्टिंग लेकर जाता है, तो उसके लिए सबसे ज़रूरी होता है 'डॉक्टर लिस्ट', यानि इलाके के डॉक्टरों की सूची! इस सूची उसे उसके पूर्ववर्ती मेडिकल रिप्रेजेंटेटिव से मिलता है। इस लिस्ट में कई सूत्र भी छिपे रहते हैं जिनका अध्ययन सबसे ज़रूरी होता हैं। किसी इलाके में डॉक्टर के सामने अगर एम.डी., एम.एस या एम.बी.बी.यस लिखा मिल जाये तो जाहिर है, आप उनके साथ ज्यादा स्मार्ट बनने की कोशिश नहीं करेंगे। इसी के विपरीत किसी डॉक्टर के आगे आपके लिस्ट में यह लिखा मिले की डॉक्टर एन.क्यू.डी. हैं या

आर.एम.डी. हैं, तो अपनी दवाओं को बेचने के लिए तमाम अर्जित मक्कारियों को प्रयोग करने के लिए आपको पूरी छूट होती है।

एन.क्यू.डी. अर्थात नॉन क्वालिफाइड डॉक्टर! और आर.एम.डी. का अर्थ है, ऐसे हकीम जिन्हें रिप्रेज़ेंटेटिवोंने ही बनाया है, रिप्रेज़ेंटेटिव मेड डॉक्टर!

ऐसे ही एक एन.क्यू.डी. थे, डॉक्टर बी.एम.डी पाण्डेय!

वह एक ऐसे डॉक्टर थे, जिनसे मिलने चाँदगढ़ बस स्टेशन से पहली बस पकड़नी पड़ती थी। और भद्री, जिला शाहज़ाबाद का ऐसा इलाका था, जो साल में बारिश के तीन-चार महीने जिले के दूसरे इलाकों से कट जाता था। अगर इन्दर महाराज की दया ज्यादा रही, तो पाँच छह महीनें तक वहाँ बसें नहीं आ-जा पाती थीं। जाड़े में, जब नदी सिमटने लगती, तो बसें चालू होने के पहले ट्रैक्टरों से लोग यहाँ पहुँचते थे। यहाँ दवा का कारोबार बहुत अच्छा था, क्योंकि यहाँ बिना डिग्री वाले डॉक्टर ही ज्यादा थे। बड़े शहरों के मेडिकल कॉलेज से पास डॉक्टरों के लिए यहाँ की पोस्टिंग 'काला पानी' के समान था, इसलिए वे लखनऊ स्वास्थ मन्त्रालय के दफ़्तर जाकर अपना मामला सेट करा लेते थे। बारिश के इन पाँच-छह महीनों में प्रदेश सरकार का स्वास्थ विभाग, कुछ दक्षिण भारतीय मूल के नर्सों और दाइयों के ज़रिये ही अपना अस्तित्व इस इलाके में बनाये रखता था।

वैसे बच्चे जनने के हिम्मत, यहाँ की औरतें, 'कुक्कुर-सूवरन' से ही सीखती थीं!

डॉक्टर बी.एम.डी. पाण्डेय का बहुत बड़ा मकान था। उनके मकान के सामने वाले आँगन में हर रोज़ मरीज़ों का मेला-सा लगता था। जाड़े में सीमेंट के बने पक्के चबूतरे पर पुआल बिछा रहता था, जहाँ मरीज़ घंटों बैठे डॉक्टर का इन्तज़ार करते थे। भद्री और उसके आसपास के विशाल इलाके के वे 'सुपरमैन' थे। सुबह वे पीडियाट्रिक्स (बाल रोग) और गायनोकॉलजी (स्त्री रोग) की प्रैक्टिस करते थे। बाक़ी दिन जनरल प्रैक्टिस था उनका। डींगें हाँकने में दूर दूर तक उनका सानी मिलना असम्भव था। अँग्रेज़ी भाषा के अनन्य भक्त थे, ये बात और थी कि अँग्रेज़ी में उन्हें सिवा 'वेरी गुड-वेरी गुड', 'दैट्स राइट' और 'ओ-यस' के अलावा और कुछ नहीं आता था। डॉक्टर ब्रिज मोहन दास को अपने इस नाम से लगभग नफरत-सी थी, वे अपना उल्लेख 'डॉक्टर बी.एम.डी.' के नाम से सुनना बहुत पसन्द करते थे।

●

1975 के जाड़े की एक सुबह, मैं उनसे पहली बार भद्री में उनके 'अस्पताल' में

मिला था। और उसके बाद न जाने कितनी बार मेरा उनसे मिलने का सौभाग्य हुआ होगा। वह कितने बड़े चिकित्सक थे, मैं इस पर कोई टिप्पणी नहीं कर सकता, पर मैं जब भी उनसे मिला तो हर बार उनकी अभिनय की अद्‌भुत क्षमता देख कर मुग्ध होता रहा।

मेरे पहले, चाँदगढ़ में मेरी कम्पनी के मेडिकल रिप्रेज़ेंटेटिव थे, विजय कपूर! कपूर साहब मुझसे उम्र और तजुर्बे में बहुत बड़े थे, उन्होंने ही मुझे पहली बार डॉक्टर बी.एम.डी. से मिलवाया था।

सुबह के तब शायद साढ़े दस या ग्यारह बज रहे थे। डॉक्टर बी.एम.डी. के दरबार की रौनक अपने चरम पर पहुँच चुकी थी। कपूर साहब ने मेरा परिचय कराते हुए कहा कि उनका तबादला बनारस हो गया था और अब मैं ही यहाँ आया करूँगा।

'वाह, वाह, क्या बात हैं। कोई काम हो तो, बिएच्चु (बी.एच.यू. याने बनारस हिन्दू विश्वविद्यालय) के डॉक्टर गोपाल से मेरा नाम ले लीजियेगा।'

डॉक्टर एन. गोपाल उन दिनों बी.एच.यू. के मेडिकल इंस्टिट्यूट के निदेशक थे पर उनका नाम डॉक्टर बी.एम.डी. यूँ ले रहे थे, जैसे डॉ. गोपाल उनके कोई जूनियर थे। डॉक्टर बी.एम.डी. के इस अन्दाज़ का उनके व्यापक नाम-यश में एक बड़ी भूमिका थी!

मैंने, हमारी कम्पनी की दवाओं की गुणावलियों का सचित्र विवरण अपने हाथ में थामे, हिन्दी में कहना शुरू किया। मुझे हिन्दी में बोलते देख, वे शायद कुछ अचम्भित हुए थे, नीची आवाज़ में उन्होंने कहा, 'अँग्रेज़ी में, अँग्रेज़ी में!' मुझे समझने में देर नहीं लगी, कि ऐसा वह उनके आँगन में बैठे मरीज़ और उनके साथ आए लोगों के ऊपर अपना धाक जमाने के लिए कर रहे थे। दो-दो टाई-सूट पहने लोग शहर से आकर 'डाकसाब से अँग्रेज़ी मा बतियावत रहली' जैसे प्रचार का सुदूरगामी असर कैसा हो सकता है, मुझसे बेहतर डॉक्टर बी.एम.डी. बखूबी जानते थे। मैं अँग्रेज़ी में, थोड़ी जरूरत से ज्यादा ऊँची आवाज़ में अपनी दवाओं का गुणगान कर रहा था, जिसे वहाँ उपस्थित लोग, मय डॉक्टर बी.एम.डी. के किसी को समझ में नहीं आ रहा था!

बहरहाल हमारा मूल उद्‌देश्य डॉक्टर से बड़ी तादाद में अपनी दवाएँ खरीदवाना था और जिसके लिए उनसे एक बड़ा आर्डर हासिल करना जरूरी था। सो हम, अपनी बातचीत खत्म करने के बाद अपना ऑर्डर-बुक खोलकर, सीधे धन्धे पर अवतरित हुए।

'डॉक्टर साहब, क्या क्या दवाएँ भेजूँ?'

'अरे कपूर साहब, दवा क्या भेजेंगे? देख रहें हैं मौसम का हाल! मटर, टमाटर, गोभी खाखा कर लोग गुलाबी हुए जा रहे हैं, डॉक्टर के पास कौन आता है

इस सीज़न में भला।'

मैंने डॉक्टर बी.एम.डी. की आर्डर देने की क्षमताओं के बारे में बहुत कुछ सुन रखा था। उनकी बात से मैं निराश हो गया। पर कपूर साहब पुराने रिप्रेज़ेंटेटिव थे, आत्मविश्वास से सराबोर! वे कतई निराश नहीं हुए।

अपने बैग से दवाओं के सैम्पलों के डिब्बों-बोतलों को डॉक्टर बी.एम.डी. की मेज़ पर रखते हुए अचानक मानों कपूर साहब की नज़र डॉक्टर बी.एम.डी. की कुर्सी के पीछे कुछ ऊँचाई पर, ताक पर धरे एक काँच के सँकरे जार पर पड़ी। उन्होंने डॉक्टर बी.एम.डी. से पूछा, 'डॉक्टर साहब, ये क्या हैं?'

मैंने तब तक वह जार नहीं देखा था। एक जार में फार्मलीन नामक द्रव में एक छिपकली संरक्षित थी। ऐसा जार, उन दिनों किसी भी कॉलेज के जीव विज्ञान के प्रयोगशाला में आमतौर पर दिख जाता था। आज तो शायद स्कूलों में भी दिख जाता हो!

बहरहाल, इस छिपकली में मुझे कोई ख़ास बात नज़र नहीं आयी। पर कपूर साहब इस छिपकली की कहानी जानने के लिए डॉक्टर बी.एम.डी. के पीछे ही पड़ गये।

डॉक्टर साहब पहले तो बोले, 'छोड़िये, कपूर साहब!' पर कपूर साहब के बार-बार आग्रह करने पर उन्होंने एक नायाब अन्दाज़ में उस छिपकली की कहानी शुरू की।

डॉक्टर बी.एम.डी. कहानी कह हमसे रहे थे, पर सुना अपने दरबार को रहे थे।

'अब आप सुनना चाहते ही हैं, तो सुनिए। बिलरियाबाज़ार के ठाकुर दीना परसाद सिंह को तो चीन्हते ही हैं आप। मुगलसराय में कोयले के बड़े व्यापारी रहे बड़े ठाकुर, यानि दीना सिंह के बाप। दीना की एक बहन थी, सरयू! बड़ी सुशील और सुन्दर। तभी एक दिन मैं गया था बीएच्चु, एक पेशेंट देखने, वहीं दीनासिंह से मुलाक़ात हो गई, बहुत परेशान था बेचारा। बहन की शादी दी थी लक्खीसराय के एक बड़े खानदान में। अब गवना होना था, पर बहिनी के पेट मा दर्द! अब ये समझिए कि ठाकुर साहब बेटी को लेकर कहाँ नहीं गये! बम्बई, मद्रास के बिएच्चु से लेकर दिल्ली के मिडकल, कुछ भी नहीं छोड़ा, पर दर्द ऐसा कि कम होने का नाम ही न ले। मैंने पूरा केस सुन कर कहाँ, 'यहाँ दिखा लें पर अगर आराम न हो तो भद्री मेरे अस्पताल में एक बार बहिनी को ले आये। देखें क्या सम्भव होता है!'

'फिर क्या हुआ डॉक्टर साहब? बेटी को लेकर आये वे यहाँ?' कपूर साहब की आवाज़ में छिपकली के सच को जानने का खालिस आग्रह साफ़ गूँज रहा था।

'अपनी बेटी सरयू और बेटे दीना को साथ लेकर बड़े ठाकुर दो दिन बाद ही बनारस से यहाँ चले आये। बोले, 'अब जो कुछ करना है, सो आप ही को करना है!'

मैं तो बनारस में ही केस समझ गया था। मैंने साफ़ कह दिया, 'ये खाली दवा से काम नहीं बनेगा। आपरेशन भी करना पड़ेगा!'

अब चौंकने की बारी मेरी थी, 'डॉक्टर साहब, आपने आपरेशन किया? कहाँ?'

'और कहाँ, यहीं, इसी अस्पताल में! तीन घंटों का ऑपरेशन था! ऑपेरशन के बाद ही पता चला पेट में क्या था!'

कपूर साहब ने पूछा, 'क्या था, डॉक्टर साहब?'

डॉक्टर साहब ने इसका जवाब नहीं दिया। अपने पीठ की ओर ताक पर रखे उस जार की और ऊँगली से दिखाया, जिसमे एक मरी छिपकली फार्मलीन में शायद कई सालों से डॉक्टर की इस कहानी की गवाह रही थी।

मैं अचरज भरी आँखों से डॉक्टर को देख रहा था। उनके आँगन में बैठे मरीज़ों के लिए तो साक्षात देवता के दर्शन जैसा था। वर्षों पहले के पृथ्वीराज कपूर या शोहराब मोदी जैसे छोटे-मोटे अभिनेता अगर डॉक्टर बी.एम.डी की इस मुद्रा को देखते, तो थोड़ा बहुत अभिनय वे भी सीख गए होते।

डॉक्टर की कथा ने सबको स्तब्ध कर दिया था। स्वयं डॉक्टर बी.एम.डी ने ही ख़ामोशी तोड़ते हुए कहा, 'कपूर साहब, एक ऑर्डर नोट कर लीजिये।'

मैं और कपूर साहब कुछ ही देर में एक बड़का-सा आर्डर लेकर डॉक्टर बी.एम.डी. के 'अस्पताल' से बाहर आ गये थे।

मेडिकल रिप्रेज़ेन्टेटिव की नौकरी मिले मुझे एक-दो महीने ही हुए थे इसलिए कपूर साहब से अपने कच्चे मन की कतिपय आशंकाओं को लिये मैंने पूछा था, 'सर, डॉक्टर बी.एम.डी. के इतने बड़े झूठ को आपने सच कैसे मान लिया!'

कपूर साहब ने हँस कर कहा था, 'डॉक्टर झूठा है, पर उसका आर्डर सच्चा है। एक मेडिकल रिप्रेज़ेंटेटिव के लिए वही अन्तिम सत्य हैं। मैंने डॉक्टर बी.एम.डी. से न जाने कितनी बार यहीं कहानी सुनी है और हर बार डॉक्टर को अपनी कहानी सुना कर अपने मरीज़ों के सामने उन्हें अपने को महान साबित करने का मौक़ा दिया है। आज हमें ये बड़ा आर्डर उसी के लिए मिला है।'

●

इसके बाद कपूर साहब का तबादला हो गया और चाँदगढ़ में बिताये सालों में अनगिनत बार मुझे डॉक्टर से मिलने का मौक़ा मिला। जब जब उन्होंने आर्डर देने में आनाकानी की, मैंने कपूर साहब जैसे ही डॉक्टर बी.एम.डी. से उस छिपकली की कहानी जानने का आग्रह दिखाया और कभी भी मैं उनसे ऑर्डर लेने में असफल नहीं हुआ!

सोनचिरई

हर एक इंसान की तरह ही मेरी ज़िन्दगी भी मेरे जीवनपुरहाट जंक्शन की तलाश का एक सफ़र रहा है। इस सफ़र में सहयात्री निरन्तर बदलते रहे। और सच पूछिये तो सफ़र में जो कुछ नायाब देखा, वो सब इन सहयात्रियों ने ही दिखाया!

इनमें कइयों ने मुझसे पूछा, 'ये जीवनपुरहाट जंक्शन जिला चाँदगढ़ में है या बनारस में? किसी ने पूछा, 'बाउ, इ जीवनपुरहाट जंक्शनवा कौने लाइन मा पड़ी? 'कोई कहता, 'पाइजान, ए जैवनपुरहाट जंक्शन कित्थे है?' कभी किसी रवीन्द्र प्रेमी बंगाली भी मिला जिसने दार्शनिकता के साथ पूछा, 'कोथाय आछे आमार जीबोनपुरहाट जांक्शन?'

मैंने अपने आप से भी बार-बार इस सवाल को दोहराया, पर सही सही उत्तर नहीं मिला। हालाँकि हर सवाल का जवाब मिल ही जाए, यह भी तो जरूरी नहीं।

पर इस सफ़र पर चलते हुए कम से कम एक बात तो समझ में आ ही गयी, वो यह कि जीवन से ज्यादा चमकप्रद, इस जीवन में शायद कुछ भी नहीं। और यहाँ नियम एक ही है, कि कोई निर्धारित नियम नहीं है!

●

चाँदगढ़ में डी.ए.वी. कॉलेज के शिक्षक विनय कुमार ने पढ़ाई-लिखाई इलाहाबाद से की थी। किसी कारण से चाँदगढ़ के शुरूआती दिनों से ही वह मेरे और नरेन्द्र के दोस्त बन गये थे। हमारी कालोनी के ठीक सामने सरकारी कालोनी में उनका फ्लैट था, जहाँ वह अपनी पत्नी मधु और इकलौते बेटे शेखर के साथ रहते थे। मुझे शतरंज खेलना बिलकुल ही नहीं आता था जबकि मेरा दोस्त नरेन्द्र, मिर्ज़ा सज़्ज़ाद अली बना चाँदगढ़ के उदासी में किसी मीर रौशन अली को तलाशता रहता था। विनय कुमार, नरेन्द्र के लिए शतरंज के खिलाड़ी का मीर रौशन अली तो बन गये थे, पर यह वक़्त वाजिद अली शाह का नहीं था, इसलिए दोनों को रोज़ रोज़ीरोटी के लिए

काम पर निकलना ही होता था इसलिए उनकी शतरंज की बिसात बस शाम को ही बिछ पाती थी, और वह भी रोज़ नहीं। शतरंज के इस खेल ने पहले विनय और नरेन्द्र को आपस में जोड़ा फिर मैं उनसे जुड़ गया और जल्द ही विनय कुमार की पत्नी मधु भाभी और उनका बारह साल का बेटा शेखर भी जुड़ गए। कई बार मैं रात को खाना खाने जब होटल की ओर निकलता तो नरेन्द्र को लेने विनय कुमार के घर पहुँच जाता था। पर मुझे पता नहीं था कि कुछेक शतरंज के खिलाड़ी कितने शातिर भी होते हैं! खेल को उन्हें जारी रखना होता था, सो मेरे जाते ही दोनों यूँ चौकते कि मानों उन्हें घड़ी देखना आता ही नहीं था। नरेन्द्र बोलता, 'ओय होय! अमाँ, अभी तो छह बज रहे थे और अभी नौ? कम्माल हो गया विनय भाई। अब चलिए, अपना चाल चलिए।'

विनय कुमार मेडिकल रिप्रेज़ेंटेटिव भले नहीं थे, पर चातुरी में नरेन्द्र से किसी मामले में कम नहीं थे। मुझे देखते ही लाटरी मिलने के अन्दाज़ में उल्लसित होकर चिल्लाते थे, 'वाह साब वाह, यहाँ तो बैठा नहीं जा रहा आज। मधु ने क्या कढ़ी बनाई हैं कि बस पूरा मुहल्ला ही महक उठा है।'

पति के ऐसे आनन्द-नाद का अर्थ भारतीय महिलाएँ खूब समझती हैं, सो मधु भाभी हमारे लिये भी खाने का इन्तज़ाम कर देती। और इसी बीच दोनों खिलाड़ी अपने राजा-रानी-मन्त्री-हाथी-घोड़े, एक घंटा और दौड़ाते!

इस तरह हम पाँचों का एक अन्तरंग समूह सा बन गया। इसी समूह में कब चार लोग और जुड़ गये थे, यह पता भी नहीं चला था। श्याम सुन्दर पन्त, विनय कुमार के ऊपर वाले फ्लैट में रहते थे और राष्ट्रीय विद्यालय के शिक्षक थे। उनकी पत्नी नीरजाजी स्थानीय महारानी दुर्गादेवी महिला विद्यालय की हिन्दी की मैम थीं। उनके फूल से दो बच्चें थे-अमल और कमल!

श्याम सुन्दर पन्त एक निहायत सरल क़िस्म के इंसान थे और उनका एक सीधा-सादा परिवार था। उनमे और उनकी पत्नी में ऐसी कोई बात नहीं थी जिसके लिए चालीस वर्षों के लम्बे अन्तराल के बाद भी आज उन्हें याद किया जाए। पर जैसा पहले ही कह चुका हूँ कि जीवन से ज्यादा चमकप्रद, इस जीवन में शायद कुछ भी नहीं, मैं उन्हें आज भी याद करता हूँ!

●

चाँदगढ़ में मैं, श्याम सुन्दर पन्त और विनय कुमार से धीरे-धीरे ऊबने लगा था। उनके पास बातचीत करने को अपर्याप्त महगाई भत्ता से लेकर गेंहूँ-चावल, दूध-सब्ज़ी की बढ़ती कीमतों के अलावा ज्यादा कुछ था नहीं। फिर, शतरंज में मेरी तनिक भी रूचि नहीं थी, कि उसी के बहाने मेरा उनसे नियमित मिलना हो पाता। पर शेखर,

अमल और कमल से मेरी बराबर मुलाक़ात होती रहती थी; वे पेन्टिंग सीखने मेरे घर आया करते थे।

यूँ ही शायद काफ़ी समय गुजर गया था। टीचर्स डे और गुरु पूर्णिमा में मेरे लिए सम्मिलित भोज होता और मुझे मेरे तीनों शिष्य उपहार देते।

●

चाँदगढ़ में उस साल की दीवाली में ठंड, वक़्त के पहले ही पड़ने लगी थी। कॉलोनी में रह रहे सभी मेडिकल रिप्रेज़ेंटेटिव दिवाली की छुट्टी मनाने अपने-अपने घरों को गए हुए थे, चाँदगढ़ में बस मैं ही रह गया था। चाँदगढ़ इतना सूना मुझे पहले कभी नहीं लगा था। दिवाली के एक दिन पहले मैं शेखर, अमल और कमल के लिए कुछ पटाखे और मिठाई लेकर उनसे मिलने गया था। तभी विनय कुमार ने बताया की श्याम सुन्दर की पत्नी नीरजाजी दो दिनों से जिला अस्पताल में भर्ती हैं। मुझे यह जान कर बुरा लगा, क्योंकि मैं अपने काम में इतना भी व्यस्त नहीं था कि नीरजाजी के बीमार पड़ने और अस्पताल जाने की खबर भी मुझे नहीं मिल पाती। विनय कुमार, श्याम सुन्दर और उनकी पत्नी के लिए रात का भोजन लेकर अस्पताल जानेवाले थे सो मैं भी उनके साथ हो लिया। अस्पताल के गेट पर विनय कुमार ने मुझसे कहा, 'श्याम सुन्दर बहुत ज्यादा परेशान हैं, आप उसे जरा भरोसा दीजिएगा। नीरजा पर दवाएँ काम नहीं कर रही शायद।'

अस्पताल के नये वार्ड के एक बेड पर नीरजाजी आँखें मूँदे पड़ी थीं। उस समय ड्यूटी पर डॉक्टर उपाध्याय थे, मैं जाकर उनके कमरे में मिला। डाक़्टर उपाध्याय नौजवान थे और मेरे और नरेन्द्र के बहुत घनिष्ट थे। उन्होंने मुझसे बिना कुछ छिपाये जो कुछ कहा उसका बस एक ही मतलब निकलता था, कि नीरजाजी की बीमारी आम नहीं थी और उन्हें तुरंत बनारस शिफ़्ट करना जरूरी था। मैंने श्याम सुन्दर से क्या कहा था अब मुझे याद नहीं, पर मैंने जो कुछ करने को कहा था- उन्होंने बिना किसी सवाल पूछे किया था।

उस रात जिला अस्पताल की एम्बुलेंस में मैं, श्याम सुन्दर और नीरजाजी जब चाँदगढ़ से बनारस जाने के लिए निकले तब नौ बज रहे थे। उसी रात बी.एच.यू. में नीरजाजी का इलाज भी शुरू हो सका था।

अगले दिन सुबह मुझे चाँदगढ़ के जिला अस्पताल के एम्बुलेंस में ही वापस आ जाना था, पर ऐसा नहीं हो सका और मैं सात दिनों बाद ही चाँदगढ़ लौट सका था।

●

उस समय शायद रात के दो बज रहे थे। चूँकि फीमेल वार्ड के अन्दर मरीज़ के साथ किसी को रहने की इज़ाज़त नहीं होती, इसलिए हम स्कूटर स्टैंड से सटे टीन के एक छप्पर के नीचे आ कर बैठ गये। न तो चाँदगढ़ से चलने के पहले और न ही बी.एच.यू. में नीरजाजी को भर्ती कराने के बाद, अब तक श्याम सुन्दर ने मुझसे कोई बात नहीं की थी। और जब तक नर्स ने ड्रिप चढ़ाने के लिए उससे नीरजाजी का हाथ नहीं माँगा, उसने अपने दोनों हथेलियों के बीच उनकी एक हथेली को मज़बूती से पकड़े रखा था। मुझे श्याम सुन्दर कभी भी दिलचस्प इंसान नहीं लगे पर आज मुझे कुछ हद तक वह बेवक़ूफ़ से लग रहे थे।

टीन के छप्पर के नीचे बैठे श्याम सुन्दर की ओर गर्म चाय का पुरवा बढ़ाते हुए मैंने कहा, 'श्याम सुन्दर जी, सही वक्त पर हम नीरजाजी को यहाँ ले आये। अब सब ठीक हो जाएगा।' मेरा इतना कहना था कि श्याम सुन्दर फफक-फफक कर रोने लगे। उनके काँपते हाथों से चाय का पुरवा भी छूट गया। 'भैयाजी, नीरजा मुझे छोड़ तो नहीं जाएगी न। मैं नीरजा के बगैर मर जाऊँगा, मैं मर जाऊँगा।'

मैं इसके लिए कतई तैयार नहीं था। मैंने श्याम सुन्दर के पीठ पर हाथ फेरते हुए कहा, 'कैसी बात कर रहे हैं! नीरजाजी बिलकुल ठीक हो जायेंगीं। आप हिम्मत रखिये।' मेरी बातों का श्याम सुन्दर पर लगता नहीं ज्यादा कुछ असर हुआ था। वह मुझसे लिपट कर रोने लगे, 'रोक लीजिए नीरजा को भैयाजी। वह चली जाएगी तो मैं यहाँ रह कर क्या करूँगा...।' श्याम सुन्दर यूँ ही बड़बड़ा रहे थे। मुझे लगा कि बगैर सख़्ती के ये आदमी माननेवाला नहीं था। मैंने थोड़ा कड़क कर उनसे कहा, 'आपको इस तरह बावला नहीं होना चाहिए। जरा अमल-कमल की बात भी तो सोचिये। तब से आप इस तरह का बर्ताव कर रहे हैं कि आपके लिए नीरजाजी के अलावा इस दुनिया में और कोई है ही नहीं...कमाल करते हैं आप!'

श्याम सुन्दर देर तक खामोश बैठे रहे। इस बीच, मैं अन्दर जाकर नीरजाजी को देख आया था। नर्स ने बताया की ड्रिप चल रही है, साथ दवा भी दी गयी है। कल सुबह डाक्टर साहब राउंड पर आ कर एक बार देख लें तो प्राइवेट वार्ड में शिफ़्ट करने की सोच सकते हैं। श्याम सुन्दर के लिए बिस्कुट और चाय लेकर जब मैं वापस टीन के छप्पर तले लौटा तो मुझे श्याम सुन्दर कुछ शान्त लगे। मैंने उन्हे चाय बिस्कुट देते हुए नीरजाजी के बारे में नर्स की कहीं बातें बतायी।

श्याम सुन्दर ने धीरे-धीरे चाय पीते हुए मुझसे कहा था, 'मैं अपने व्यवहार के लिए क्षमा माँगता हूँ। पर यकीन मानिये नीरजा के अलावा इस दुनिया में और कोई है ही नहीं मेरा...उसका भी कोई नहीं हैं मेरे सिवा...!'

अस्पताल के बाहर अक्टूबर की उस गुलाबी ठंड की रात में, श्याम सुन्दर मुझे

लेकर निकल गए थे–कोहरे से ढँके अतीत के एक लम्बे सफ़र पर। सड़क पर बिछे हरशृंगार–रजनीगन्धा के कोमल फूल महकते रहे, रास्ते के दोनों ओर, सपनों को रौशन करती कन्दीलों की कतारें गुनगुनाती रही और श्याम सुन्दर मेरा हाथ थामे सारी रात न जाने कौन कौन से अनजाने द्वीपों की सैर कराते रहे, न जाने किन किन अपरिचितों से भेट कराते रहे। एक परिकथा के उस राजकुमार से भी मिला जो, हज़ारों सालों से हाथ में तलवार लिये, पंख लगे घोड़े पर सवार होकर बार–बार आता रहा है और स्वप्न–देश की राजकुमारियों को लाल–लाल आँखों और लम्बे–लम्बे नाखूनों वाले भयंकर राक्षसों के कैद से मुक्त करा कर, अपने घोड़े पर बिठा कर चाँद के देश को लौटता रहा है।

सफ़र ख़त्म हुआ तो श्याम सुन्दर ने कहा था, 'भैयाजी, न जाने क्या हुआ आज कि पंद्रह सालों तक जिस बात को मैंने और नीरजा ने किसी से नहीं कहा , वह मैं आपसे कैसे कह गया!'

●

कानपुर के मेस्टन रोड से सटा 'भाई लाल का हाता' जिस भाई लाल के नाम पर था, वो सागर लाल के दादाजी थे। शहर के कई अनाज के आढ़त, स्कूल–कॉलेज, मन्दिर–शिवालयों से लेकर शराब के ठेके–टाकीज़–होटल आदि इस परिवार के धन्धे–कारोबारों के दायरे में आते थे। इसके अलावा इसे उठवा लेना, उसे गायब कर देना या अलाँ को चुनाव जितवा देना, फलाँ की जमानत ज़ब्त करवा देना तो इनके लिए आम बातें थी।

इस परिवार के सागर लाल की शादी भरतपुर के बेनीबाबू की बेटी से धूम धाम से हुई थी। सागर लाल घर का सबसे छोटे थे, इसलिए उनकी बीबी सबकी 'छोटी' बन गयी। छोटी घर की और बहुओं से देखने में कहीं ज्यादा खूबसूरत थी! खूबसूरती के साथ–साथ उसके सुशील स्वभाव ने सबको मोहित कर रखा था पर जब शादी के तीन साल बीत जाने के बाद भी उसके पाँव भारी नहीं हुए तो धीरे–धीरे लोगों का उससे मोहभंग होने लगा। पहले डाक़्टर–क्लीनिक के चक्कर लगे फिर साधु–बाबाओं से पाठ–यज्ञ करवाया गया फिर एक दिन बड़े महाराज ने घोषणा कर दी, कि छोटी बहू से सागर लाल का वंश बढ़नेवाला नहीं था!

दूसरे मुल्कों के बारे में तो पता नहीं पर हिन्दुस्तान की शायद हर भाषा में ऐसे कुछ शब्द हैं, जिन्हें आमतौर पर इस्तेमाल नहीं किया जाता, पर जब किया जाता है तब ऐसे तेज़ाबी शब्दों का असर उन्हें ही पता चलता है, जिनके बारे में इन्हें इस्तेमाल किया जाता हैं। 'बाँझ', एक ऐसा ही शब्द है, जो हमारे समाज में पुरुषों के लिए

इस्तेमाल नहीं होता हैं। और यह देखने में छोटा क्यों न लगता हो, गहरे घाव करने की ताक़त रखता है! छोटी पर इस ज़हर बुझे शब्द का वार शुरू होते देर न लगी और कुछ ही दिनों में छोटी को नये-नये नियम-कानूनों के बारे में भी पता चलने लगा। 'अगर घर से निकलते समय किसी बाँझ की शकल दिखाई दे जाए, तो लोगों का बना बनाया काम बिगड़ जाता है!'

'कोई जब स्टेशन पहुँच कर पाता कि उसकी ट्रेन छूट चुकी है, और जब इसका कारण खोजा जाता तो पता चलता, कि घर से स्टेशन निकलते वक़्त छोटी बहू छज्जे पर खड़ी दिख गयी थी!' बड़ी का बेटा कक्षा आठ में दूसरी बार भी फेल हुआ तो उसका कारण भी बाँझ छोटी निकली।

अब वो हर-सब काम जो सागर लाल के परिवार में होते-होते रुकने-बिगड़ने लगे थे, अचानक ही उन सब के लिए ज़िम्मेदार वजह का पता चल चुका था। सास ने छोटी को नयी-नयी हिदायतें देनी शुरू की।

'सुबह जब तक घर के मर्द अपने-अपने कामों पर निकल न जाए, अपने कमरे से न निकला कर!'

'पड़ोस की कमला की गोदभरी का न्योता आया है, पर कहीं तू चल मत देना उसके घर! बाँझ औरतें वहाँ नहीं जाती।'

अपने-अपनों से दूर अकेली जान छोटी के लिए ज़िन्दगी, भारी लगने लगी थी। धीरे-धीरे छोटी को भी यकीन होने लगा था कि इस घर में जो कुछ बुरा होता है, वह इस घर में उसकी मौजूदगी के चलते ही होता हैं। पर इसी बीच एक अच्छे काम की तैयारी ने घर में जोर पकड़ लिया था। दीवारों की पुताई हुइ तो खिड़की दरवाज़ों पर रंग चढ़े। बड़ी बहू ने सागर लाल की दूसरी शादी की बात छेड़ कर घर का माहौल ही बदल दिया था। वैसे सागर लाल इस बात से बहुत उत्साही थे-ऐसा नहीं था। पर वे किसी अज्ञात कारण से छोटी से दूर रहने लगे थे! इसी बीच सागर लाल बीमार पड़ गए और बिस्तर पकड़ ली, लिहाज़ा 'बाँझ' छोटी को अब घर के लोग 'पापिन-डायन-करमजली' भी कहने लगे। ऐसे में एक दिन जब लंबी बीमारी के बाद सागर लाल चल बसे तो घर के लाडले सागर लाल की मौत के लिए भी करमजली छोटी को लोगों ने ज़िम्मेदार ठहराया। बेवा छोटी का अब उस घर में बने रहना, घर के औरों के लिए शुभ नहीं होगा-ऐसा बड़े महाराजजी ने भी कह दिया! जायदाद में डिलाइट सिनेमा और न्यू कश्मीर होटल, और जो कुछ सागर लाल के हिस्से में था, उसे उसके भाइयों ने आपस में समझ लिया और सागर लाल की तेरहवीं के बाद ही बेवा छोटी को अपने मायके भिजवा कर गंगाजल से आँगन धो दिया गया!

छोटी अपने आँगन लौट तो आयी, पर चार सालों के बाद छोटी का मायका अब वह मायका नहीं रह गया था–जहाँ कभी सावन के झूले, अमुँआ की डारों पर पड़ा करते थे। भैया–भाभी ने एक बात भी नहीं की उससे। भाई ने माँ से साफ़ कह दिया, 'आप जब तक हैं, मेरे साथ है। और किसी की ज़िम्मेदारी मैं नहीं ले सकूँगा। बाकि आप कहें तो आप दोनों को मथुरा, गुरुजी के आश्रम छोड़ आऊँ।'

माँ को भी गुरुजी का आश्रम ही बस एक ऐसा ठाँव दिख रहा था जहाँ वह अपनी बिटिया के साथ के बाक़ी ज़िन्दगी काट सकती थी। माँ के बिस्तर पर सिमटी, सारी रात रोती रहती थी छोटी। पर जल्द ही उसे समझ आ गया कि इस घर में अब उसके लिए कोई जगह नहीं थी और वह यह भी जानती थी कि गुरुजी का आश्रम, नरक का दूसरा नाम था। लिहाजा, उसे अब भागना था कानपुर से–ससुराल से, भरतपुर से–मायके से और इस दुनिया से–दूर, बहुत दूर!

छोटे शहरों में मरने के ज्यादा तरीके नहीं होते। फिर भी बचपन से अब तक छोटी ने गाँव में पाँच–छह लड़की–औरतों की ख़ुदकुशी की बात सुन रखी थी। फसल पर छिड़काव की दवा पीकर कई सालों पहले मुनुआ की औरत मरी थी , पर बाक़ी सभी औरतें गाँव के पास ही सूर-महल के खंडहर के पिछवाड़े की बावड़ी में डूब कर मरी थीं!

उसने पहले तय किया, कि बहुत तड़के जब गाँव की औरतें मैदान को जाती है, वह खंडहर के बावड़ी चली जायेगी पर बहुत सोच कर उसने ख़ुदकुशी को सुबह के बजाय दोपहर तक के लिए टाल दिया था। वैसे भी कोई कभी खंडहर की ओर नहीं आता था।

दोपहर को तो खंडहर बिलकुल सुनसान–वीरान रहता था।

बावड़ी के पास वह थोड़ी देर बैठी रही। उसे शायद आज सब को माफ़ कर देने को मन कर रहा था, तभी पीछे, बहुत करीब कोई खाँसा! चौंक कर देखा तो एक नौजवान खड़ा मुस्करा रहा था। 'क्यों, डूब मरने का इरादा है क्या?' उसने पूछा।

'मैं पोस्ट मास्टर नौटियालजी के गाँव का हूँ। आई.ए.एस. की तैयारी करने उनके पास दो महीनों के लिए आया हूँ। मैं सारे दिन यहीं लिखता–पढ़ता रहता हूँ। नौटियालजी को मैं मास्टर जी कहता हूँ और वह मुझे मुन्ना कहते हैं। बहुत भले आदमी हैं मास्टर जी। पर आप यहाँ इस वक़्त क्या कर रही हैं?'

बात से बात निकली और दूर तक चलने के लिए चल पड़ी! पर छोटी अपनी बात क्या करती, बस रोती रही। अपनी ज़िन्दगी के पिछले एक साल में वह बहुत रो चुकी थी पर आज उसके अपने आँसू उसे खुद ही अपरिचित से लग रहे थे। पहली

बार उसे रोते हुए देख, इस दुनिया में कोई दूसरा भी रो रहा था।

इसके बाद छोटी, मुन्ना से एक-दो दिन और मिली। उसने अपने को सँहाल लिया था और अपनी पूरी कहानी दोहरा कर मुन्ना से सल्फास की बस पाँच गोलियों का इन्तज़ाम करने के लिए मदद माँगी थी।

पर शायद बात कुछ ज्यादा ही आगे बढ़ चुकी थी। मुन्ना ने कहा, 'जीना है तो साथ-साथ और सल्फास गटकना है तो वह भी साथ-साथ। जहाँ पाँच गोली का इन्तज़ाम करना है, वहाँ अब दस सही! छोटी के सालों से सूखे पड़े ओंठों पर मुस्कान कौंध गई और साथ ही आँखों के आँसू भी गुम हुए। ज़िन्दगी ख़त्म करने के बजाय, एक नयी ज़िन्दगी की तलाश में वे दोनों अगले ही दिन गाँव से भाग निकले।

खबर घर पहुँची तो भाई सबसे ज्यादा परेशान हुआ, 'अब क्या इज़्ज़त रह गयी गाँव में मेरी? अब मैं अपने ससुराल वालों को क्या मुँह दिखाऊँगा? कानपुर वालों का बवाल भी अब मुझे ही झेलना पड़ेगा।...पैदा होते ही मर क्यों न गयी कुलटी!'

बात कानपुर तक पहुँची तो सागर लाल के घरवालों ने कहा, 'उसके तो लक्षण ही ऐसे थे, वर्ना भरी जवानी में सागर लाल अपनी जान गँवाता...!'

●

श्याम सुन्दर पन्त का कलेक्टर बनने का सपना तो पीछे छूट गया पर उन्हे जल्द ही टीचर की सरकारी नौकरी मिल गयी थी। श्याम सुन्दर, नीरजा को लेकर झाँसी चले गये। गोद में तब अमल आ चुका था। झाँसी में ही नीरजा ने एम. ए., बी. एड. किया और झाँसी में ही कमल का भी जन्म हुआ। श्याम सुन्दर का तबादला चाँदगढ़ हो जाने के बाद नीरजा को भी चाँदगढ़ के स्थानीय महिला विद्यालय में हिन्दी टीचर की नौकरी मिल गयी थी।

यह उस बाँझ-करमजली की कहानी थी, जिसके दो बच्चों के पिता ने मुझे बनारस के अस्पताल के बाहर, एक टीन के छप्पर तले बैठे उस रात सुनाया था!

●

तब बनारस में सुबह हो रही थी। अस्पताल के वार्ड के अन्दर हमें जाने नहीं दिया गया था। बेड पर बेहोश पड़ी पत्नी नीरजा को दरवाज़े के बाहर से देखते हुए श्याम सुन्दर ने मुझसे कहा था, 'भैयाजी, आज भी हमारी शादी नहीं हुई है। उसे जाने मत दीजिएगा, अगर जाना ही है तो शादी करके जाएगी नीरजा!'

किसी की ऐसी हरकत के लिए हमारे बीच एक शब्द प्रचलित था-'बौराना'! पर फिर भी मुझे नहीं लगा, कि श्याम सुन्दर बौरा रहे थे।

मैं ठहरा एक देशी कम्पनी का मेडिकल रिप्रेज़ेंटेटिव, मेरे साधन और साध्य इतने सीमित थे, कि मैं श्याम सुन्दर की क्या मदद कर पाता! फिर भी पंगा लेने की हिम्मत करने की वह उम्र थी मेरी, सो मैंने तय कर लिया कि भैंसासीन यमराज महाराज की लालच भरी आँखों में मिर्च झोंक दूँगा पर नीरजाजी को यूँ जाने नहीं दूँगा!

नीरजाजी के इलाज़ में बनारस के तमाम मेडिकल रिप्रेजेंटेटिव दोस्तों ने रात दिन एक कर दिया था। अस्पताल के पास लंका में मेरे दोस्त का मकान था, वहीं मैं और श्याम सुन्दर टिक गए थे। पूरे सात दिनों बाद जब हम वापस चाँदगढ़ लौटे तो मैं उस परिवार से यूँ जुड़ गया था, कि मानों मैं श्याम सुन्दर और नीरजाजी को बचपन से जानता था!

●

इस घटना के बाद मैं ज्यादा दिन चाँदगढ़ नहीं रह पाया, मेरा तबादला इलाहाबाद हो गया था। दिन बीते, साल बीते–पर श्याम सुन्दर और नीरजाजी की प्रेम कथा मैं भूल नहीं सका! कभी-कभार वे याद आते रहे, पर मैंने इस प्रेमी युगल की प्रेम कथा का कभी किसी से ज़िक्र नहीं किया।

यूँ ही वक़्त बीतता गया और 1991 को मेरा तबादला कलकत्ते में, कम्पनी के विज्ञापन विभाग में हो गया। चाँदगढ़, शाहज़ाबाद, इलाहाबाद आदि की बस यादें ही थीं, जो साथ चलीं आयीं थीं! शायद 1995-96 का समय था, कलकत्ते के ऑफिस के पते पर 'पहल' का ताज़ा अंक मिला था। सोचा घर ले जाकर पढ़ूँगा, पर अचानक नज़र पड़ी, जीतेंद्र श्रीवास्तव की एक कविता पर–'सोनचिरई'! पढ़ने बैठ गया और एक बार-दो बार और न जाने कितनी बार पढ़ गया इसे। यह कविता सुल्तानपुर में शादी के वक़्त गाये जानेवाले एक सोहर पर आधारित है, पर मुझे लगा जीतेंद्र भाई नीरजा को जानते थे, श्याम सुन्दर को पहचानते थे।

जीतेन्द्र श्रीवास्तव की कविता 'सोनचिरई' यूँ ख़त्म होती है–

"वह स्त्री थी
और स्त्रियाँ कभी बाँझ नहीं होती
वे रचती हैं तभी हम आप होते हैं तभी दुनिया होती है
रचने का साहस पुरुष में नहीं होता
वे होती हैं तभी पुरुष होते हैं।"

●

2005 में लाहौर गया था, मेरे चित्रों की एकल प्रदर्शनी थी! मुझसे, लाहौर के नेशनल कॉलेज ऑफ़ आर्ट्स की अध्यक्षा ने आग्रह किया था कि मैं अपनी पेङ्क्टिंग के बारे में विभाग के छात्र-छात्राओं के बीच अपनी बात रखूँ। लाहौर प्रदर्शनी में मेरी एक पेङ्क्टिंग शामिल थी, जिसका शीर्षक था-'सोनचिरई'! सो मैंने जीतेन्द्र श्रीवास्तव की 'सोनचिरई' कविता के पाठ से ही अपना वक्तव्य शुरू किया था।

नेशनल कॉलेज ऑफ़ आर्ट्स के सभी छात्र-छात्राएँ, 'सोनचिरई' को पहले से ही जानते थे। सोनचिरई, किसी सुल्तानपुर जिले की औरतों की ओठों में सदियों से सोहरों में जीती किसी काल्पनिक नायिका का नाम नहीं था। सोनचिरई, भरतपुर और चाँदगढ़ से लेकर लाहौर तक के लाखों घरों में आज भी जन्म लेती हैं, आज भी हज़ारो सोनचिरई हर साल आग में जल कर, पानी में डूब कर या सल्फास की गोली गटक कर मरती है। आज भी पुरुषों को यह हक़ है, कि सोनचिरई के कपार पर बाँझ-कुलटा दाग कर घर से धकिया दे। आज भी उनके घर पर होने से परिवार का बना बनाया काम बिगड़ जाता है!

पुरुषों को सोनचिरई के ख़ुदकुशी करने की हिम्मत पर पूरा यकीन भी होता है!

मैंने चाँदगढ़ की सोनचिरई को बी एच यू के अस्पताल में उनके इलाज़ के सात दिनों के दौरान बहुत करीब से जाना था!

●

निमन्त्रण तो मिला था, पर काम-काज में फँसे रहने के चलते अमल और कमल की शादियों में चाह कर भी शामिल न हो सका। पता चला था कि कमल उत्तर-पूर्वी प्रदेश के किसी बड़े जिले का जिलाधीश था और अमल मुम्बई मेडिकल कॉलेज के सर्जरी विभाग का नामी डाक्टर!

बावजूद इसके कि मैं मानता हूँ, कि जीवन से ज्यादा चमकप्रद, इस जीवन में शायद कुछ भी नहीं, पर जब मुझे पता चला था कि कमल ने एक विधवा लड़की से शादी की है, तो मुझे जरा भी अचरज नहीं हुआ।

पर हाँ, श्याम सुन्दर और नीरजाजी ने अब तक शादी की या नहीं, यह जानने की इच्छा आज भी होती है!

नाटक

'आनेवाली नस्लें तुम पर रश्क करेंगी हमअस्रों।
जब ये ध्यान आएगा उनको तुमने फ़िराक़ को देखा था।'

फ़िराक़ साहब से उधार लेकर अगर कहूँ, तो मक़बूल आज़मी के बारे में आप सब से मैं यही कहूँगा कि–'आनेवाली नस्लें मुझ पर रश्क करेंगी हमअस्रों / जब ये ध्यान आएगा उनको मैंने मक़बूल आज़मी को देखा था!'

चाँदगढ़ में हम रहते ज़रूर थे, पर अपने को उन खानाबदोशों जैसे ही समझते थे, जो किसी शहर के सिवान पर घर इसलिए बनाते है, ताकि एक दिन अपनी अगली मंज़िल की राह पर चल देने में कोई परेशानी न हो! हम सभी नौकरी के सिलसिले में चाँदगढ़ आये थे और हमें पता था कि बात कुछ सालों का ही है, एक दिन हमारा किसी न किसी दूसरे जिले में तबादला हो ही जाना है। हम सब गमले के पौधे थें, जिनकी जड़ें हर घड़ी अपनी जमीन की याद में बेचैन रहा करती थी। बहरहाल, चाँदगढ़ को हमने अपना घर माना या न माना हो, चाँदगढ़ को हमें अपना मान लेने में कोई हिचक नहीं हुई थी।

चाँदगढ़ जैसे ही, मक़बूल आज़मी ने भी हमें अपना माना था!

चाँदगढ़ के मक़बूल आज़मी या गुरुजी आज़मी एक बेहतरीन अभिनेता थे। पर उनके शहर के लोग उनकी कदर नहीं जानते थे। चाँदगढ़ के लोगों के लिए उनकी स्थिति एक ऐसे इत्र बेचनेवाले जैसी थी, जिसके बारे में कवि बिहारी ने सदियों पहले एक दोहा रचा था।

'कर फुलेल को आचमन, मीठो कहत सराहि / रे गन्धी मति अन्ध, तू इतर दिखावत काहि?'

एक इत्र बेचनेवाले ने एक आदमी को खुशबू लेने के लिए एक इत्र लगा फाहा दिया। पर उस आदमी ने इत्र की खुशबू लेने के बजाय, फाहे को न केवल खा ही गया, बल्कि उसके मीठे होने की तारीफ़ भी कर दी। कवि बिहारी ने इत्र बेचने वाले को 'अक्ल का अँधा' कहते हुए, उससे पूछते है, 'तू किसे इत्र दिखा रहा है?' यानी, समझदारों के सामने ही अपनी बात कहनी चाहिए, न कि जाहिलों के सामने!

ग्वालियर वाले सोलहवीं सदी के बिहारी लाल, अगर बीसवीं सदी में चाँदगढ़ में जनम लेते और अगर गुरुजी आज़मी को 'अक्ल का अँधा' कहकर यह दोहा सुनाते तो मैं शर्तिया कह सकता हूँ, कि मक़बूल भाई अपनी एक आँख को अविचलित रख कर, दूसरी आँख की एक तिर्यक दृष्टि से बिहारी जी को देखते हुए, उस आँख की भौह को धनुष के कमान जैसा मोड़ कर पृथ्वीराज कपूर के अन्दाज़ में कहते, 'मियाँ बिहारी लाल, इतना छोटा दिल लेकर, इतनी बड़ी ज़िन्दगी भी जिया जा सकता है, क्या? जो रात भर जग कर कानपुर की नौटंकी देखते हैं, राम लीला में हर साल जुटते हैं, वे ही एक दिन गिरीश कर्नाड, बादल सरकार, मोहन राकेश और विजय तेंदुलकर के नाटक भी देखेंगे।' इतना कह कर वे 'फ्रीज़' हो जाते, ताकि अगल-बगल उन्हें घेरे अदृश्य फोटोग्राफरों का समूह, उनकी तस्वीर उतार सके!

●

चाँदगढ़ में, मक़बूल आज़मी कई नामों से परिचित थे।

नारायणी विद्यालय में जूनियर क्लास में वे कभी भूगोल पढ़ाया करते थे, पी.टी. कराते थे और हर रोज़ प्रार्थना करवाते थे, इसके चलते कई उन्हें गुरुजी कहते थे। अच्छे टीचर थे, पर उनके पास जो सर्टिफिकेट्स थे, वे सरकार द्वारा मान्यता प्राप्त करने की शर्तों को पूरा नहीं करते थे, लिहाज़ा उन्हें स्कूल की नौकरी छोड़नीपड़ी। चौंक में उन्होंने एक कॉपी-किताब, पेन-पेन्सिल की दुकान खोल ली, जो शायद चाँदगढ़ की सबसे पहली स्टेशनरी की दुकान थी। गुरुजी के इस 'पृथ्वी स्टोर्स' में स्कूली बच्चों से लेकर काम-काजी लोगों का आना ही पड़ता था। पर हम, जो 'विकल्पनाट्य संस्था' से जुड़े थे, उन सबके मिलने की यहीं एक जगह थी। मैंने नाटक से प्रेम करते बहुतों को देखा था, पर आज़मी साहब नाटक के लिए ही जीते थे और मरने तक को भी तैयार रहते थे-इसी नाटक के लिए!

वे तब बारह-चौदह साल के रहे होंगे, पृथ्वीराज कपूर को द्रोणाचार्य मान कर एकलव्य बन गये थे। उन्होंने पृथ्वी स्टोर्स का नाम, चाँदगढ़ में अपने गुरु को अमर करने के उद्देश्य से ही रखा था, पर वे खुद ही चाँदगढ़ के नाटक प्रेमियों के बीच

'गुरुजी' के नाम से ही ज़्यादा जाने जाते लगे थे। वास्तव में वे कई पीढ़ियों के तमाम नौजवान अभिनेताओं के लिए गुरु से कम नहीं थे।

चाँदगढ़ में मेडिकल रिप्रेजेंटेटिवों में नरेन्द्र सेठ को ही नाटक करने का शौंक था, और यही वजह थी कि हम बाक़ी सभी, नाटक में दिलचस्पी रखने लगे थे। हम सभी मोहन राकेश, विजय तेंदुलकर, बादल सरकार से लेकर मणि मधुकर, शंकर शेष आदि नामों से चाँदगढ़ में ही परिचित हुए थे। चाँदगढ़ में उन दिनों तीन शौकिया नाटक-दल थे, और लगभग हर चार-छः महीनों में कोई न कोई दल अपना नाटक तैयार कर ही लेता था, टिकट दो रुपये-पाँच रुपयों का ही होता था, पर सभी स्थानीय पत्रकार, 'नाट्य-समीक्षक' बन कर दूसरी कतार में तन कर मुफ़्त नाटक देखने का आनन्द उठाते थे। सभी नाटक अच्छे होते थे, ऐसा नहीं था पर सभी नाटक हाउसफुल ज़रूर होते थे।

नाटक को लेकर चाँदगढ़ के लोगों के बीच एक अलग क़िस्म की जागरूकता बनी थी, और इसके पीछे मक़बूल गुरु का नाटक के प्रति समर्पण सबसे बड़ा कारण था। उन्होंने अपनी लगन से चाँदगढ़ के लोगों के दिलों में नाटक के लिए एक ख़ास जगह बनायी थी इसलिए चाँदगढ़ के लोगों के दिलों में भी गुरुजी आज़मी के लिए एक ख़ास जगह थी। पर मोहन गुगलानी के लिए मक़बूल आज़मी पिता समान थे।

स्थानीय डी. ए. वी. कॉलेज से बी. ए. पास करने के बाद हिन्दी में एम. ए. करने की सोच रखी थी मोहन गुगलानी ने। पर गुरु आज़मी ने ही नहीं, बल्कि उत्तर प्रदेश के समूचे पूर्वांचल में किसी ने कभी नहीं सोचा था, कि आषाढ़ का एक दिन का कालिदास, मोहन गुगलानी एक दिन मुम्बई फ़िल्म जगत का इतना बड़ा निर्देशक बन जाएगा!

मक़बूल गुरु ने पृथ्वी स्टोर्स के गल्ले में जितने रुपये थे, उसे बिना गिने मोहन के हाथों देते हुए कहा था, 'हिन्दी में एम. ए. करने के लिए बहुतेरे बैठे है यहाँ, तुझे अभिनय करना है, बड़ा आदमी बनना है।'

मदन मोहन गुगलानी! माँ-बाप का दिया हुआ नाम बदल कर जिसने अपना नाम मोहन राकेश गुगलानी रखा था।

'मोहन राकेश जैसा ही तेरा नाम भी होगा एक दिन। चला जा बेटा बम्बई, जा कर स्ट्रगल कर, स्ट्रगल!'

ऐसे ही गुरुजी आज़मी ने एम. ए. हिन्दी के चक्कर से निकाल कर मोहन गुगलानी को मुम्बई भेजा था। ये हालाँकि हमलोगों के चाँदगढ़ जाने के कुछेक सालों पहले की बात है। चाँदगढ़ में तब तीन सिनेमा घर थे, जहाँ प्रायः एक या दो ही

फ़िल्में एक साथ लगती थी। नवीन टॉकीज़ में जो फ़िल्म ठीक छः बजे शुरू होती, वही फ़िल्म गुलाब पैलेस में सवा छः बजे शुरू होती थी। पहले हॉल में फ़िल्म की दो-तीन रीलें ख़त्म होते ही एक आदमी साइकिल के पीछे कैरियर पर टीन के बने गोल बक्सों में फ़िल्म की रीलों को लादकर दूसरे टॉकीज़ पहुँचाता, तब उस टॉकीज़ में फ़िल्म शुरू होती थी। यहीं क्रम दोपहर बारह से लेकर रात के बारह बजे तक चलता था। आज पी वी आर के जमाने में यह बात शायद लोगों को सौ साल पुरानी लगे, पर यही सत्तर-अस्सी के चाँदगढ़ का सच था!

मोहन गुगलानी फ़िल्म अभिनेता नहीं थे पर जिस किसी फ़िल्म से उनका नाम जुड़ा होता, चाँदगढ़ के लोग उसे न केवल देखते ही थे, पर्दे पर उनका नाम आते ही कई लोग तालियाँ भी बजा उठते थे। चाँदगढ़ में जब भी और जहाँ भी नाटक और फ़िल्म की बात होती तो मोहन गुगलानी का फ़िक्र आ ही जाता था। मक़बूल आज़मी हर बात पर मोहन गुगलानी का फ़िक्र तो ले आते थे, पर कभी कभी अति उत्साह में वह सामान्य तार्किकता की सीमा को भी लाँघ जाते थे। 'इस फ़िल्म में असरानी ने जो शानदार एक्क्टिग की हैं, वह मोहन के डायरेक्शन का ही कमाल है', या 'सचिन को कहाँ पता पुरबिया रीति-रिवाज़, ये तो मोहन का डायरेक्शन का ही कमाल है, कि सचिन अपना रोल इतना बढ़िया निभा गये।'

हालाँकि ऐसी बातें हम लोगों को नहीं पचती थी, फिर भी ऐसी चर्चाओं से उनका मोहन के प्रति खालिस प्रेम तो झलकता ही था।

गुरुजी आज़मी से मोहन के बारे में सुनते-सुनते हमारे कान पकने लगे थे, पर अपने बेटे के बारे में उन्होंने कभी किसी से कुछ नहीं कहा!

मक़बूल आज़मी के बेटे ने, जवान होने के पहले ही पैसेवाला बनने का सपना पाल लिया था। चाँदगढ़ और उसके आस-पास के तमाम अन्य जिलों के लोग, उन दिनों पैसा कमाने सऊदी जाया करते थे, कुछ मलेशिया भी जाते थे।

लोग कहते है, कि मक़बूल आज़मी का बेटा पैसा कमाने के गलत रास्ते पर चल पड़ा था और एक दिन उसकी लाश लेने चाँदगढ़ के लोगों के साथ मक़बूल अंसारी शाहगंज रेलवे स्टेशन पहुँचना पड़ा था।

चाँदगढ़ के लोग धीरे-धीरे गुरुजी आज़मी के बेटे को भूल गये थे, हालाँकि कई लोग लम्बे समय तक अलबत्ता थर्मोकॉल के बने उस बिलायती ताबूत की ख़ासियतों के बारे में बतियाते रहे थे, जिसमें रख कर उसकी लाश दिल्ली से बावतपुर होते हुए शाहगंज पहुँची थी।

चाँदगढ़ की तीनों नाट्य दलों के बीच जो खटमिट्ठा रिश्ता था, उसके बारे में याद कर आज भले ही क्यों न हँसी आये, पर में दावे के साथ कह सकता हूँ, कि तमाम कस्बों और छोटे शहरों में आज भी लाखों रंगकर्मी उसी निष्ठा के साथ नाटक कर रहे है और नाट्य दलों के बीच, प्रतिस्पर्धा के उस खटमिट्ठे स्वाद को बनाए रखे हैं।

चाँदगढ़ के रंगमंच का एक नियम पत्थर पर लकीर-सा चला आ रहा था, कि एक नाट्य दल का अभिनेता दूसरे दल की प्रस्तुति में अभिनय नहीं करेगा। पर यह नियम केवल गुरुजी पर लागू नहीं होता था। इसलिए वे कई बार एक साथ दो-दो नाटकों के रिहर्सलों में दिख जाते थे। सच तो यह भी था, कि नाटक किसी भी नाट्य दल का क्यों न हो उसमें अगर गुरुजी नहीं होते थे तो दर्शकों का पैसा-वसूल नहीं हो पाता था।

ऐसे ही एक बार एक दूसरे नाटक दल ने नाटक 'जिन्दा है अभिमन्यु' करने का निर्णय लिया। स्क्रिप्ट की दस-बारह फोटो कॉपियाँ करवायी गई। उन स्क्रिप्टों को जिल्दसाज़ के यहाँ से किताब की शक्ल में बँधवा कर, एक मंगलवार को चौक के हनुमान मन्दिर में पूजा चढ़वा कर जब अभिनेताओं में बाँटा गया तो अपने-अपने स्क्रिप्ट पर सबने अपना-अपना नाम लिखा और साथ, किसी ने 786 लिखा तो किसी ने जय श्री राम! और यूँ नाटक की तैयारी का श्री गणेश हुआ। नाटक को पढ़ लेने के बाद जिन्हे नाटक समझ आया उन्हें साथ यह भी समझ आ गया, कि नाटक आसान न था। वैसे जिस नाटक में गुरुजी होते थे, उस नाटक की नैय्या तो पार जस-तस लग ही जाती थी, इसलिए वे ज़्यादा चिन्तित नहीं हुए।

पर इस बार गणित गलत बैठ गया था!

नाटक एक धनी और राजनैतिक क्षमता लोभी पिता और उसके चरित्रवान बेटे की कहानी थी। नाटक के अन्त में पुलिस और गुंडों से लड़ते हुए बेटे की मृत्यु हो जाती है। नाटक में पिता की भूमिका ही मुख्य थी, इसलिए यह रोल मक़बूल आज़मी को दिया गया था यह कहना गलत होगा, उन्होंने पहले दिन ही इस रोल को अपने नाम करवा लिया था।

नाटक का रिहर्सल शुरू हुए कई दिन बीत चुके थे। गुरुजी आठ-दस बार रिहर्सल में दिखे भी पर मुझे उनमे वह जोश नहीं दिखा, जिसके लिए उन्हें दुनिया जानती थी। रिहर्सल में उन्हें कई बार मैंने संवाद भूलते देखा, स्टेङ्कपग गलत करते पाया तो मुझे लगा कि कहीं कोई गड़बड़ी हो रही है। नाटक हमारे 'विकल्प नाट्य संस्था' का नहीं था, इसलिए हमें लग रहा था कि अगर नाटक झूल गया तो लोग कहेंगे कि गुरुजी ने हमारे कहने से ही दूसरे नाट्य दल को दगा दिया। बात और आगे

बढ़ पाती, उसके पहले मैं एक दिन मक़बूल आज़मी के घर पहुँच गया। गुरुजी मुझे देखते ही चहक उठे, 'बेगम, देखो कौन आया है!' दो चार मिनट तक इधर उधर की बातें होती रही, भाभीजी ने हर बार की तरह, इस बार भी गुरुजी की जम कर शिकायत की। फिर वो चाय नाश्ता लाने घर के अन्दर चलीं गयीं। मेरे उनके घर आने का मकसद शायद उन्हें पता था, मेरे कुछ कहने के पहले ही गुरुजी बोले, 'भाई, मुझसे ये रोल नहीं हो पा रहा है!' फिर देर तक वे जीवन और अभिनय के बीच के जटिल रिश्ते के बारे में मुझे बताते रहे।

'आप अगर एक अमीर आदमी हैं पर अभिनय आप एक गरीब का कर रहे हैं, तो नाटक में आपको उस भूमिका में अपने को ढालना होगा, जीना होगा। आप हकीकत में क्या हैं, इसका कोई रिश्ता नाटक से नहीं होता। हम कहते हैं, कि हम नाटक खेल रहे हैं! पर सच जानिये, ये कोई खेल वेल नहीं है। ज़िन्दगी हैं, एक दूसरी ज़िन्दगी! जिसे आप अपने से बाहर निकल कर नाटक में जीते हैं!'

मैं चुपचाप चाय पीते हुए गुरुजी को सुनता रहा। मैं ठहरा एक मेडिकल रिप्रेजेन्टेटिव, मुझे नाटक से ज़्यादा कुछ लेना देना नहीं था। चाँदगढ़ में आकर न जाने कब और कैसे 'विकल्प नाट्य संस्था' का सेक्रेटरी बन गया था। और एक सेक्रेटरी के नाते, मुझे अपनी जिम्मेदारियों का पूरा अहसास था। मेरे पास गुरुजी आज़मी से नाटक के सिद्धान्तों को जानने-समझने के लिए न तो वक़्त था और न ही कोई ख्वाहिश! मैंने कुछ सख़्त लहज़े में उनसे कहा, कि अगर ठीक से वह इस नाटक को करना चाहे तो करें, वर्ना इस तरह से अगर वे नाटक के रिहर्सलों में नागा करेंगे तो इससे उनकी खुद की और साथ हमारी संस्था की भी बदनामी होगी। गुरुजी मुझसे बड़े थे और चाहते तो मेरी खरी-खोटी सुनने का बजाय, मुझे दरवाज़ा दिखा सकते थे। पर वे बहुत देर तक ख़ामोश बैठे रहे, फिर धीरे-धीरे बोले, 'यह नाटक नहीं हो पा रहा है मुझसे। ज़िन्दगी आड़े आ रही है भाई! '

उस दिन चाँदगढ़ के उस सीलन लगे मकान में कब शाम ढल कर रात उतरी थी, पता नहीं। मक़बूल आज़मी और उनकी बेगम की ज़िन्दगी की कहानी को साथ लिये जब मैं उनके मकान से बाहर आया तो मेरे दिमाग में एक ही बात गूँज रही थी। 'भाई, मेरा क्या है? दो वक़्त की रोटी की दिक़्क़त तो नहीं होगी कभी। बेटा खोया है, अब कोई मेरा है क्या, जिसके लिए कुछ जोड़ूँ या कुछ छोड़ूँ! मेरा जो कुछ है वह मोहन ही है। उसे खूब कामयाबी मिले, बस यहीं माँगता हूँ, उस देनेवाले से।'

चाणक्य महाराज अपनी कूटनीति के लिए कितने ही ख्यात क्यों न रहें हो, छोटे-बड़े शहरों के नाट्य दलों में उनसे कहीं ज़्यादा कूटबुद्धि सम्पन्न एक आध

लोग ज़रूर होते ही है। सो सबसे पहले 'जिन्दा है अभिमन्यु' के निर्देशक के कान भरे गये, कि उनके निर्देशन में गुरुजी इस नाटक में अभिनय करना शायद अपनी तौहीनी समझ रहे हैं। फिर उनके शक़ को यक़ीन में तब्दील करने का काम सम्पन्न किया गया और एक दिन रिहर्सल में उन्होंने अपनी स्क्रिप्ट फर्श पर पटक कर ऐलान कर दिया, 'अगर रोल गुरुजी से करवाना हो तो निर्देशन मैं नहीं कर सकूँगा।'

फिर कई सर आपस में जुटे और समस्या का हल निकाला गया। निर्देशक अब केवल निर्देशन ही नहीं करेंगे, बल्कि पिता का अभिनय भी वही करेंगे! निर्देशक महोदय के लिए यह आशातीत प्रस्ताव था। उन्होंने बिना समय गँवाएँ इसे लपक लिया! एक बड़ी समस्या यूँ टल गयी और इस कुचक्र के सच के बारे में और इस नाटक में अभिनय करने में गुरुजी की परेशानी के बारे में चाँदगढ़ के लोग नहीं जान सके। मैंने भी गुरुजी से या किसी और से इसका फ़िक्र कभी नहीं किया।

इसके बाद चाँदगढ़ में नाटकों के मंचनों का सिलसिला पूर्ववत् चलता रहा और मंच पर मक़बूल आज़मी हर बार अपने गुरु पृथ्वीराज कपूर का नाम रौशन करते रहे।

चाँदगढ़ के मक़बूल आज़मी उर्फ़ गुरुजी की यह कहानी तो यहीं ख़त्म हो ही सकती थी, पर ऐसा हुआ नहीं था!

अख़बारों से पता चला था कि बनारस के पास सारनाथ में एक बड़े बजट वाली मल्टी-स्टारर फ़िल्म की शूटिंग चल रही थी। उन दिनों शूटिंग देखना अपने आप में एक बहुत बड़ी बात हुआ करती थी। अगर शूटिंग बनारस में चल रही हो, तो आरा, छपरा, बलिया के साथ-साथ पूरा जिला हिलने लगता था! कई लोग चाँदगढ़, जौनपुर, मिर्ज़ापुर से पहुँचे शूटिंग देखे खातिर!! जिन पानवाले, रिक्शेवाले, ट्रैफिक पुलिस और पंडे इस फ़िल्म में भीड़ की भूमिका में शामिल हुए, उनकी तो कई महीनों तक अकड़न नहीं उतरी।

एक चाहत, जिसे मक़बूल आज़मी ने वर्षों अपने दिल के किसी कोने में सहेज रखा था; हकीकत में तब्दील होने का सपना देखने लगी थी! एक सुबह मुझसे मिलने वे मेरे घर आ पहुँचे और परम संकोच के साथ बोले, 'भाई, मुझे पता चला है, कि मोहना ही इस फ़िल्म को बना रहा है। अब मैं कस्बे का रहनेवाला गवई। मनही, मेरी हिम्मत नहीं हो रही कि मैं बनारस जाकर मोहन से मिलूँ। अगर आप मेरी मदद कर दें तो उससे मिलना हो सकता है।'

मुझे गुरुजी के घर की वह शाम और गुरुजी की बातें याद आयी-'बेटा खोया है, अब कोई मेरा है क्या, जिसके लिए कुछ जोड़ूँ या कुछ छोड़ूँ! मेरा जो कुछ है वह मोहन ही है। उसे खूब कामयाबी मिले, बस यहीं माँगता हूँ, उस देनेवाले से।'

मेरे पास मोटरसाइकिल थी। तैयार होकर घर से निकलने में आधा घंटा, और फिर बनारस पहुँचने में दो घंटे और लगे। जब हम क्लार्क्स वाराणसी होटल पहुँचे तब बारह बजने को हो रहे थे। बड़ी-बड़ी मूछोंवाला भारी भरकम लिबास से लदा चौकीदार, होटल नहीं मानों किसी राज दरबार की पहरेदारी पर तैनात था। होटल की रौनक देख कर गुरुजी इतना घबड़ा गये थे, कि उन्होंने उस दरबारी चौकीदार को ही सलाम ठोंक दिया। मेरे पास ऐसे मौकों पर सबसे कारगर और अचूक, 'अँग्रेज़ी' नाम का औज़ार मौजूद था, लिहाज़ा मैंने रिसेप्शन पर की लड़की पर उसे आजमाते हुए कहा, 'हम मोहन गुगलानी से मिलना चाहते हैं। उनके घर से उनके अंकल मिलने आये हैं। मुझे पूरा यक़ीन है कि आप इस बुज़ुर्ग को निराश नहीं करेंगी।' रिसेप्शन की लड़की ने मुझे एक साँस में अपनी परेशानियाँ गिनवाने लगी, 'कि अभी प्रेस कांफ्रेंस होना है', 'कि मोहन गुगलानी के पी.ए. ही उनसे हमें मिला सकते हैं', कि 'सुबह से हमसे पहले, उनके याने मोहन गुगलानी के, आठ-दस अंकल और आंटियाँ मिल कर जा चुके थे' आदि, आदि। ऐसी परिस्थितियाँ मेडिकल रिप्रेजेंटेटिवों के लिए कोई नयी नहीं होती, लिहाज़ा मैं अपनी अगली चाल चलने की सोच ही रहा था तभी लिफ्ट से बाहर आते एक आदमी को देख कर गुरुजी लगभग चीख पड़े, 'अरे मोहना! कब से खड़ा मैं तेरा इन्तज़ार कर रहा हूँ यहाँ।' मैंने मोहन गुगलानी की तस्वीर फ़िल्मी पत्रिकाओं में देख रखी थी, गुरुजी के एलबम में भी उसकी कई तस्वीरें देखी थीं। 'आषाढ़ का एक दिन' का नौजवान कालिदास आज मुझे कुछ थका-थका, कुछ बुझा-बुझा सा लगा। मोहन गुगलानी ने गुरुजी आज़मी के पैर छूएँ तो मक़बूल आज़मी मोहन से लिपट गये। प्रेस कांफ्रेंस के लिए पत्रकार-फोटोग्राफरों की भीड़ के बीच कई करोड़ के मुनाफेवाली फ़िल्में बनानेवाले मोहन गुगलानी का एक निहायत गँवार बुज़ुर्ग के पाँव छूने की घटना में एक 'बड़ी स्टोरी' महक रही थी। मोहन गुगलानी, प्रेस के लोगों से गुरुजी का परिचय कराया, चाँदगढ़ के दिनों को याद किया, अपने नाटक से फ़िल्मों तक की यात्रा की कहानी सुनाई और पत्रकारों को धन्यवाद कहते हुए बम्बई के लिए बावतपुर हवाई अड्डे की ओर रवाना हो गया। पर इसी बीच गुरुजी ने अपने हसरत मोहन के कानों तक पहुँचा ही दी थी, कि 'वह फ़िल्म में एक बार, बस एक बार अभिनय करना चाहते थे!'

बनारस से चाँदगढ़ लौटते समय मेरी मोटरसाइकिल की पिछली सीट पर सवार गुरुजी आज़मी नहीं, बल्कि बड़ी-बड़ी मूछोंवाला भारी-भरकम लिबास से लदा, किसी राजदरबार का रोबदार पहरेदार आसीन था, जो अपनी मूँछों को ऐंठते हुए सवा सौ बार एक ही बात को रह रह कर दोहरा चुका था, 'भाई, देखा आपने मेरे मोहना को!'

इस घटना के बाद अख़बारों में जब मक़बूल आज़मी के पैर छूते मोहन गुगलानी की तस्वीर छपी, मोहन गुगलानी का गुरुजी आज़मी के बारे में बयान छपे, तो गुरुजी रातों-रात, चाँदगढ़ के सबसे बड़े 'सेलीब्रिटी' बन गये।

इसके बाद ही मेरा तबादला इलाहाबाद हो गया था। चाँदगढ़ छोड़ने के पहले पन्द्रह-बीस दिनों का लम्बा फेयरवेल पार्टियों का दौर चला। सबों ने उम्मीद जताई कि मैं इलाहाबाद से चाँदगढ़ आता-जाता रहूँगा, मैंने भी उनसे ऐसा ही वादा किया। गुरुजी आज़मी बोले, 'भाई, आप ही ने इतने लम्बे समय बाद, मुझ मोहन से मिलाया था, वर्ना मेरी कहाँ हिम्मत थी कि बनारस जाकर उससे मिलता। बहुत बड़ा अहसान हैं आपका, मेरे ऊपर!'

मैंने अपने आप से कहा था, 'गुरुजी आज़मी, आपकी ज़िन्दगी की एक ऐसी दास्ताँ को अपने दिल में छिपा कर साथ लिए जा रहा हूँ, जिसे चाँदगढ़ का कोई और नहीं जानता, और शायद कोई कभी जान भी नहीं पाएगा!'

गुरुजी की बेगम ने एक के बाद एक, चार मरे बच्चों को जना था, पाँचवाँ शकील था जो सऊदी पुलिस की गोलियों का शिकार हुआ था।

नाट्यसूर्य पृथ्वीराज कपूर के शिष्य गुरुजी आज़मी ने अपनी ज़िन्दगी के इस सूनेपन से भाग कर नाटक के भारी पर्दों के पीछे मुँह छिपा रखा था। एक दिन उन्होंने मुझसे कहा था, 'आप हक़ीकत में क्या हैं, इसका कोई रिश्ता नाटक से नहीं होता। हम कहते हैं, कि हम नाटक खेल रहे हैं! पर सच जानिये, ये कोई खेल वेल नहीं है। ज़िन्दगी हैं, एक दूसरी ज़िन्दगी! जिसे आप अपने से बाहर निकल कर नाटक में जीते हैं!'

नाटक में जीनेवाले गुरुजी की ज़िन्दगी की असली कहानी, चाँदगढ़ में हममें से शायद मुझे ही पता थी!

मेरे इलाहाबाद तबादले के बाद, चाँदगढ़ में नरेन्द्र सेठ दो चार साल और रहा था, फिर उसका भी तबादला भुवनेश्वर हो गया था।

कई सालों बाद नरेन्द्र से जब मिलना हुआ तो हम दोनों चाँदगढ़ में छोड़ आये उन मयूरपंखी जवान दिनों को मिल कर याद करने लगे।

'अरे अपना सुधीर चौधरी, याद हैं? जो सिधारी में मुकेश सहानी का रूम पार्टनर था, साला अल्फ्रेड फार्मा का जेनरल मैनेजर बन गया!'

'और वो लल्लू विजय भाटिया आजकल सरऊ स्टेट्स में है, अपने चचा के मोटेल बिज़नेस में डॉलर छाप रहा है!'

'अभी पिछले महीने ही म्यानी भाभी मिली थी दिल्ली एयरपोर्ट में...'

'कौन म्यानी भाभी?'

'याद नहीं! तलवार साहब की बीबी!'

'ओ हो! क्या सिली सेंस ऑफ़ ह्यूमर था हमलोगों का यार, छः! मिस्टर तलवार की बीवी मिसेस म्यानी!

इस तरह की खट्टी मीठी बातों के बाद मैंने पूछा, 'यार तुम्हारी नौटंकी कैसी चल रही है? अब भी नाटक-वाटक करते हो या बस चाँदगढ़ तक ही शौक था!'

'कहाँ नाटक, चाँदगढ़ छोड़ने के बाद ये सब छूट गया! हाँ, नाटक पर याद आया। तुम्हें गुरुजी आज़मी याद है?'

'क्यों नहीं, गुरुजी आज़मी को मैं कभी भूल सकता हूँ भला!'

फिर नरेन्द्र सेठ ने मुझे गुरुजी आज़मी की ज़िन्दगी के नाटक के इंटरवल के बाद की कहानी सुनायी थी!

जिसे मैं नहीं जानता था।

●

'तुम्हारे चाँदगढ़ छोड़ने के बाद, कुछ ही दिनों में मोहन गुगलानी ने अपनी नयी फिल्म पर काम करना शुरू किया था। मक़बूल आज़मी से कभी-कभार फ़ोन पर उनकी बात भी होती थी शायद। एक दिन मोहन का असिसटेंट नागराज चाँदगढ़ आकर हम सब नाटक करनेवालों से मिला और फिल्म के एक दृश्य के बारे में चर्चा की।

उसने बताया कि शूटिंग एक स्टेशन पर होनी थी, जहाँ एक नौजवान कई वर्षों विलायत में रहने के बाद अपने गाँव अपने माता-पिता से मिलने आ रहा था। फिल्म का प्लाट पूर्वी उत्तर प्रदेश है, लिहाजा ट्रेन के एयर कंडीशन डिब्बे की काँच से ढकी खिड़की से खेत, पोखर, नदी आदि को देखते हुए हीरो अपने अतीत के दिनों में लौट जाता हैं। इस फ्लैशबैक की शूटिंग पहले ही हो चुकी थी, अब बस हीरो का ट्रेन के अन्दर बैठे कुछ शॉट लेने थे। इसके लिए योजना थी कि देहरादून एक्सप्रेस सवार होकर हीरो शाहगंज तक आएगा और इस बीच ट्रैन के अन्दर के शॉट्स ले लिए जायेंगे। शाहगंज स्टेशन पर हीरो ट्रैन के उस डिब्बे से अकेले ही उतरेगा। पाँच-छह कुलियों का झुंड उसकी ओर लपकेंगे और वह एक कुली को अपना सामान पकड़ा कर धीरे-धीरे उस कुली के पीछे पीछे स्टेशन से बाहर जानेवाले लोहे के फाटक पर आ जायेगा जहाँ सफ़ेद वर्दी पहना टिकट बाबू उसका टिकट चेक करेगा और पहला शॉट यहीं खत्म होगा। इसमें कुलियों का दल, टिकट चेकर, चने-मूँगफली और खोमचेवाले सभी चाँदगढ़ के नाटक दलों से जुड़े लोग थे।

पूरा चाँदगढ़ मानों उस दिन ईद मना रहा था। सुबह-सुबह सब नहा धो कर, अपना अपना मेकअप लेकर डीलक्स बसों में बैठ गये थे। पिछली रात को ही लाइट टीम शाहगंज स्टेशन पहुँच चुकी थी। मैं गुरुजी के साथ उनके लिए अलग से

इन्तज़ाम की गयी गाड़ी में बैठ कर जब शाहगंज स्टेशन पहुँचा तो हक्का-बक्का रह गया। प्लेटफार्म के ऊपर सफ़ेद चादर का विशाल शामियाना-सा तना था। बड़ी-बड़ी लाइटों का झुंड एक साथ दमक रहे थे। जमीन से काफ़ी ऊपर क्रेनों पर लगा कैमरा नीचे-ऊपर हो रहा था। प्लेटफार्म पर पटरियाँ बिछी थी जिस पर एक बग्घी पर कैमरा लगा था। प्लेटफार्म के बाहर तो मेला ही लगा हुआ था। हज़ारों लोग ज़िन्दगी में बस एक बार शूटिंग देखने का अनुभव लेना चाहते थे। पर उनके उत्साह पर लगाम कसने के लिए सैकड़ों पुलिस भी लाठी लिए तैनात थे। सब तैयारी पूरी हो चुकी थी। ठीक वक़्त पर देहरादून एक्सप्रेस का इंजन दूर से शाहगंज की ओर आता दिखा। हाथ में लाऊड स्पीकर लिए नागराज चीखा, 'साइलेंट!' रोल कैमरा वन!!'

क्लैपर बॉय ने लपक कर कैमरे के आगे आकर ऐलान किया, 'फलाँ सीन, फलाँ शॉट, फलाँ...फलाँ...फलाँ। और इतना कह कर बड़े पटरे पर उसके ऊपर लगे छोटे पटरे से मार कर आवाज निकाला-'फटाक!'

ट्रैन रुकी। हीरो ट्रैन से नीचे उतरा। कुलियों ने उसे घेरा। एक कुली ने उसका सामान थाम लिया। बाक़ी कुली धीरे-धीरे हटने लगे। आगे आगे कुली और पीछे-पीछे हीरो गेट की और बढ़ रहे थे। टिकट चेकर ने टिकर माँगे, हीरो ने टिकट दिया और उसके साथ ही नागराज अपने लाउडस्पीकर से चिल्लाया, 'कट्ट!'

'ग्रेट जॉब डन, नागराज!' हीरो ने नागराज से हाथ मिलाते हुए कहा।

'थैंक्स सर!'

शाहगंज स्टेशन के रिटायरिंग रूम की इतनी साफ़ सफाई हुई थी कि पहचानना मुश्किल हो रहा था। खाने-पीने का इन्तज़ाम बनारस के केटरर का था, इसलिए मेजों पर पाँच सितारा होटल से मँगाये गए सैंडविच-पेस्ट्री-पैटीज़-ढोकले का राज था, देसी समोसे-कचोरी-पकौड़ी का नामोंनिशान भी कहीं नहीं था वहाँ! चाँदगढ़ के नाटक दलों के अभिनेता-कुल के लिए बम्बई के इतने बड़े हीरो के साथ बैठना, चाय पीना, नाश्ता करना, ऑटोग्राफ लेना, फोटो ख्खिचवाना मानों आँखें खोले दिन दहाड़े सपना देखने जैसा था। इस बीच नागराज ने हीरो से गुरुजी आज़मी की मुलाकात करायी। हीरो ने खड़े होकर उनका अभिवादन किया। हीरो की जुबान से 'मोहन भाई से आपके बारे में सुना है' सुन कर गुरुजी आज़मी का चेहरा खिल उठा। नागराज ने हीरो और गुरुजी को अगला शॉट समझाया।

उस दिन के दूसरे हिस्से की शूटिंग में गुरुजी के कुल चार डायलॉग ही थे।

स्टेशन से बाहर खड़े टैक्सी के पास आकर हीरो पूछेगा, 'चाचा अम्बारी चलेंगे?'

गुरुजी अपनी टुटही टैक्सी को पोछा मारते हुए बोलेंगे, 'क्यों नहीं भाई, आइये बैठिए' इतना कह कर टैक्सी की अगली सीट पर बैठे आदमी को कहेंगे,

'तनी खाली कर दिया हो सिटवा, बाउ को बैठे दा!'

वह आदमी उतर कर पीछे की सीट में पहले से ही बैठे पाँच लोगों के साथ सिमट कर जैसे-तैसे बैठ जायेगा।

हीरो अब गुरुजी के बगल में बैठ कर कहेगा, 'थैंक्स! धन्यवाद!' गुरुजी गाड़ी स्टार्ट करेंगे।

बस इतना-सा सीन था!

शॉट शुरू हुआ। हीरो स्टेशन से गेट पर खड़ा नागराज के हाँक का इन्तजार कर रहा था, तभी नागराज लाऊडस्पीकर से चिल्लाया, 'साइलेंट! एक्शन! कैमरा रोल!!'

क्लैपर बॉय क्लपस्टिक बजा गया।

गुरुजी ने मुड़ कर हीरो को अपनी ओर आते देखा, ठीक वैसे ही जैसे शाहगंज स्टेशन के बाहर टैक्सीवाले अपने पैसिंजरों को तकते हैं।

हीरो टैक्सी के नज़दीक आ रहा था। चारो और खामोशी। क्रेन का कैमरा अब नीचे उतर कर फ्रेम में गुरुजी और हीरो को लेनेवाला था, ताकि उन दोनों के बीच के संवाद को फिल्म में कैद किया जा सके। तभी सन्नाटे को तोड़ते हुए गुरुजी आज़मी की चीख सुनाई पड़ी, 'शकील, बेटा शकील। मेरा बच्चा शकील' हीरो से लिपट कर गुरुजी आज़मी फफक-फफक कर रोने रहे थे।

नागराज का स्पीकर गूँज उठा 'कट!'

हम सब भौचक थे, ये क्या हो गया मक़बूल आज़मी को?'

नागराज चीख रहा था, 'ये कहाँ से डायलॉग ले आये आप! आज़मी साहब, ये आपका नाटक नहीं हैं, कि जैसा चाहा वैसा बोल लिए...!'

पर गुरुजी तब तक हीरो की बाँहों में निढाल हो चुके थे।

हम सब उन्हें टैक्सी में लेकर शाहगंज के अस्पताल पहुँचे थे। डॉक्टर ने कहा, 'मैसिव हार्टअटैक से उनकी मृत्यु हुई है!'

इतना कह कर नरेन्द्र सेठ चुप हो गया था। मेरे कानों में मानों बेटे के लिए एक बाप का आर्तनाद गूँज रहा था!

चाँदगढ़ में गुरुजी आज़मी ने मुझसे जिस दिन जीवन और नाटक के फ़र्क़ के बारे में बहुत कुछ बताया था, उसी दिन मुझे यह भी बताया था उनकी बेगम ने एक के बाद एक, चार मरे बच्चों को जना था।

और, उनका पाँचवाँ बच्चा शकील था जो सऊदी पुलिस की गोलियों का शिकार हुआ था!

पुरस्कार

छोटे शहरों में सब कुछ छोटा नहीं होता!

हिन्दी पढ़ने-लिखने वालों में ऐसे बहुत सारे लोग जरूर होंगे, जिन्होंने चाँदगढ़ का नाम ही नहीं सुना होगा, और अगर सुना भी होगा तो वे यह तो शायद नहीं जानते होंगे, कि साठ के दशक में कई यादगार कहानियों के लिए मशहूर लेखक शशिकान्त शर्मा चाँदगढ़ में रहते थे। अब चूँकि, चाँदगढ़ प्रदेश की राजधानी लखनऊ से दूर था और देश की राजधानी दिल्ली से तो बहुत-बहुत दूर, लिहाज़ा शशिकान्त शर्मा को कोई सम्मान पुरस्कार कभी नहीं मिला था। पर बावजूद इसके उत्तर प्रदेश के अलावा भी कई हिन्दी भाषी प्रदेशों में हिन्दी पाठ्य-पुस्तकों में उनकी कहानियाँ शामिल थीं और उनकी कहानियाँ बड़ी पत्रिकाओं में लगभग नियमित प्रकाशित होती रहती थी। इसलिए वे अख्यात तो नहीं थे। चाँदगढ़ में शशिकान्त शर्मा की कहानियों को समझनेवाले ज्यादा नहीं थे, पर लोग उनका सम्मान जरूर करते थे।

शशिकान्त शर्मा अपने घर में महीने में एक बार साहित्य-गोष्ठी करते थे, जिसमें दो एक मास्टर और वकील तो बस इसलिए शामिल हो जाते थे, कि उन्हें अपनी कविताएँ पढ़ने का मौक़ा मिल जाता था। बाक़ी लोग गोष्ठी के अन्त तक ही आते थे और चाय पकौड़ों की तारीफ़ करते हुए घर लौट जाते थे। शशिकान्त शर्मा ने कभी भी अपनी किताबें लोगों को देने में कंजूसी नहीं की पर सच तो यह था, कि चाँदगढ़ में कुछ लोगों के पास उन्हें पढ़ने का वक़्त कम निकल पाता था और कुछ को हिन्दी पढ़ने में 'आनन्द' नहीं मिलता था।

चाँदगढ़ विकास प्राधिकरण से दस-बारह सालों पहले एक मकान किश्तों में लिया था शशिकान्त शर्मा ने। वक़्त पर किश्ते न देने के कारण मूल, सूद और पेनाल्टी मिला कर पचास हज़ार के आसपास का बोझ उनके सर पर था। जिसे बिना चुकाए उन्हें मरने से भी डर लगने लगा था। बेटा बिहार प्रदेश के शिक्षा विभाग में नौकरी करता था। शादी हो चुकी थी, लिहाज़ा मन लगा कर गृहस्थी कर रहा था, जहाँ

शशिकान्त शर्मा और उनकी पत्नी के लिए जगह नहीं थी।

●

इसी तरह शशिकान्त शर्मा चाँदगढ़ में रह रहे थे। साठ के हुए थे तो स्थानीय कॉलेज में षष्ठीपूर्ति का कार्यक्रम आयोजित किया गया था। पचहत्तर के हुए तो जिलाधीश और दूसरे अधिकारियों ने मिल कर धूम धाम से उनका अमृत महोत्सव भी पिछले साल ही मनाया था। इस अवसर पर एक रंगीन स्मारिका भी प्रकाशित की गयी थी, जिसमें बयालीस शुभकामना सन्देश थे, दो पन्नों का शशिकान्त शर्मा का जीवन परिचय था, और मोटी सी स्मारिका के शेष पृष्ठों में मैरिज हाल, ब्यूटी पार्लर, इंगलिश मीडियम नर्सरी स्कूल आदि से लेकर मलेरिया नियन्त्रण, सिंचाई विभाग और प्रदेश के बढ़ते कदम आदि के सरकारी विज्ञापन थे। जिलाधीश शेखर दयाल की इच्छा थी कि शशिकान्त शर्मा को उनके पचहत्तर वर्ष पूरे होने पर पचहत्तर हज़ार की थैली भेंट की जा सके, पर हुआ ये कि जिलाधीश साहब का तबादला लखनऊ हो गया और साथ ही विज्ञापनों की उगाही भी स्थगित हो गयी।

खैर, अमृत महोत्सव के जश्न में ऑफिसर्स क्लब के लॉन पर पाँच सौ लोगों का 'डिनर' का आयोजन किया गया था, जिसमे शशिकान्त शर्मा को सैकड़ों मालों और गुलदस्तों से सम्मानित किया गया था। डिनर से शशिकान्त शर्मा सपत्नीक डी.एम.की लालबत्ती लगे अम्बेसडर गाड़ी में घर लौटे थे।

अमृत महोत्सव से घर लौटते हुए बहुत दिनों बाद शशिकान्त शर्मा खुश थे। आज की पार्टी से उन्हें लग गया था, कि बस दो एक दिन में ही उनके हाथों में पचहत्तर हज़ार की थैली होगी।

पर शशिकान्त शर्मा को पचहत्तर क्या, एक हज़ार की थैली भी नहीं मिली!

●

शशिकान्त शर्मा छहत्तर के कब हुए, ये उनको भी पता न चला।

एक क़िस्म की ज़िन्दगी ऐसी होती है, जिसमे अच्छा तो शायद कुछ भी नहीं होता, पर लोग उसके आदी हो जाते हैं। उनके सपने, उनकी शिकवे-शिकायते और अनागत भविष्य को लेकर उनकी आशंकाएँ-दुश्चिन्ताएँ, सब ख़त्म हो चुकी होती है और बस, 'सुबह होती है शाम होती है, ज़िन्दगी यूँ ही तमाम होती है, जैसी स्थिति में वे जीना सीख जाते हैं। शशिकान्त शर्मा सपत्नीक ऐसी ज़िन्दगी जीने के आदी हो चुके थे। प्रकाशक उनकी रॉयल्टी तो कभी देते नहीं थे, पर जब-जब पानी सर के

ऊपर से गुजरने लगता, तो वे इलाहाबाद जाते और दो-पाँच सौ की भीख लेकर ही लौटते थे।

दूधवाला फिर से दूध देने लगता, पंसारी उधारी फिर से चालू कर देता!

ऐसे ही दिन कट रहे थे। तभी अख़बार में उत्तर प्रदेश सरकार का विज्ञापन आया। प्रदेश के पाँच मूर्धन्य लेखकों को 'साहित्य-श्री सम्मान' के रूप में एक-एक लाख रुपये देने की घोषणा की गयी थी। इस योजना के बारे में हालाँकि शशिकान्त शर्मा इलाहाबाद में अपने प्रकाशक से पहले ही सुन रखा था।

'विज्ञापन आने दीजिये, आपके लिए जोर लगता हूँ' इतना कहते हुए प्रकाशक ने इस पुरस्कार के लिए सम्भावित लेखकों की एक सूची लगे हाथ तैयार भी कर ली थी और उस सूची से अधिकांश को यह कह कर खारिज भी कर दिया कि, 'फलाँ लेखक तो अभी बच्चा है और फलाँ कच्चा!'

'शशिकान्त जी, थोड़ा हाथ-पाँव चलाइए। वक़्त रहते एक बार लखनऊ जाकर मिल आइये सत्यनारायण सिन्हा से। मुख्यमन्त्री के व्यक्तिगत सचिव हैं, पुरानी नस्ल के आईएएस! चाहेंगे तो आपका काम बन जायेगा। और मैं तो जोर लगाऊँगा ही।'

चाँदगढ़ में वर्षों से रहते-रहते, सम्मान पुरस्कार आदि शशिकान्त शर्मा के लिए असम्भव सी बात लगने लगी थी। चूँकि वे दिल से मानते थे, कि इन पुरस्कार-सम्मानों के लिए दिल्ली-लखनऊ के ऊँचे ओहदे पर बैठे सरकारी अधिकारियों, नेताओं-मन्त्रियों का साथ जरूरी होता है, जो केवल बड़े शहरों के लेखकों को ही मिल पाता है। इसलिए उन्हें कभी भी पुरस्कार आदि के न मिलने का मलाल नहीं रहा।

छोटे शहरों-कस्बों के लोगों को, अपने सपनों के हद और कद को छोटा करना खूब आता है। छोटी चादर तले, पैरों को मोड़ कर घुटने सीने से चिपका कर वे सोना जानते हैं, सो छोटे शहर चाँदगढ़ के शशिकान्त शर्मा, बड़े लेखक जरूर थे पर उन्हें भी चाँदगढ़ के होने का पूरा अहसास था। वे कभी भी पुरस्कार सम्मान आदि के पीछे नहीं भागे। पर पुरस्कार के इस विज्ञापन ने, उन्हें जरा 'हट कर' सोचने को मजबूर कर दिया।

वे इस बीच एक बार लखनऊ भी हो आये। चाँदगढ़ में जिलाधीश रहे शेखर दयाल से मिले भी, साथ खाना भी खाया और अपने मन की बात को जस-तस उनसे कह भी दिया। शेखर दयाल, शशिकान्त शर्मा की कहानियों के बहुत बड़े प्रशंसक थे, उन्होंने उनसे उनका बायोडाटा माँगा, पर शशिकान्त शर्मा के पास बायोडाटा जैसी कोई चीज़ थी ही नहीं, सो 'चाँदगढ़ लौट कर भिजवा देंगे' कह कर वे वापस चाँदगढ़ लौट आये थे।

जून–जुलाई का महीना था। लखनऊ से बीमार होकर लौटे थे शशिकान्त शर्मा। एक महीने बीत जाने के बाद भी बुखार पूरी तरह से नहीं उतरा था। मियादी था, इसीलिये डॉक्टर ने सलाह दी थी, 'बहुत कमज़ोरी है अभी, ज्यादा चलना–फिरना ठीक नहीं।' शशिकान्त शर्मा की भूख बिलकुल मर चुकी थी, पाँच कदम चलते तो हाँफ़ने लगते, इसीलिए दिन भर चुपचाप बिस्तर पर ही पड़े रहते थे।

तभी एक दिन सुबह–सुबह जिलाधीश कार्यालय का चपरासी आकर बोला, 'लखनऊ से बड़े बाबू आये हैं, आपसे मिलना चाहते हैं, सूकट हाउस में ठहरे हुए हैं, बुलाया है!' शशिकान्त शर्मा को यकीन ही नहीं हुआ कि एक लाख रुपये का सम्मान केवल एक बार लखनऊ जाने पर ही उनकी झोली में आ टपका था। पर दिक्कत थी कि उनका शरीर साथ नहीं दे रहा था। मन ही मन उन्होंने शेखर दयाल जी को धन्यवाद कहा, फिर धीरे–धीरे उठ कर उन्होंने दाढ़ी बनाई, नहाये और धुले हुए कपड़े पहन कर निकलने को हुए तो पत्नी ने उन्हे एक चादर लाकर दिया और कहा, 'बाहर लू चल रही है, ओढ़ लीजिए।' शशिकान्त शर्मा ने ऐसे वक़्त पत्नी से बहस करना उचित नहीं समझा। रिक्शा बुलाकर चादर में खुद को लपेटे, शशिकान्त शर्मा जब घर से सूकट हाउस की और चले तब घड़ी के बारह बज रहे थे।

सूकट हाउस के गेट तक पहुँचते–पहुँचते उनका शरीर बुखार से तपने लगा था और वे काँप रहे थे। शशिकान्त शर्मा ने मन ही मन अपने क़िस्मत को कोसा, 'जब अच्छा वक़्त दरवाजे पर खड़ा दस्तक दे रहा है, तब शरीर दगा दे रहा है। वाह रे क़िस्मत!'

गेट पर इस भयंकर गर्मी में चादर ओढ़े, एक अपरिचित सज्जन को देख सिक्योरिटी ने रोका। शशिकान्त शर्मा को सिक्योरिटी की इस हरकत पर थोड़ा बुरा जरूर लगा, पर उन्हें आज इन मूर्खों को माफ़ कर देने की इच्छा हुई।

'सत्यनारायण सिन्हा को खबर कर दो, कि शशिकान्त शर्मा आये हैं' उनकी आवाज़, जो पिछले एक महीने से खामोश पड़ी थी या मिमिया रही थी, आज उसमे एक हल्की दहाड़–सी सुनाई दे रही थी।

सिक्योरिटी का जवान अब सचमुच बहुत लज्जित दिखा। 'सॉरी सर, एक्सट्रीमली सॉरी, आप को नहीं पहचान पाया। आइये सर, मेरे साथ आइये।' इतना कह कर वह शशिकान्त शर्मा को रास्ता दिखा कर सूकट हॉउस के अन्दर ले चला।

कमरे के बाहर पहुँच कर उसने हलके से दरवाजे को खटखटाया और कहा, 'मैम, शशिकान्त सर आ गए है! अन्दर भेजूँ?'

सत्यनारायण सिन्हा की पत्नी, सरला सिन्हा सुबह से शशिकान्त शर्मा का इन्तज़ार कर रही थी, चहकती हुई बोली, 'आई जस्ट कान्ट बिलीव दैट यू आर हेयर इन फ्रंट ऑफ मी! मुझे यकीन ही नहीं हो रहा है कि मैं आपके सामने खड़ी हूँ। आप बैठिए सर, प्लीज़।'

शशिकान्त शर्मा के घुटने काँप रहे थे। सर में चक्कर आ रहा था। वे पास रखी कुर्सी पर बैठ गए। तब तक सरला सिन्हा के फोटोग्राफर ने पचीस तीस या उससे भी ज्यादा तस्वीरें ले ली थी।

'सर आपकी तबियत तो ठीक है न?' इतना कह कर सरला सिन्हा ने अपने ठंडी हथेली शशिकान्त शर्मा के बुखार से तपते माथे पर रख दिया।

'ओह आप को तो बुखार है। आप क्या लेंगे सर? एक फ्रेश लाइम सोडा लीजिए, अच्छा लगेगा!'

थोड़ी देर तक मूर्ति बने बैठे रहे शशिकान्त शर्मा, हाथ में शरबत का गिलास थामे।

'इन फैक्ट सिन्हा साहब किसी काम से चाँदगढ़ आ रहे थे। मैंने कहा मैं भी चलूँगी आपके साथ। सर, आपको मैंने पहली बार क्लास नाईन में पढ़ा था–'वापसी'! ओह, क्या कहानी थी सर, तभी से मैं कहानी लिखना चाहती थी पर समय ही नहीं मिलता था। इधर बड़ी मुश्किल से समय निकाल कर कुछ कहानियाँ लिखी है मैंने, सोचा पब्लिश करवाने के पहले आपको सुनाऊँ। मुझे इस किताब की भूमिका आप ही से लिखवानी है। आप लिखेंगे न सर?'

फोटोग्राफर के कैमरे के इतने सारे फ्लैश के बाद शशिकान्त को कमरे में कुछ नहीं दिख रहा था। मानों भरी दुपहरी में रात उतर आयी थी और सरला सिन्हा बत्ती जलना भूल गयी थी। शशिकान्त शर्मा को अपने चारों ओर अँधेरा-सा फैलता लगा।

'मैं आपको सबसे पहले मेरी पहली कहानी सुनाती हूँ। आई रोट इट ऑन आवर फर्स्ट विजिट टू स्टेट्स, इसका शीर्षक है–'हर एक सुबह!'

इतना कह कर सरला सिन्हा ने अपनी कहानी पढ़नी शुरू की।

कहानी पड़ने की तल्लीनता और उत्साह में सरला सिन्हा ने ध्यान नहीं दिया कि शशिकान्त शर्मा का शरीर काँप रहा था। वे धीरे-धीरे बेहोश होकर कुर्सी में धँस से गए थे।

शशिकान्त शर्मा को सूकट हॉउस के गद्देदार बिस्तर में लिटा दिया गया था। बाहर गर्मी थी, कमरे के अन्दर एयरकंडीशनर की ठंडी गुनगुनाहट उन्हें देर तक सुलाये रखा। चार बजे सत्य नारायण सिन्हा अपने पत्नी के साथ गाड़ी में बैठ कर लखनऊ की ओर निकल गए थे।

'सर लखनऊ पहुँचते-पहुँचते दस तो बज ही जायेंगे', जिलाधीश ने यह बेवजह पूछा था। गाड़ी में बैठते हुए सरला सिन्हा ने सूकट हॉउस के केयरटेकर से कहा था, 'शशिकान्त सर को मेरी फ़ाइल और गुलदस्ता जरूर दे दीजियेगा। भूलीयेगा नहीं, हाँ!'

शशिकान्त शर्मा की जब नींद टूटी तो शाम ढल चुकी थी। सूकट हाउस के आँगन, बरामदे और सीढ़ियों में अँधेरा पसरा हुआ था। सूकट हाउस में एक चौकीदार के अलावा और कोई नहीं था।

'बाबू, ये फ़ाइल और फूल आपको देने को कहा था मेम साहब ने', चौकीदार ने शशिकान्त शर्मा को गुलदस्ता और एक मोटी फ़ाइल थमाते हुए कहा था।

जैसा की लगभग हर शहर में होता है, चाँदगढ़ का सूकट हाउस भी शहर से काफ़ी दूर था और शाम के बाद कोई रिक्शा वहाँ से नहीं मिलता था। शशिकान्त शर्मा पैदल ही घर की और चल पड़े थे। दो कदम चलते ही वे अपने को काफ़ी स्वस्थ महसूस करने लगे, पर हाथ में फ़ाइल और फूलों का गुलदस्ता उन्हें काफ़ी भारी लग रहा था। नाले के ऊपर बने पुलिया से पार होते समय उन्होंने फूलों के गुलदस्ते को उस नाले के हवाले कर दिया।

थोड़ी दूर और चलने पर जब वह टोंस नदी पर बने बड़े पुल को पार कर रहे थे, तो उन्हें सरला सिन्हा की कहानियों वाली फ़ाइल भी बहुत भारी लगने लगी। गर्मी के मौसम में टोंस में पानी कम रहता है, फिर भी शशिकान्त शर्मा ने फ़ाइल को पुल से टोंस के अँधेरे में बिना ज्यादा सोचे समझे, फेंक दिया।

शशिकान्त शर्मा अपने को बहुत हल्का महसूस कर रहे थे। जिस अंदाज में लोग शाम को टहलने निकलते है, उसी तरह टहलते हुए शशिकान्त शर्मा अपने घर की ओर चल दिये।

उनके सर से सम्मान-पुरस्कार का बुखार पूरी तरह से उतर चुका था और उन्हें बहुत भूख भी लगी थी।

लॉकेट

लोग कहते थे, कि डॉक्टर जोंस का नाम कभी जमील अहमद सिद्दिकी हुआ करता था। पर इस पर यक़ीन करना कठिन था, क्योंकि कुछ लोग मुझे ऐसे भी मिले, जो कहते थे, कि जोंस डॉक्टर असल में पहले रामाधीन सिंह यादव हुआ करता था। 'सरउ, ईसाई नर्सन का चक्कर मा, अपन धरम कुल नास कर लहली!'

अब, विलियम जोंस पहले मियाँ सिद्दिकी थे या यादवजी थे, इसका हम मेडिकल रिप्रेजेन्टेटिवों से क्या लेना देना। हम तो जानते थे, कि शाहज़ाबाद जिले के एक छोटे से, लगभग अख्यात गाँव सांगीपुर का नाम अगर बम्बई-कलकत्ता जैसे महानगरों के दवा कम्पनियों के मुख्यालयों में लिया जाता था, तो वह केवल डॉक्टर विलियम जोंस और लेडी डाकटर मेरी जोंस की सम्मिलित धुआँधार प्रैक्टिस के कारण ही लिया जाता था।

वैसे, जो लोग गाँव देहात में बसे समाज से परिचित हैं, वे जानते हैं कि कोई सिद्दीकी हो या यादव, ये मसला अपने आप अर्थहीन हो जाता है, जब उन्हें अहसास होता कि मुन्ने मियाँ की बीबी, बच्चा जनते हुए शर्तिया खत्म हो जाती अगर लेडी डॉक्टर मेरी न होती या माधो पंडित जवानी में स्वर्ग सिधार गये होते अगर डॉक्टर जोंस उन्हें ठीक वक़्त पर कोरमिन की सुई न लगाते। सांगीपुर और उसके तमाम दूर-पास के गाँवों के लोगों के लिए जोंस दम्पति ही लखनऊ मेडकल थे, वे ही बीएच्चू भी।

हमारे लिए भी डॉक्टर विलियम जोंस और डॉक्टर मेरी जोंस जितने महत्त्वपूर्ण थे, उनसे मिलने सांगीपुर जाना उससे भी ज़्यादा कठिन और लगभग एक चुनौतीपूर्ण काम हुआ करता था! क्योंकि शाहज़ाबाद से ट्रेन से एक-सवा घंटे के सफ़र के बाद मनकागंज बाज़ार हाल्ट उतरकर, इक्के पर बैठे तीन किलोमीटर की कचिया पर फुदकना पड़ता था, तब जाकर पहुँच पाते थे हम, सांगीपुर। शहर के लोगों के लिए उस मार्मिक दृश्य की कल्पना करना भी शायद आज असम्भव हो, पर प्रायः हर हफ़्ते

दो–चार मेडिकल रिप्रेजेंटेटिव भाई ज़ोडियक की टाई, स्टेंसिल या लिबर्टी की ब्रांडेड शर्ट और पैरों में मोकासिनो जूता पहने, टुटहे इक्के पर सवार अपनी हड्डी–पसलियों की ओवरहीलिंग कराते हुए, इस दृश्य की पुनरावृत्ति करते दिख जाते थे। इस मार्मिक दृश्य में, जो लोगों को नहीं दिखता था, वह था उनके मन ही मन अपने–अपने इष्ट देवता से प्रार्थना! प्रार्थना, कि डॉक्टर जोंस का कम्पाउंडर या लेडी डॉक्टर मेरी जोंस की नर्स से कहीं यह न सुनना पड़े कि, 'डाटसाब मरीज़ देखे गये हैं, कब लउटब, इ पता ना ह!'

इतने सालों के गुज़र जाने के बाद भी यह मैं इसलिए नहीं भूला हूँ, क्योंकि बरसात के मौसम में मैं और मेरा दोस्त नरेन्द्र, दोनों इसी 'बाहर मरीज़ देखे गये हैं' के चक्कर में एक बार इस भुतहे सांगीपुर में फँस गये थे!

हुआ यूँ था, कि उस दिन सुबह सही वक़्त पर शाहज़ाबाद से ट्रेन छूटी थी और सही वक़्त पर मनकागंज बाज़ार हाल्ट पर हमें उतार, अपने गन्तव्य को ओर आगे चली भी गयी थी। पिछले कई दिनों से बारिश हुई थी, इसलिए सांगीपुर जाते समय, सड़क और खेत में फ़र्क़, बस इक्के से जुते घोड़े को ही समझ आ रहा था।

जस–तस हम सांगीपुर पहुँचे थे। डॉक्टर जोंस का घर, दवाखाना, नृसग होम, चेम्बर, अस्पताल, सब एक ही था। डॉक्टर जोंस के कम्पाउंडर ने हमें कुर्सी पर बैठने के लिए कह कर बोला था, 'पास के गाँव में कोई डेलिवरी का केस है, डॉक्टर साहब खुद गाड़ी चला कर मेम साहब को लेकर गये हैं। ड्राइवर–ए नहीं आया आज पानी के चलते! '

हम दोनों को कब तक इन्तज़ार करना पड़ा था यह आज याद नहीं, क्योंकि पनियल बादलों की मोटी तहों के पीछे सूर्य देव यूँ छिपे बैठे थे, कि कब सुबह से दोपहर होते हुए साँझ की ओर दिन ढलने को हुआ, इसका अन्दाजा लगाना मुश्किल हो गया था। कई बार नुक्कड़ पर जाकर, वापस मनकागंज बाज़ार हाल्ट स्टेशन जाने के लिए इक्के, ट्रैक्टर का पता कर आये। इक्के अब सांगीपुर से मनकाबजार नहीं जा रहे थे, क्योंकि उन्हें अब वापस की सवारी नहीं मिलनी थी। हमें एक भी ट्रैक्टर नहीं दिखाई दिया। नुक्कड़ की चाय के दुकान का बुढ़वा बार–बार यही आश्वासन देता रहा, 'घबराय के कउनो जरुरत न बा, डाक्साब का आये दा...!' हमें लगा कि डॉक्टर जोंस की प्रतीक्षा करते मरीज़ों से यह बूढ़ा बरसों यह बात कहते–कहते शायद उसको अब यह आदत–सी पड़ गयी थी।

बैठे बैठे हमें यह नहीं समझ में आ रहा था, कि अब वापस शाहज़ाबाद कैसे लौटेंगे, अगर सांगीपुर में ही फँसे रहे तो इस सांगीपुर में कहाँ रात काटेंगे? और न जाने क्या क्या! पर परेशान होने की भी आखिर एक हद होती है,और वहाँ पहुँच कर

आप परेशान होना छोड़ देते हैं और पानी से तर-बतर सांगीपुर में बैठे सोचने लगते हैं, 'अब जो होगा देखा जाएगा!' और ऐसा सोचते हुए, हमने एक गाँव को भींगते-भींगते दिन दहाड़े ख़ामोश सो जाते हुए देखा था।

कई सालों पहले ट्रेनिंग के दौरान हमारे ट्रेनिंग मैंनेजर मिस्टर बक्शी ने ऐसे मौकों के लिए चीनी दार्शनिक कन्फुसियस की वाणी का ज़िक्र किया था, जिसका आशय था कि 'जब आपके हाथ हालात से निपटने के लिए कुछ न हो तो परिस्थिति का आनन्द लेना चाहिए! 'हालाँकि मैं चीनी पंडित के इस कहे से इत्तेफ़ाक़ तो नहीं रखता था, पर मैं और नरेन्द्र सेठ सांगीपुर में असहाय फँसे, न जाने क्यों बरसात का आनन्द लेने लगे थे।

जब गाँव के सीवान पर डॉक्टर जोंस की गाड़ी दिखी तो उस समय इतना तेज पानी बरस रहा था कि लगा डॉक्टर जोंस की गाड़ी, घने धुँवासे को चीर कर धीरे-धीरे आगे बढ़ने की कोशिश कर रही थी। काफ़ी देर बाद डॉक्टर जोंस सपत्नीक हम तक पहुँच सके थे।

पति-पत्नी दोनों बहुत खुश लग रहे थे। डॉक्टर मेरी जोंस यूँ तो कम बोलती थीं, पर आज लग रहा था कि मानों वह चुप होना भूल-सी गयी थीं!

'गॉड की दया थी, ब्रदर! केस बहुत कॉम्प्लीकेटेड था, मैंने पहले उसे नहीं देखा था। ब्लड रिपोर्ट भी था, तो तीन मन्थ्स का पुराना! एच. बी. सात परसेंट ओनली! पर बाई द ग्रेस ऑफ जीसस सब ठीक हो गया। ब्रदर, चाय पीएँगे या कॉफी? आप को तो कॉफी ही पिलाऊँगी। लास्ट मन्थ केरल से बहुत अच्छी कॉफी आयी है, आपको ज़रूर पसन्द आएगी!' फिर नरेन्द्र सेठ से पूछा, 'आप? चाय या कॉफी?'

मुझे लेडी डॉक्टर मेरी जोंस का अप्रत्याशित आतिथ्य, थोड़ा नहीं, काफ़ी अस्वाभाविक लग रहा था, पर मुझे तब बुरा भी लगा जब उन्होंने सेठ को 'सेठ साहब' कह कर औपचारिक सम्बोधन करती रही और मुझे बार-बार 'ब्रदर' कहती रही। मुझे और भी आश्चर्य हुआ जब डॉक्टर विलियम जोंस ने भी मुझे 'भाई' कह कर सम्बोधन कर रहे थे और सेठ को सेठ साहब!

हालाँकि कुल पाँच-छह साल हो चुके थे जब मैं और नरेन्द्र सेठ ने, सांगीपुर आना और डॉक्टर विलियम जोंस और मेरी जोंस से मिलना शुरू किया था, पर आज के व्यवहार से लग रहा था कि मानों सेठ का यह पहला विजिट था और मैं तो उन दोनों का सगा था।

बहरहाल, हम दोनों ने चाय कॉफी पीते और गर्म पकोड़े खाते हुए अपनी-अपनी कम्पनी की दवाइयों का गुण-गान किये, कुछ मीठी-मीठी बातें की और तबतक सांगीपुर में दिन ढल कर शाम उतर आयी!

'डॉक्टर साहब, हमें अब वापस शाहज़ाबाद लौटना होगा, क्या इसमे आप हमारी मदद कर सकते हैं?'

मेरी इस बात पर डॉक्टर जोंस ने जो कहा उसके लिए हमने कभी सोचा भी नहीं था, 'इस वक़्त आप लोग वापस जाएँगे? इस मौसम में? क्या अपने भाई के यहाँ एक रात नहीं रुक सकते? न न भाई आप और सेठ साहब दोनों आज हमारे घर ही रुकेंगे। सुबह मैं खुद आप दोनों को मनकागंज छोड़ आऊँगा!'

किसी डॉक्टर की कॉल करने जाकर उनके घर किसी मेडिकल रिप्रेजेंटेटिव के ठहर जाने का कोई क़िस्सा मैंने या नरेन्द्र ने ही, किसी ने कभी नहीं सुना था। हमारे पास कोई दूसरा विकल्प था भी नहीं, लिहाज़ा हम डॉक्टर जोंस के घर ठहर गये।

डॉक्टर जोंस का मकान उनके चैम्बर या क्लिनिक के पीछे था, जिसे हमने उस शाम पहली बार देखा था। पूरी तरह से आधुनिक सुख-सुविधाओं से सम्पन्न ऐसा घर जिला शाहज़ाबाद में कम ही रहा होगा। डॉक्टर जोंस और मेरी जोंस ने अपना सब काम छोड़ कर हमारे साथ ही बैठे रहे। हम इतना थक चुके थे कि बातचीत करते करते मैंने और नरेन्द्र ने जम्हाई की अन्ताक्षरी शुरू कर दी थी। डॉक्टर मेरी, हमारी असहाय स्थिति को भाँप गयी। अपने नौकर को डिनर लगाने को कह कर डॉक्टर जोंस से बोली, 'मैं प्रेयर रूम में जा रही हूँ, आप सेठ साहब और भाई को गेस्ट रूम पहुँचा कर आएँ।'

डॉक्टर जोंस पूरी गर्मजोशी के साथ हम दोनों को बंगले की पहली मंज़िल पर बने उनके गेस्ट रूम तक ले गये। मुँह-हाथ धो कर हम डिनर के लिए तैयार हो ही रहे थे कि डॉक्टर जोंस ने नरेन्द्र से कहा, 'सेठ साहब बस दस मिनट लगेंगे, आप यहीं बैठे, मैं भाई को लेकर जरा प्रेयर ख़त्म करके आता हूँ।'

मुझे कुछ भी समझ में नहीं आ रहा था। मुझे लेकर डॉक्टर जोंस नीचे, प्रेयर रूम की और चल दिए।

प्रेयर रूम, वास्तव में एक रूम नहीं बल्कि छोटा हाल सा था। कमरे में डॉक्टर मेरी जोन्स उनके बच्चे और तीन-चार नर्स कम्पाउंडर थे, पर मोमबत्तियों के जलने की चिटपिटाहट के अलावा कोई आवाज़ नहीं थी। तभी डॉक्टर मेरी ने एक धार्मिक पुस्तक से दस बारह लाइनें पढ़ीं और फिर उसका हिन्दी तर्जुमा भी। सबों को घुटनों के बल फर्श पर बैठते देख मैं भी वैसे ही बैठ गया और फिर जब प्रार्थना शुरू हुआ तो उसकी पंक्तियों को दोहराया भी।

वन्दना करते हैं हम वन्दना करते हैं हम हृदय को तेरे सामने लाकर रखते हैं हम...

प्रार्थना समाप्त होने पर मैं और जोंस दम्पति डिनर की मेज़ पर पहुँचे। मेज़ पर

नरेन्द्र पहले से ही मौजूद था, मुझे उसने ऐसे देखा मानों वह मुझे पहली बार देख रहा था!

खाना खाने के बाद, रात को गेस्ट रूम में वह जब तक जगा रहा, मुझ पर गुर्राता रहा।

सुबह डॉक्टर जोंस हम दोनों को मनकागंज बाज़ार हाल्ट तक छोड़ने आये थे। सांगीपुर छोड़ने के पहले नाश्ते के टेबल पर डॉक्टर मेरी ने मुझे एक किताब दिखाते हुए कहा था, 'ब्रदर, मैं नेक्स्ट मन्थ दस दिनों के लिए घर जा रही हूँ। आपके लिए मैं ये हार देख रखा है। आपको पसन्द है न?'

हार निःसन्देह सुन्दर था, इसके लॉकेट पर सलीब पर ईसा मसीह बने थे। 'बहुत सुन्दर है, मैम!' कह कर मैंने इस हार का दाम पूछा था।

'ओह जीसस! ब्रदर, यू आर सो क्रूयल!! कैसे आपने दाम की बात की!!'

डॉक्टर विलियम ने मेरा बीच-बचाव किया।' भाई किसी को हार गिफ्ट करना चाहते होंगे, तभी दाम पूछा होगा।'

हम डॉक्टर मेरी से विदा लेकर डॉक्टर जोंस की गाड़ी में मनकागंज बाज़ार हाल्ट के लिए निकल पड़े थे।

नरेन्द्र बड़े दिलवाला था, इसलिए उसे सांगीपुर के जोंस दम्पति का मेरे प्रति अकस्मात् उमड़ा यह प्रेम उसे बुरा नहीं लगा था और उसने इसे मज़ाक में टाल दिया था।

इसके शायद दो महीनों बाद मुझे अकेले ही सांगीपुर आना पड़ा। मैं सांगीपुर का पिछला दौरा लगभग भूल चुका था, पर डॉक्टर जोंस के अस्पताल के पास पहुँचते ही सब बातें याद आ गयी।

डॉक्टर मेरी केरल से लौट आयी थीं। उन्होंने शिकायत की, कि इस बार उन्हें मनपसन्द हार नहीं मिल सका था, पर जल्द ही उनका भाई केरल से आनेवाला था जो हार ले आएगा। डॉक्टर मेरी मेरे लिए कुछ उपहार ज़रूर लाईं थीं।

सांगीपुर के डॉक्टर विलियम और मेरी जोंस के दवाखाने में अब बस मेरी कम्पनी की ही दवाएँ चल रही थी। जाहिर है, दूसरे मेडिकल रिप्रेजेंटेटिवों के लिए यह कोई अच्छी खबर नहीं थी। तरह-तरह की अफवाह सुनाई देने लगी। 'जोन्स दम्पति मुझे ईसाई बनाने के चक्कर में थे।''वे अपने घर में मुझे गो माँस खिलाते थे', 'मैं वास्तव में बंगाली क्रिश्चियन था, इसीलिए जोंस दम्पति मुझे इतना चाहते थे', आदि आदि। इन सब बातों को गम्भीरता से लेने का प्रश्न ही नहीं था, लिहाज़ा मैंने यूँ ही टाल दिया। पर मैं कई बार जोंस दम्पति के साथ बेहिचक उनके प्रेयर रूम में ईसा और मदर मेरी की वन्दना में शामिल ज़रूर हुआ। इस बीच मुझे प्रार्थना की कई

लाइनें याद भी रहने लगी।

हृदय में मेरे मसीहा जीवन दीप जलाओ हृदय के पापों को धोकर प्रेम की राह दिखाओ...!

ऐसे ही एक सांगीपुर दौरे पर मुझे डॉक्टर मेरी जोंस बहुत खुश दिखीं। उनका भाई आया हुआ था और साथ मेरे लिए हार भी लेकर आया था। डॉक्टर मेरी मुझे हार देते हुए बोली, 'ब्रदर, मैं जो हार आपके लिए पसन्द कर आयी थी, यह हार उससे भी अच्छा है!'

बारिश में सांगीपुर में फँस जानेवाले हादसे के लगभग छः महीने गुज़र चुके थे। इस बीच बहुत मज़ाक-हँसी-ठट्ठा हो चुका था। डॉक्टर मेरी से हार अपने हाथों में लेकर मुझे पहली बार मुझे लगा कि कहीं कोई बहुत बड़ी गलती हो रही थी, मुझसे। हार हाथ में लेकर, मैंने मेडिकल रिप्रेजेंटेटिव होने की तमाम धूर्त्तताओं का सहारा लेते हुए कहा, 'मैम, शाहज़ाबाद पहुँचते-पहुँचते आज मुझे काफ़ी रात हो जाएगी। मुझे लगता है, यह महँगा हार ले जाना सेफ नहीं होगा।' डॉक्टर जोंस ने मुझे इस बार भी बचा लिया और बोले, 'बहुत जल्द हम चाँदगढ़ मिशन चर्च में फादर से ब्लेसिंग्स लेने जाएँगे। तब लेते जाएँगे अपने साथ भाई का हार।

मैंने डॉक्टर मेरी जोंस से कहा, 'आप लोग जब चाँदगढ़ आएँगे तो आप सब हमारे यहाँ लंच ज़रूर करेंगे।'

सांगीपुर छोड़ने के पहले केवल डॉक्टर मेरी का दिल रखने के लिए मैंने टेबल पर से हार उठा कर अपने हाथों में लेकर कुछ देर तक ऐसी हरकत करता रहा, जिससे डॉक्टर मेरी जोंस को लगे कि मुझे उनका दिया हुआ हार मुझे बेहद पसन्द आया था।

मुझे सोने की कीमत के बारे में जरा भी अनुमान नहीं था, पर अपनी मासिक तनख्वाह की सीमा में बँधे अपनी औकात के बारे में मुझे कोई गलतफ़हमी नहीं थी। मेरी चाहतों में अगर एक रॉनसन का लाइटर था तो हसरत एक नेशनल पैनासोनिक के टू-इन-वन खरीदने की रही होगी। हाँ, ख्वाब में कभी कभी अपने को एक यजदी मोटर साइकिल पर बैठा पाता था, पर इतने ख़ूबसूरत और निस्सन्देह बेशकीमती सोने के हार को गले लगाने की अभिलाषा, मेरी कभी नहीं रही!

इस बीच अचानक ही मेरी ज़िन्दगी, एक नये दौर में दाखिल होने को चल दी थी। मेरी शादी के लिए मैं पूरे एक महीने की छुट्टी लेकर अपने घर चला गया था। पत्नी को लेकर चाँदगढ़ लौटा तो हवा में हरश्रृंगार महक रहे थे, बादल, टेसू से रंग चुरा कर शर्मिन्दा लग रहे थे। सड़कें तक कोलतार की काली नर्म कालीन-सी लग रही थी

और ऐसे में डाक्टर मेरी और विलियम जोंस के साथ–साथ उनका हार अगर मैं भूल भी गया था, तो क्या इसे कोई मेरी गलती कहेगा?

नरेन्द्र सेठ और चाँदगढ़ के दोस्तों ने मिल कर मेरी शादी को सेलिब्रेट करने के लिए एक भव्य पार्टी का इन्तज़ाम किया था। नरेन्द्र ने मुझे अतिथियों की सूची दिखाई तो मुझे लगा की दोस्तों ने पूरे चाँदगढ़ को ही न्योता दे रखा था। वे सभी डाक्टर जो मेरे और नरेन्द्र के करीब थे, सभी उस सूची में थे। अचानक मेरी नज़र सूची में डाक्टर विलियम जोंस और डाक्टर मेरी जोंस के नामों पर पड़ी। मैंने नरेन्द्र से पूछा, 'डॉक्टर विलियम जोंस? डॉक्टर मेरी जोंस? ये नाम यहाँ कैसे? सांगीपुर कोई नज़दीक थोड़े ही हैं चाँदगढ़ के, कि डॉक्टर जोंस पार्टी में चले आएँगे!'

नरेन्द्र ने हँसते हुए कहा, 'कोई और पार्टी में आये या न आये डॉक्टर जोंस और मेरी जोंस तो ज़रूर आएँगे!'

फिर नरेन्द्र ने मुझे अकेले ले जाकर कहा था, 'यार, पता हैं तुम जब छुट्टी पर थे तो एक दिन डॉक्टर जोन्स सपरिवार यहाँ आ धमके थे, साथ में तुम्हारे लिए सोने का हार भी लेकर आये थे। क्या हार था! बहुत कम होगा तो आठ–दस हज़ार से कम का क्या होगा। पर मुझे लगा आज के बाद मुझे फिर कभी मौक़ा नहीं मिलेगा, और मामला और बिगड़ जाएगा। डॉक्टर मेरी जोंस को उस दिन मैंने जैसे–तैसे समझा ही दिया, कि तुम ईसाई नहीं हो, वैसे मुझे लगा कि डॉक्टर विलियम इस बात को शायद जानते थे। पर जब मैंने तुम्हारी शादी की बात बतायी तो दोनों बहुत खुश हुए और पार्टी में शामिल होने का वादा करके यहाँ से गये।'

कमरे में मेरे और नरेंन्द्र के अलावा और कोई नहीं था।

'मैंने सही किया या गलत यह तो नहीं जानता, बस यह मुझसे हो गया इतना जानता हूँ।'

नरेन्द्र मानों अपने आप से कुछ कह रहा था।

शादी की पार्टी अपने पूरे रंगत पर थी, तभी अपनी कार खुद ड्राइव कर डॉक्टर विलियम जोंस, और डॉक्टर मेरी जोंस अपने तीनों बच्चों के साथ आ पहुँचे। दोनों, मुझसे और मेरी पत्नी से पूरे गर्मजोशी के साथ मिले। वे ढेर सारा उपहार साथ लाये थे और काफ़ी देर पार्टी में रहे। डॉक्टर विलियम और डॉक्टर मेरी दोनों बहुत खुश दिखे। सांगीपुर लौट जाने के पहले डॉक्टर मेरी जोंस ने मुझसे कहा, 'ब्रदर, आपकी और आपकी वाईफ के हैप्पी मैरेड लाइफ के लिए हम सब गॉड से प्रेयर करेंगे!'

पास रखे मेज़ पर एक मोमबत्ती जला कर डॉक्टर विलियम जोन्स और अपने बच्चों के साथ उन्होंने उसी प्रार्थना गीत को दोहराया–

‘हृदय में मेरे मसीहा जीवन दीप जलाओ हृदय के पापों को धोकर प्रेम की राह दिखाओ / वन्दना करते है हम ...’

●

उनके चले जाने के बाद भी पार्टी देर तक चली।

जैसा की स्वाभाविक था, अगले दिन हम पार्टी में मिले उपहारों को खोल कर देख रहे थे। शरबत सेट, स्टेनलेस स्टील के दोहरी दीवारों वाले चाय के कपों का सेट, डिनर सेट, बेड शीट...आदि, आदि।

पर डॉक्टर जोंस दम्पति की ओर से मिले उपहारों के विशाल पैकेट में वह हार नहीं था, जिसके लाकेट पर बने सलीब पर ईसामसीह को लोगों ने कीलों से टाँग रखा था!

यस बॉस

कानपुर के क्राइस्ट चर्च कॉलेज का लास्ट बेंचर अनिल गुप्ता को बनानेवाले ने न जाने क्या सोच कर उसे एक चेहरा दिया था जिससे, बावजूद उसकी फौजियों जैसी घनी मूछों के, मासूमियत यूँ टपकता रहता था जैसे ताड़ के पेड़ से रस! शायद इस मासूमियत के साथ कुछ और बातें भी शामिल होनी थी, पर ख़ुदा से हड़बड़ाहट में चूक हो गयी थी। उन्होंने एक प्यारा-सा मक्कार दिल उसके सीने में ठूँस कर जस-तस इस दुनिया में चरने भेज दिया था। इसलिये जाननेवाले जानते थे कि अनिल और जो कुछ भी था, सो तो वह था पर मासूम कतई नहीं था!

चाँदगढ़ में अनिल के आये कुछ ही महीने बीते होंगे, पता चला मियाँ बनारस के किसी एम. ए. पढ़ रही नीता से घनघोर इश्क़ कर बैठे हैं। नीता और नीता के माँ-बाप-परिवारजनों को ताड़ के पेड़ से टपकते रस की धार ही दिखी थी, लिहाज़ा उन सब का मानना था, 'लालटेन लेकर भी ढूँढने निकलोगे, तो भी ऐसा लड़का आज के ज़माने में तो मिलने से रहा!'

यहाँ बता दूँ, कि मेडिकल रिप्रेजेंटेटिव की नौकरी के नियमानुसार, किसी को अपना हेडक्वार्टर छोड़ कर जाने की इज़ाज़त नहीं होती थी। छुट्टी की अर्ज़ी के मंजूर होने पर ही कोई शहर छोड़ कर कहीं जा सकता था। यदि कोई बिना अनुमति के अपने शहर के बाहर टहलता दिख जाता था तो बहुत सम्भव था, कि वह बिना साबुन-पानी के अपनी नौकरी से हाथ धो बैठ सकता था! चूँकि जिले में एक मेडिकल रिप्रेजेंटेटिव के ऊपर निगरानी रखनेवाला कोई नहीं होता, इसलिए उसका 'रोज़नामचा' या 'डेली डायरी' ही उसकी हाज़री और दिन भर किये गये कामों का दस्तावेज़ होता है, इस डेली डायरी में अगर आपने किसी दिन सराय रानी या देवगाँव में काम करते दिखाया और उस दिन बनारस में किसी टॉकीज़ की बालकनी पर बैठे फ़िल्म का आनन्द लेते दिखे गये तो नौकरी से आपकी छुट्टी को कोई रोक नहीं सकता था!

और जैसा की सब जानते हैं कि नौकरी सबको प्यारी होती है, सो अनिल को भी प्यारी थी। चूँकि उसकी शादी क़रीब आ रही थी, इसलिए नौकरी के प्रति उसका प्रेम और भी बढ़ रहा था। अनिल की बदक़िस्मती थी कि उसकी कम्पनी का ब्रांच ऑफिस लखनऊ में न होकर बनारस में था और उसका ब्रांच मैंनेजर मोहित कपूर बेहद बेदिल और कड़ियल इनसान था। कम्पनी के बड़े अधिकारियों के पास उसकी गिनती एक अच्छे मैंनेजर के रूप में केवल इसलिए थी, कि किसी भी मेडिकल रिप्रेजेंटेटिव की नौकरी लेने में वह जरा भी हिचकता नहीं था। उसे जाननेवाले हम सभी उसे दरोगा कपूर कहते थे। ऐसे दरोगा जी के रहते अनिल के लिए, नौकरी को बचाना भी ज़रूरी था और प्रेमिका से मिलना भी। इस समस्या के लिए अनिल को नित नये तरीके इज़ाद करने पड़ते थे। अनिल जब जब बनारस अपनी प्रेमिका से मिलने जाता था तो मेरी मोटर साइकिल उधार लेकर जाता था, क्योंकि कपूर साहब उसकी मोटर साइकिल खूब पहचानते थे। उन दिनों आज जैसे किसिम-किसिम के हेलमेट बाज़ार में नहीं मिलते थे। पर फिर भी एक हेलमेट चाँदगढ़ में ऐसा था, जिसकी बनावट देख कर चन्द्रमा पर जानेवाले अन्तरिक्ष यात्रियों के कनटोप के आकार प्रकार का अन्दाज़ा लगाया जा सकता था। ये हेलमेट हमारे एक दोस्त सोमनाथ का था। पर चूँकि चाँदगढ़ में हेलमेट न पहनने पर कोई पुलिस वाला रोकता-टोकता नहीं था, इसलिए सोमनाथ के लिए इसकी ज़रूरत कम ही थी। अनिल बनारस जाते वक़्त सोमनाथ से हेलमेट उधार लेना कभी नहीं भूलता था। बनारस की सडकों पर यह हेलमेट उसका सबसे बड़ा रक्षा-कवच था। सड़क पर मोटर साइकिल दौड़ाते अनिल से अगर उसके कड़ियल ब्रांच मैंनेजर मोहित कपूर से मुलाक़ात हो भी जाती तो, कपूर साहब के लिए अनिल को पहचान पाना नामुमकिन था। अब दिक़्क़त यह थी कि शास्त्री नगर कालोनी में मोहित कपूर रहते थे और सिगरा में ही प्रेमिका का पुश्तैनी मकान था। दोनों का मकान इतना करीब था कि इस प्रेमी जोड़े के लिए आस-पास का इलाका बिलकुल ही 'सेफ' नहीं था, सो मन मार कर अनिल, नीता को लेकर कभी सारनाथ तो कभी मुग़लसराय निकल जाया करता था, और सड़क किनारे के टुटही चाय की दुकानों पर कुछ घड़ी बैठे वे दोनों, सुनहरे दिनों के सपने देखा करते थे।

अनिल की प्रेम कहानी अपने इब्तदाई दौर से गुज़र कर अपनी नयी मंज़िल की ओर चल पड़ी थी। शादी तय हो चुकी थी पर तारीख तय करने के आड़े कभी 'दीदी की छोटी बेटी का फ़ाइनल एक्ज़ाम आ रहा था, या मामाजी का दुबई में बिज़नेस है, मार्च के पहले तो उनका आना असम्भव है 'जैसी प्रेमियों के दिमाग ख़राब कर देनेवाली बातें सुनाई देने लगी। अनिल को शादी की जल्दी नहीं थी, पर

उसकी दिक़्क़त बनारस के उसके ब्रांच ऑफिस और उसके कड़ियल ब्रांच मैंनेजर को लेकर ही थी। वह बेचारा प्रेमिका से मिलने केवल इतवार को ही बनारस जा पाता था, क्योंकि इतवार के दिन कपूर साहब का घर से निकलने की सम्भावना कम होती थी।

यूँ ही अनिल नीता का इतवार-इतवार मिलना चल रहा था। तभी एक दिन अनिल के अन्दर छिपा दुस्साहसी प्रेमी जाग उठा, और वह चाँदगढ़ से तड़के चल कर सुबह-सुबह ही नीता के घर पहुँच गया। चाँदगढ़ से बनारस पहुँचने में यूँ तो ढाई-तीन घंटों से कम नहीं लगता था, पर अगर किसी के दिलो-दिमाग में इश्क का भूत कुलाँचे मार रहा हो, तो वह यह सफ़र दो सवा दो घंटों में भी तय कर सकता था। अनिल नीता को लेकर बनारस कैंट की ओर निकल गया था। उन दिनों कैंट में कई अच्छे रेस्ट्रॉंस थे और अनिल को पूरा यक़ीन था कि उसकी कम्पनी का कोई भी दिन के इस वक़्त इस महँगे रेस्ट्राँ में नाश्ता करने या कॉफ़ी पीने नहीं आनेवाला था। नीता और अनिल ने तय किया कि आज दो-ढाई घंटे लगा कर लंच करते हुए इस ख़ूबसूरत मुलाकात को यादगार बनाएँगे।

पर उनकी क़िस्मत में कुछ और ही लिखा था!

तभी बिन बादल निःशब्द बिजली गिरी और अपनी पत्नी के साथ मोहित कपूर रेस्ट्राँ के अन्दर आते दिखे। अनिल ने उन्हें पहले ही देख लिया था। उसे शायद समझ में आ गया था कि आज ज़िन्दगी ने उसके हाथों में सबसे कठिन विषय का प्रश्न-पत्र थमा दिया था, साथ यह शर्त भी कि इस परीक्षा में अगर फेल हुए तो नौकरी और शादी, दोनों से छुट्टी!

मासूम चेहरेवाला अनिल गुप्ता, अपने चहरे का भाव तनिक भी बदले बगैर कम से कम शब्दों में नीता को बता दिया की दरोगा कपूर उसके पीछे की चौथी मेज पर सपत्नीक आकर जम गया था।

काफ़ी पीते हुए अनिल ने नीता से यूँ बाते करने लगा जैसे उसने मोहित कपूर को देखा ही नहीं था। पर चूँकि रेस्ट्राँ में भीड़ कम थी, लिहाज़ा मोहित कपूर की नज़र अनिल पर पड़ते देर नहीं लगी!

अपनी पत्नी से बोले, 'अनिल गुप्ता! यहाँ बैठा कॉफी पी रहा है। अभी चखाता हूँ मजा कॉफी के बच्चू को!'

एक तो रंगे हाथ अनिल को पकड़ने का और साथ अपनी पत्नी के पास प्रबल प्रतापी बनने का दोहरा अवसर मिला था दरोगा कपूर को। वह हल्के पाँव टहलते हुए अनिल-नीता की मेज़ तक गया और एकटक अनिल को देखता रहा, पर अनिल को कहाँ फुरसत थी किसी कपूर की ओर देखने की। वह नीता से अपनी नयी फैक्टरी के

बारे में सविस्तार वह जिस भाषा में बात कर रहा था, बनारस या उसके आस-पास उन दिनों ये भाषा कम ही सुनने को मिलती थी,

'मैं बोल्या-बाऊजी, रेलवे सप्पलाई का ओर्डर पक्का होया करे या नहीं! तोह फ्रीदाबाद किस खातिर हात पैर मारने जाऊँ ...।'

इस भाषा को सुन कर, हालाँकि मोहित कपूर का आत्मविश्वास थोड़ा हिल सा गया था, फिर भी अपनी मैनेजरी के रोब लिये उसने पूछा, 'अनिल, तुम यहाँ कैसे?'

अनिल जैसे पहली बार किसी अपरिचित को अपनी मेज़ के पास देख रहा था, 'अनिल' अनिल कौण साई, भाई तन्ने...गलतफैमि होइ साई।' इतना कह कर नीता से उसकी नयी फैक्ट्री की पुरानी समस्याओं पर बात को जारी रखा।

अपमान और गुस्से का रंग एक ही होता है। आदमी अपमानित होकर भी लाल होता है और गुस्से से भी लाल होता है! मोहित कपूर के चेहरे का रंग क्या हो रहा था, इसे सबसे करीब से उनकी पत्नी ने ही देखा।

'मैं मना कर रही थी आपको। पर आप मेरी क्यों सुनने लगे, बिलावजह एक अनजान आदमी से भीड़ लिए!'

दरोगा कपूर इतनी जल्दी हार नहीं माननेवाला था। 'तुम क्या समझती हो मैं बेवक़ूफ़ हूँ, दस साल हो गये इन रिप्रेजेंटेटिवों को चराते। ये अनिल के अलावा कोई और हो ही नहीं सकता!' इतना कह कर कपूर साहब एक बार फिर अनिल की मेज की ओर गये और धमकाते हुए पूछा, 'आर यूँ श्योर दैट यू आर नॉट अनिल गुप्ता?'

'ओय, अँग्रेज़ी में क्यों बकन लाग रहा है। मैं तेरे तैं हिन्दी में बोल रहा सुण तन्ने सम्झ ना आ रहा के? मैं बहादुर सिंग और जेई मेरी लुगाई सोणिया रही। अगर कोई अनिल थारे पीसे ले के भाग गयो तो थाणे में रपट लिखवाले। मन्ने सुबह-सुबह परेशान क्यों कर रहा साई?'

मामला बिगड़ता देख श्रीमती कपूर अनिल-नीता की मेज तक आकर मोहित कपूर से बोली, 'चलो जी, जल्दी पहुँचना है अभय के स्कूल, एंड वी आर ऑलरेडी लेट!' और फिर अनिल से अपने पति की बेहूदा हरकतों के लिए माफ़ी माँगते हुए लगभग खींच कर मोहित कपूर को रेस्ट्राँ से बाहर ले गयीं थीं।

अनिल को पता था कि मोहित कपूर अब क्या करनेवाला था। उस जमाने में मोबाइल फ़ोन जैसा कोई घातक यन्त्र मनुष्य जाति के हाथों नहीं लगी थी। बच्चे के स्कूल में काम निपटाने के बाद अपनी पत्नी को घर छोड़ कर मोहित को दफ़्तर पहुँचने में अभी कुछ समय तो लगने ही वाला था। अनिल ने नीता को सिगरा के लिए एक रिक्शे पर बिठा कर बनारस कैंट से सीधे चाँदगढ़ की ओर रवाना हो गया।

उसकी मोटर साइकिल की गति का अन्दाज़ा शायद कोई भी लगा सकता था, चूँकि मोटर साइकिल पर सवार, वह हाथों से लगभग छूट चुकी नौकरी के पीछे भाग रहा था। उस दिन बनारस से चाँदगढ़ पहुँचने में शायद उसे दो घंटे ही लगे थे।

अनिल की कम्पनी की दवाओं का स्टॉकिस्ट 'मॉडर्न मेडिकल्स' था। कम्पनी का स्टॉकिस्ट ही जिले में किसी रिप्रेजेंटेटिव का स्थाई पता हुआ करता था, जहाँ उसे रोज़ एक बार जाना ही होता था। जब तक मॉडर्न मेडिकल्स के मालिक मुरली बाबू अग्रवाल के पास मोहित कपूर का फ़ोन जाता, बनारस से ही अनिल की मुरली बाबू से बात हो चुकी थी। लिहाज़ा जब मोहित कपूर ने मुरली बाबू से फ़ोन पर दो-चार इधर-उधर की बातों के बाद कहा कि ' अनिल आपके पास जब आएगा तो मुझे फ़ोन करने कहिएगा'; मुरली बाबू अपना जवाब लिये तैयार बैठे थे! साठ पार कर चुके मुरली बाबू ने इसी मॉडर्न मेडिकल्स में बैठे तीन-चार पीढ़ियों के मेडिकल रिप्रेजेंटेटिवों को देखा था। वे बोले, 'आज शायद अनिल बाबू नहीं आएँगे, क्योंकि अभी ग्यारह-साढ़े ग्यारह बजे ही तो आये थे अपना डाक लेने, मुझसे एक ऑर्डर भी ले गये हैं। फिर भी ज़रूरी हो तो उनके क्वार्टर में किसी को भेज सकता हूँ।'

कपूर साहब के हाथों से फ़ोन का रिसीवर छूटने से बचा! 'क्या कहा आपने? ग्यारह-साढ़े ग्यारह बजे अनिल आपके पास था। ये कैसे हो सकता है!'

मुरली बाबू अपनी आवाज़ में गहरी दुश्चिन्ता का भाव भर कर बोले, 'क्यों कपूर साहब, क्या हुआ अनिल बाबू को? कोई सीरियस बात तो नहीं?'

मुरली बाबू की बातों से दरोगा कपूर का सर चकराने लगा था। वे बोले, 'नहीं, ऐसा कुछ नहीं। अनिल से कहिएगा की मुझसे फ़ोन पर बात कर लें।'

मुरली बाबू ने कपूर साहब को आश्वस्त करते हुए कहा, 'कपूर साहब, आप निश्चिन्त रहे, मैं अभी आदमी भिजवा कर अनिल बाबू का पता लगता हूँ।'

कपूर साहब के दफ़्तर का ए. सी. हालाँकि सही काम कर रहा था, फिर भी वे अपनी कुर्सी पर बैठे बैठे पसीने से तर बतर हो रहे थे। 'ये कैसे हो सकता है, मैं अनिल को एक साल से ज़्यादा वक़्त से जानता हूँ और हर महीने कम से कम एक दो बार तो मुलाकात होती ही है, फिर भी मुझसे इतनी बड़ी गलती हुई? नहीं, ऐसा तो हो ही नहीं सकता! पर यह कैसे हो सकता कि जब मुझे वह बनारस कैंट में मिला था, उसी वक़्त वह चाँदगढ़ में मुरली बाबू के साथ था?'

यूँ ही जब उड़ती चिड़ियों के पंख गिनने लेने में अपनी महारत के लिए ख्यात, कड़ियल मैंनेजर मोहित कपूर अपने ही सवालों में उलझ रहे थे, तभी उन्हें उस उजड्ड नौजवान की बातें भी याद आ गयी,

'ओय, अँग्रेज़ी में क्यों बकन लाग रहा है। मैं तेरे तैं हिन्दी में बोल रहा सुण

तन्ने सम्झ ना आ रहा के? मैं बहादुर सिंग और जेई मेरी लुगाई सोणिया रही। अगर कोई अनिल थारे पीसे ले के भाग गयो तो थाणे में रपट लिखवाले। मन्ने सुबह सुबह परेशान क्यों कर रहा साई?'

मोहित कपूर को बैठे-बिठाये कोई इस कदर बेवक़ूफ़ बना जाए इसे मान लेना उनसे तब भी सम्भव नहीं हो पा रहा था। तभी थोड़ी देर बाद मॉडर्न मेडिकल्स के मुरली बाबू का फ़ोन आया, 'कपूर साहब, लीजिये अनिल बाबू से बात कीजिए!'

'गुड आफ्टरनून बॉस! आपने याद किया सर?' अनिल ने सविनय पूछा।

अपनी आख़री दाँव चलते हुए दारोगा कपूर बोला, 'हाँ यार, आज आ जाओ बनारस। लेट्स हैव डिनर टूगेदर! कल ऑफिस अटेंड करके लौट जाना।'

'ओ श्योर सर! मैं आपके घर आठ साढ़े आठ तक पहुँच ही जाऊँगा। सी यू सर!' इतना कह उसने फ़ोन रख दिया।

अपने से एक तिहाई उम्र के अनिल के मासूम चेहरे को मुरली बाबू अचरज भरी आँखों से देखते रहे थे!

अनिल जब चाँदगढ़ से चल कर बनारस कपूर साहब के घर पहुँचा, तब आठ बज रहे थे। कपूर साहब ने बिना वक़्त गँवाएँ सीधा-सा सवाल सीधे ढंग से पूछ लिया, 'ये बताओ कि ये सब तुमने कैसे मैंनेज किया? सच-सच बताओगे तो तुम्हारे अगेंस्ट मैं कोई एक्शन नहीं लूँगा, आई प्रॉमिस!'

'मैंनेज? क्या मैंनेज सर? समझा नहीं, जरा एक्सप्लेन करेंगे सर?' अनिल को कपूर साहब के सवाल का मानों सर पैर कुछ भी समझ नहीं आ रहा था। पास बैठी मिसेस कपूर बोल पड़ी, 'फिर शुरू हो गये आप! क्या हुआ है आज आपको? कुछ तो डीसेंसी रखिये। खाने पर घर बुलाये मेहमान के साथ भी आप इस तरह बीहेव कर रहें हैं!'

फिर अनिल की ओर देख कर बोलीं, 'अनिल भाई, आज सुबह हम लोग कैंट के एक रेस्ट्राँ में गये थे कॉफी पीने। वहाँ इन्हें कोई मिल गया, बिलकुल आप जैसी शक्ल वाला! ये उसे आप मानकर न जाने क्या-क्या कह दिया। उस आदमी ने भी इन्हें उल्टा-सीधा सुना दिया।'

अनिल अपने मासूम चेहरे पर जड़ी अचरज भरी दोनों आँखों से कपूर साहब की ओर देखते हुए पूछा, 'सर आप तो मुझे इतने दिनों से जानते हैं,आपसे ये भूल कैसे हुई? 'मिसेस कपूर को सुबह से कोई साथ नहीं मिला था, अनिल को साथ पाकर अपने पति को खूब-खरी खोटी सुनाती रहीं।' सारे दिन इनके दिमाग में कम्पनी सवार रहता है। वफादारी के चक्कर में अपनी लिमिट क्रॉस कर जाते हैं।

आज अगर वह आदमी इनसे लड़ लेता तो क्या इज़्ज़त रह जाती आपके मैंनेजर साहब की!'

'सर आप तो मुझसे पूरी बात फ़ोन पर भी कर सकते थे। मुझे आपने यहाँ आज खाने पर नहीं बुलाया है, वह तो मुझे समझ में आ ही रहा है। एनी वेज़, भाभी जी के हाथ का बना खाना खा सकूँगा, उसके लिए आपका शुक्रिया, सर!'

कपूर साहब की बोलती बन्द हो चुकी थी!

लगभग दस बजे के करीब जब मोहित कपूर और उनकी पत्नी अनिल को दरवाज़े तक छोड़ने आये; तब कपूर साहब बोले, 'आय एम सॉरी अनिल। मुझसे न जाने ये कैसी भूल हो गयी। तुम्हारे जैसे इनसान पर मैंने शक़ किया...!'

अनिल ने तुरन्त बात घुमाते हुए कहा, 'सर गलती तो किसी से भी हो सकती है, पर उस आदमी को भी इस तरह रियेक्ट नहीं करना चाहिए था। ख़ैर, सर कल ऑफिस में मिलते हैं। भाभी जी, फूड वाज़ जस्ट सुपर्ब! अब एक सप्ताह तो पानी भी नहीं पीऊँगा, कहीं मुँह का स्वाद न फीका पड़ जाए!'

इस घटना के बाद शादी में और देरी करना अनिल गुप्ता को उचित नहीं लगा था। दो महीनों बाद ही हम अनिल की बारात लेकर बनारस पहुँचे थे। डायमंड होटल में भव्य रिसेप्शन था। और जैसा कि आम रिसेप्शनों में होता है, एक मंच पर दो सिंहासन रखा हुआ था–लोग आ रहे थे–दूल्हा दुल्हन को बधाई दे रहे थे–उनके हाथों उपहार थमा कर–फोटो ङ्खखचवा कर आगे बढ़े जा रहे थे!

तभी गेट से कपूर साहब और उनकी पत्नी आती दिखीं। मिसेस कपूर ने नीता के हाथों उपहार देते हुए बधाई दी और फोटोग्राफर ने अनिल, नीता, मिसेस कपूर और मोहित कपूर की तस्वीर उतारी।

पर कपूर साहब कुछ नहीं बोल सके। आज उनसे दो महीनों पहले, कैंट के रेस्ट्राँ में बैठी नीता को पहचानने में कोई गलती नहीं हुई थी!

संकट मोचन सूत्र

यादें, हम सबकी सबसे निजी, सबसे व्यक्तिगत चीज होती है। कुछ ऐसी यादें होती हैं, जो जितनी बार आती हैं हमारी आँखें नम कर जाती हैं। इनमें कुछ ऐसी भी होती हैं, जिन्हें हम दूसरों के साथ बाँटने की कोशिश तो करते है पर बाँट नहीं पाते! जानता हूँ, मेरी यादों से किसी का क्या लेना और क्या देना फिर भी मौक़ा मिलते ही क़िस्से कहानियों में इसे पैबन्द के मानिन्द जोड़ कर अपनी यादों से मुक्त होने की नाकामयाब कोशिशें करता हूँ! जिन लोगों की याददाश्त कमजोर होती है, या जो बीती बातों को भुला देने का गुर जानते है, वे ज़िन्दगी कैसे जीते हैं–यह मुझे नहीं पता। पर जीवनपुरहाट जंक्शन में बहुत लोग मिले, जो अपनी यादों में अतीत की छोटी से छोटी घटनाओं को अपने रूप-रंग-गन्ध-स्वाद के साथ याद रखने की क्षमता रखते थे, कुछ ऐसे भी मिले जो कल की बात भी पूछने पर आसमान की ओर देखते हुए सर खुजाते हुए पूछते है, 'अच्छा, ऐसा?...याद नहीं आ रहा!'

मेरी अपनी याददाश्त शायद बहुत बुरी नहीं, फिर भी कुछ घटनाएँ ऐसी हैं जिनको याद करते हुए शक़ होता है कि 'क्या सचमुच ऐसा हुआ था मेरे साथ' कुछ यादें ऐसी भी हैं, जो आते हैं तो लगता है कि 'अच्छा होता अगर मैं उसे भूल पाता!' पर ऐसा कैसे हो सकता है कि कायनात का उस्ताद ड्र्रग मास्टर आप ही के हाथ खेल की छड़ी थमा दे, ताकि आप खुद ही तय कर लें कि 'किसे याद रखें और किसे भूल जाएँ!'

इसीलिए अच्छी हो या बुरी, यादों पर हमारा कोई वश नहीं होता। वे आवारा होती है और बिना बताये घर लौटती हैं, और वे जब भी वापस आती हैं, अपने पंजों के खरोंचों से दिल को लहूलुहान कर जाती हैं!

अभी कुछ सालों पहले, जाड़े की एक ठिठुरती शाम को रानीखेत बस स्टेशन के बाहर अकेले एक बेंच पर बैठे, नीचे यानी काठगोदाम जाने के लिए बस का इन्तज़ार कर

रहा था। तभी पाँच-छः सैलानियों का एक छोटा-सा दल पास से गुज़रा। रौशनी कम हो चुकी थी, उनके चेहरे तो नहीं दिख रहे थे, पर उन्हें मैं साफ़ सुन पा रहा था। वे साठ दशक के लोकप्रिय अँग्रेज़ी फ़िल्म 'हटारी' की एक धुन-'बेबी एलीफेंट वॉक' गुनगुनाते हुए पहाड़ी रास्ते के एक मोड़ पर खो गये थे। उनकी आवाज़ अब और नहीं सुनायी दे रही थी, पर कानों में उस धुन की गूँज थी। उस धुन के सहारे कानपुर के मेरे बचपन से जवान होता वक़्त, रीगल टॉकीज़, कम्पनी बाग़, कनाल रोड, क्राइस्ट चर्च कॉलेज सब जुलूस बन कर रानीखेत की सड़क के उस मोड़ से निकल कर सामने आने लगे, जहाँ अभी-अभी पाँच-छह सैलानी 'बेबी एलीफैंट वॉक' की धुन के साथ गुम हुए थे। कानपुर के इस जुलूस के पीछे-पीछे चाँदगढ़, शाहज़ाबाद की यादें भी कूच करती मेरे पास से गुज़री। मानों वे मुझ सेना नायक को सलामी दे रहीं थीं।

शाहज़ाबाद की यादों में सफ़ेद शर्ट और काला कोट पहने एक इनसान भी दिखा, जिसकी मोटी काँच वाले चश्में की कमानी और शीशों पर एक उम्र की धूल जम कर यूँ पथरा गयी थी, कि अब उसे बगैर घंटों खुरचे, साफ़ करना असम्भव था।

मास्टर जी!

बाबू मुरारी प्रसाद सिन्हा को शाहज़ाबाद और आस-पास के लोग एक समय मास्टर जी कह कर ही पुकारते थे। उस लम्बे जुलूस की ऊब भरी कतार से मास्टर जी बाहर आकर कुछ देर के लिए खड़े रहे, फिर मेरे बगल में आकर बैठ गये।

'किसी से हाथ मिलाते वक़्त अपना पूरा ध्यान उसकी हथेली के माउंट्स और उभारों पर केन्द्रित करो, उसे फील करो। ज्योतिष विद्या का एक ज़रूरी गुर यहीं हैं। तुम्हार जन्म अनुराधा नक्षत्र में हुआ था, यह मैं तुम्हारी जन्म-कुंडली बगैर देखे ही समझ गया था। अन्धा भी ज्योतिष बन सकता है, बस एकाग्रता चाहिए! अन्तर्दृष्टि चाहिए!' मास्टर जी और उनकी बातें एक--एक कर याद आने लगी। रानीखेत के बस स्टेशन में अब मैं अकेला नहीं था। शाहज़ाबाद के मास्टर जी की यादों ने ठंड भुला दिया और थोड़ी देर बाद जब रानीखेत से काठगोदाम जानेवाली बस पर सवार हुआ तो मास्टर जी साथ थे-शाहज़ाबाद साथ था, मेरे जीवनपुरहाट का कभी न भुला पानेवाला एक वक़्त साथ था!

●

चाँदगढ़ जैसे पिछड़े जिले के मुकाबले शाहज़ाबाद काफ़ी बड़ा था। विश्वविद्यालय, रेलवे का जंक्शन स्टेशन और राज्य विद्युत बोर्ड का कोई बड़ा प्रोजेक्ट होने और प्रदेश की राजधानी के करीब होने के कारण ख़ासा आधुनिक था, यह शहर। यहाँ के

सिनेमा घरों में, लखनऊ में रिलीज़ होने के दो–चार महीनों में फ़िल्में लग जाया करती थी, जबकि इन फ़िल्मों को चाँदगढ़ पहुँचने में, दो–तीन होली–दिवालियाँ बीत जाती थी।

मुझे यह शहर बुरा नहीं लगता था। सत्तर के दशक में उत्तर प्रदेश के किसी शहर में अगर मद्रास कॉफी हाउस और सॉफ़्टी कार्नर के साथ–साथ एक आध 'एयर कूल्ड' सिनेमा हॉल होता था तो उसे लगभग एक महानगर का दर्ज़ा हासिल हो जाता था। उस पर अगर कहीं किसी स्वीट हॉउस में दक्षिण भारतीय डोसा का उत्तर प्रदेशीय संस्करण मिलने लगता (यानी, देसी घी में तला, पनीर और काजू डला डोसा!) तो क्या कहने! आस–पास के कस्बों, गाँवों, देहातों से लोग बस इसी व्यंजन के आकर्षण से ही खींचे शाहज़ाबाद चले आते थे। समोसों–पकौड़ियों को भला कोई क्यों पूछे!

चाँदगढ़ से शाहज़ाबाद की दूरी कुल एक सौ सत्तर किलोमीटर थी पर इसे पार करने में कभी छः तो कभी सात घंटे तक लग जाया करते थे। बस इसी ऊब भरे सफ़र के लिए मुझे शाहज़ाबाद जाना बुरा लगता था। पर सवाल पापी पेट का और तकली की नाज़ुक डोर से लटकती नौकरी का था, लिहाज़ा मन मार कर इसे भी हर महीने एक बार झेल ही लेता था।

जाड़े के मौसम में हालाँकि यह सफ़र उतना बुरा नहीं लगता था।

●

हम सब, जो देश के विभिन्न कोनों से नौकरी के सिलसिले में चाँदगढ़ में जुटे थे, किसी न किसी तरह से अपना खाली समय गुज़ारते थे। उमेश गाना बहुत अच्छा गाता था, सो घर से छुट्टी बिता कर लौटते वक़्त अपने साथ हारमोनियम लेता आया था ताकि उसका रियाज़ न छूटे। खंडूरी क्रिकेट में अपने स्टेट को रिप्रेज़ेंट कर चुका था, चाँदगढ़ में युवा क्रिकेट खिलाड़ियों का फोकटिया कोच बन गया था। इसी तरह कोई नाटक में लगा हुआ था, तो कोई लायन–रोटेरियन बना घूमता था। मैं भी मुहल्ले के बच्चों के लिए मुफ़्त ड्राइंग–पेन्टिंग का क्लास चलाता था।

उन दिनों दिल्ली के एक पॉकेट बुक्स प्रकाशक ने किसी ज्योतिषाचार्य महाराज द्वारा लिखित एक ऐसी किताब निकाली थी, जिसका शर्तिया वादा था कि उसे पढ़ कर एक महीने में आप एक ज्योतिष बन सकते थे। मैंने भी बनारस के बस स्टेशन से इस ग्रन्थ की एक कॉपी खरीदी थी। बाद में आयरलैंड के हस्तरेखाविद चीरो साहब की एक किताब हाथ लगी (जिसे कई लोग कीरो भी कहते थे!) और किसी दोस्त के पिताजी से भेंट में, अंकज्योतिष या न्यूमरोलॉजी की एक विलायती

किताब भी मिल गयी। कुल मिला कर मेरे पास घर बैठे-बिठाये ज्योतिषाचार्य बनने का समूचा पाठ्यक्रम उपलब्ध था!

मुझे याद है, मेरे हमउम्र और शौकिया चित्रकार-पड़ोसी योगेश अग्रवाल को मैंने अपना पहला शिकार बनाया था! योगेश भाई मेरे पास पेङ्कन्टग सीखने आया करते थे, साथ ही मेरी ज्योतिष साधना के प्रत्यक्षदर्शी भी रहे थे-पर मेरी प्रतिभा पर तब तक पूरा भरोसा नहीं हुआ था उन्हे। योगेश के परिवार में व्यापार के अलावा कभी किसी ने कोई दूसरा काम नहीं किया था, पर योगेश में न जाने कहाँ से पेन्टिंग का शौक़ पैदा हो गया था। उसके पिताजी ने कई बिज़नेस में उसे लगाया, पर सब में योगेश असफल रहे थे। योगेश भी धीरे-धीरे निराश होने लगे थे। मैंने उसकी कुंडली देख कर कहा था, 'भाई, आपकी कुंडली में साफ़ नज़र आ रहा है कि आप बहुत भाग्यवान है, क्योंकि आप पर दो ग्रहों-रवि और चन्द्र की युति का प्रभाव है। लोहे और पत्थर के व्यापार में ही आपको सफलता और लाभ मिलेगा। इसी युति का ही फल है कि चित्रकला से इतना लगाव है आपका।' चाँदगढ़ में कई पीढ़ियों से विभिन्न व्यापारों में लगे जिस परिवार से योगेश का सम्बन्ध था, वहाँ कभी किसी ने बालू-सीमेंट-सरिया का व्यापार नहीं किया था। शायद मेरी बातों ने योगेश और उसके घरवालों को थोड़ी हिम्मत दी थी और योगेश ने पहले बिल्डिंग मैटेरियल का काम शुरू किया था और फिर बहुत जल्द एक बड़े लोहा कम्पनी का डीलर भी बन गया था। योगेश का रातों-रात चाँदगढ़ और आसपास के चार-छः जिलों में भी अपना बिज़नेस फैला लिया था।

दरअसल वह दौर चाँदगढ़ और पूर्वी उत्तरप्रदेश के जिलों के बड़ी संख्या में लोगों के पास विभिन्न रास्तों से धनागमन होने का शुरुआती दौर था। छोटे-बड़े गाँवों-देहातों तक में भी पक्के मकान बनने लगे थे। बड़े कस्बों में बाज़ार, सिनेमा हॉल, होटलों के बनने के साथ-साथ वह रिहाइशी इलाकों के विस्तार का भी दौर था। ऐसे वक़्त बिङ्कल्डग मेटेरियल का बिजनेस को तो यूँ भी सबसे तेज बढ़ना था, पर योगेश की इस व्यापारिक सफलता के पीछे मेरी ज्योतिष विद्या की भूमिका को लेकर उसके दोस्तों-रिश्तेदारों से तमाम अतिरंजनाएँ सुनने को मिलने लगी और बहुत कम समय में मेरी प्रसिद्धि ने जो आकार लिया, उसका अन्दाजा मुझे पहले कतई नहीं था। पर इसके पीछे ये तीन चार ग्रन्थ कितने कारगर सिद्ध हुए थे, यह नहीं कह सकता पर...।

●

मास्टर जी!

बाबू मुरारी प्रसाद सिन्हा को शाहज़ाबाद और आस-पास के लोग एक समय मास्टर जी कह कर ही पुकारते थे। उनसे मेरी मुलाक़ात चाँदगढ़ से शाहज़ाबाद के उबाऊ और थका देनेवाले बस के एक सफ़र के दौरान हुई थी। मैं बस की सबसे पीछेवाली कतार की बायी सीट पर बैठा था और खिड़की से टिकी मेरी बाये हाथ की हथेली खुली हुई थी। मेरे बगल में बैठे सज्जन ऐसे कोई ख़ास नहीं थे कि जिन पर मेरा ध्यान जाता। पर उन्होंने ही बात शुरू की।

'शाहज़ाबाद जा रहे हैं?', 'चाँदगढ़ में रहते हैं?' आदि, आदि। फिर अचानक बोले, 'अगर इज़ाज़त हो तो एक बात पूछूँ? क्या आप ज्योतिष विद्या में रुचि रखते है?' मुझे यह सवाल बड़ा अटपटा-सा लगा पर साथ ही मुझे आश्चर्य भी हुआ कि इन्हें कैसे पता कि मैं इन दिनों ग्रह-नक्षत्रों, हस्त रेखाओं और संख्याओं की दुनिया में विचरण कर रहा था। मैंने ससंकोच कहा, 'बस यूँ ही कुछ किताबें मिली थी सो उन्हें पढ़ता रहता हूँ। इससे ज़्यादा कुछ नहीं!'

'आप के हाथ में मैंने दो बातें साफ़ देखी हैं। एक, आपकी रुचि ऑकल्ट प्रैक्टिस में हैं और दूसरा कि आप झूठ नहीं बोलते हैं! मेरा नाम मुरारी प्रसाद सिन्हा हैं। शाहज़ाबाद में गुलाब बाग़ में रहता हूँ। पिछले चालीस सालों से ज्योतिष विद्या के अनन्त विस्तार से कुछ बटोरने की कोशिश कर रहा हूँ, बस!' मैं उनकी बातें सुन ज़रूर रहा था पर समझ में नहीं आया कि इसका जवाब क्या दूँ। उन्होंने जब यह कहा, कि 'आपकी राशि सिंह हैं और आप अपर-लियो हैं, यानी आपका जन्मदिन 30 जुलाई से 7 अगस्त के बीच होना चाहिए' तो मैं ख़ामोश नहीं रह पाया। मैंने क्या कहा था अब याद नहीं, पर मैं शाहज़ाबाद बस अड्डे पर उतर कर प्रतिभा होटल जाने के बजाय, उन्हें गुलाब बाग उनके घर तक छोड़ने गया था। रास्ते में प्रतिभा होटल में अपना सामान उतार कर होटल मैंनेजर अग्रवाल से कहा था, 'मेरे कमरे में सामान रखवा दीजिएगा, मैं बस आधे घंटे में आता हूँ।'

बाबू मुरारी प्रसाद सिन्हा का मकान काफ़ी बड़ा तो था पर देख-रेख के अभाव से वह खंडहर-सा लग रहा था। मकान के चारों ओर बागीचा था, जिसे देख कर साफ़ पता चलता था कि इस बाग़ को कई वर्षों से कोई माली नसीब नहीं हुआ था। मकान के कमरे शायद कई थे पर फर्श से लेकर दीवारों, छत से लटकते बिजली के पंखों-बातियों और कमरे की मेज़-कुर्सियों से बेबस गरीबी की एक ऐसी बू आ रही थी, कि मकान में रहनेवालों की माली हालात के बारे-जानने के लिए किसी से कुछ पूछने की ज़रूरत नहीं थी।

'हमारा यह मकान एक कानूनी झँझट में फँसा हुआ हैं। कोर्ट आर्डर अब बस आने ही वाला है, एक बड़े बिल्डर से बात हो गयी है। यहाँ वे एक मल्टीस्टोरीड अपार्टमेंट बनाएँगे। मुझे जितने पैसे और फ्लैट्स मिलेंगे उससे हमारे परिवार के लिए कई पुश्तों तक रहने-खाने की दिक़्क़त नहीं आएगी...आदि-आदि।' मास्टर जी ने मुझसे कहा था, पर मुझे न उनकी जमीन जायदाद में और न ही उस मकान के दूसरे हिस्से को कब्जियाकर बैठे उनके चचेरे भाई में तनिक भी दिलचस्पी थी, लिहाज़ा मैं उन्हें बेमन से सुनता रहा था। मुझे बस यही लग रहा था कि बाबू मुरारी प्रसाद सिन्हा में ही मेरी सतगुरु की खोज ख़त्म हो रही थी। उस दिन कई घंटे बाबू मुरारी प्रसाद सिन्हा के साथ उस बिना बिजलीवाले कमरे में बीते थे। शाम को जब तक कमरे के अन्दर इतना अँधेरा नहीं पैठ गया था कि अपना हाथ भी नहीं दिख रहा था, मास्टर जी ने लालटेन नहीं जलायी। 'लाइन में कुछ गड़बड़ी है इसलिए बिजली नहीं आ रही है, देखिये शायद कल तक आ जाए।'

उस रात, जब मैं होटल लौटा तो मुझे खाना नहीं मिल सका, क्योंकि होटल का किचेन बन्द हो चुका था। पर जैसा कि महान साधकों ने अपने अनुभवों में कहा हैं-सच्ची साधना में भूख क्या और प्यास क्या; मैं देर रात तक मास्टर जी से मिली एक जर्जर पर मोटे से रजिस्टर में हल्की पड़ती रोशनाई से लिखे पन्नों को पढ़ता रहा था। मुरारी प्रसाद जी के पास ऐसे बीसियों रजिस्टर थे, जिसमें उन्होंने लोगों की कुंडलियाँ बनाई थी और उन पर अपनी व्याख्याएँ सविस्तार दर्ज कर रखी थी। अपनी अलमारी से एक रजिस्टर निकाल कर मुझे देते हुए उन्होंने कहा था, 'आप ही पहले इनसान हैं, जिनके साथ मैं अपना खज़ाना शेयर कर रहा हूँ। पढ़कर कल वापस कर दीजिएगा।'

उस रात मास्टर जी के रजिस्टर के पन्ने पलटते हुए मैं एक-आध घंटे में ही समझ गया था कि मेरे पास जो कुछ ज्ञान था वह सब तुच्छ कहलाने तक के भी काबिल नहीं था।

अगले दिन होटल से नाश्ता कर जब मैं मास्टर जी के घर के लिए निकल रहा था, तभी अचानक मुझे याद आया कि कल जब मैं मास्टर जी के कमरे में दाखिल हुआ था, तब पाँच बज रहे थे और मैं उनके घर करीब चार-पाँच घंटे था, पर इतने घंटों में न तो उन्होंने मुझसे कुछ खाने के लिए पूछा था और न ही चाय ही पिलायी थी। बस रह रह कर वे बीड़ी ज़रूर पी रहे थे। पहले मैंने सोचा कि शायद मास्टर जी के पास पैसे ही नहीं थे इसलिए उन्होंने मुझे चाय नहीं पिलायी होगी, फिर यह लगा कि बुढ़वा निहायत कंजूस है इसीलिये मेरे साथ ऐसा व्यवहार किया। फिर यह भी याद आया कि उन्होंने भी तो कुछ नहीं खाया था। ऐसा ही कुछ सोचकर मुझे मास्टर

जी पर दया आयी और मैं दुकान से चाय-कॉफी, बिस्किट-नमकीन आदि लेकर गुलाब बाग उनके घर पहुँचा था। मास्टर जी ने मुझे देखते ही कहा, 'मैं आपका ही इन्तज़ार कर रहा था!' इतना कह कर उन्होंने मेरे हाथों से सबसे पहले उनका वह रजिस्टर ले लिया, जिसे उन्होंने कल मुझे दिया था। फिर मेरे लाये हुए खाने की चीज़ों के पैकेटों की ओर बगैर ध्यान देते हुए उन्होंने आवाज़ देकर किसी मालती को पुकारा। मालती के कमरे में दाखिल होते ही मास्टर जी बोले, 'मेरी बेटी, मालती!'

दुनिया में आज तक कुछ ही ऐसी महिलाओं से मैं मिला हूँ, जिन्हें देखते ही मुझे वह मेरी बड़ी बहन जैसी लगी हों। वैसे मेरी अपनी कोई बड़ी क्या, छोटी बहन भी नहीं है! मालती जी मुझे बेहद ख़ूबसूरत लगी–ठीक मेरे बचपन से मेरी कल्पना में बड़ी होती, मेरी बड़ी बहन जैसी! मालती जी की बहुत साधारण-सी साड़ी, रूखे बाल और सूनी कलाई, उनके व्यक्तित्व को विषाद के हल्के मटमैले रंग से रंग गया था–जिसके कारण शायद वह और भी सुन्दर लग रही थीं।

'पिताजी आपके बारे में सुबह कह रहे थे। चाय लाती हूँ आप लोगों के लिए।'

'मुझे अपनी बेटी पर गर्व होता है। कुंडली में राजयोग हैं इसके! रानी बनेगी, रानी! परिवार की स्थिति तो देख ही रहे हैं, ज़्यादा लिखा-पढ़ा तो नहीं सका उसे ...!' अपनी बेटी के बारे में मास्टर जी ने कहा था।

इसके बाद हर महीने मुझे शाहज़ाबाद जाने का इन्तज़ार रहता था और मैं धीरे-धीरे मास्टर जी और उनकी समस्याओं के बहुत करीब आने लगा था।

मास्टर जी के दो बेटे और थे। पत्नी का स्वर्गवास हुए कई वर्ष बीत चुके थे। मास्टर जी के दोनों बेटे पूरी तरह से बिगड़ चुके थे। नौतनवा, सोनौली, बरहनी बाज़ार आदि भारत-नेपाल सीमा के आस-पास की कस्टम पुलिस चौकियों में वे छोटे कद के स्मगलर की हैसियत से ही नामज़द थे। पर एक बार ड्रग्स की स्मगलिंग में मास्टर जी का बड़ा बेटा पकड़ा गया और तब से वह लखनऊ सेन्ट्रल जेल में सज़ा काट रहा था। छोटा बेटा अपनी क़िस्मत का पीछा करता हुआ बम्बई भाग गया था, जिसकी कोई खबर कई सालों से किसी को नहीं थी।

सत्तर साल के मास्टर जी के परिवार से सुख-समृद्धि-सौभाग्य का नामोनिशां बहुत पहले ही मानों मिट चुका था!

मास्टर जी से अपनी कुंडली और हाथ की रेखाओं को पढ़वाने शाहज़ाबाद में उनसे मिलने दूर दराज़ से लगभग रोज़ ही कोई न कोई आ जाता था, और ज़ाहिर है वे लोग कोई गरीब-गुरबा नहीं होते थे। उस सस्ते के ज़माने में वे कुंडली बनाने के

शायद तीस रुपये लेते थे। पर इसके बावज़ूद मास्टर जी की आर्थिक बदहाली का कारण मुझे समझ में नहीं आता था। एक दिन मैंने हिम्मत कर उनसे इसका कारण पूछ ही लिया, 'सर, क्या आपके पास आपकी अपनी परेशानियों का कोई निदान नहीं है। आप जैसे गुणी आदमी को अगर इतना कष्ट सहना पड़े तो...'

मेरी बात का उन्होंने बुरा नहीं माना और बोले, 'अरे ये तो सब आनी-जानी है। पर तुम क्या समझते हो कि मुझे ये नहीं पता है कि मेरे साथ ये सब क्यों हो रहे हैं?' इतना कहकर उन्होंने पास के टेबल से एक कॉपी उठा कर, उसमे कुछ लिखते हुए मुझसे बोले, 'तुम्हारा प्रश्न कार्य-सिद्धि को लेकर है। ऐसे प्रश्नों के लिए सबसे पहले उस समय की तिथि संख्या, वार संख्या और नक्षत्र संख्या का योग कर, योग फल को तीन से गुणा कर छः और जोड़ दो। अब इस योगफल को नौ से भाग देने पर, एक शेष में पक्ष, दो शेष में मास, तीन शेष में ऋतु..., अब तुमने प्रश्न पूछा है कि मेरा कार्य कब सिद्ध होगा? प्रतिपद से आरम्भ करें तो आज सप्तमी तिथि है, गुरुवार और मघा नक्षत्र है यानी सात-पाँच-दस! योगफल बाईस को तीन का गुना कर उसमे छः जोड़ो...' कागज पर पूरा जोड़ घटाना कर लेने के बाद वे बोले, 'सात महीने बारह दिन और छह-सात घंटे और शेष हैं। कोर्ट के फैसले से ही मेरा और मेरे परिवार का समय बदलेगा।'

मुझे उनकी बातें बहुत ज़्यादा समझ में तो नहीं आयी पर उनके ज्ञान और आत्मविश्वास से मैं आश्वस्त था कि अब मास्टर जी के दिन ज़रूर बदलेंगे, बस कुछ महीनों का और इन्तज़ार था! पर बाद में मुझे पता चला था कि मास्टर जी को अपनी गणना से ज़्यादा यक़ीन ग्रह-शान्ति पर होने लगा था और उन्होंने दिल्ली के किसी व्यापारी से नौ ग्रह-रत्नों का एक लॉकेट बनवाया था जिसे वे चौबीसों घंटे धारण किये रहते थे। इस लॉकेट में कई बेशकीमती रत्न जड़े थे इसीलिए इसकी कीमत पाँच हज़ार के ऊपर थी। व्यापारी मास्टर जी का परिचित था इसलिए मास्टर जी इसकी कीमत प्रतिमाह की किश्तों में अदा कर पूरा कर रहे थे, या यों कहें कि पूरा करने की कोशिश कर रहे थे। एक साल में वे चार या पाँच ही किश्त दे पाए थे, जिसके चलते अब उनकी देनदारी करीब छः हज़ार की हो चुकी थी। अब ज़ाहिर है, जिसने मास्टर जी को किश्तों में नौरत्नों का लॉकेट दिया था उसके तेवर भी बदलने लगे थे। मास्टर जी की आर्थिक स्थिति के बिगड़ने के पीछे इस नौ ग्रह-रत्नों वाले लॉकेट की भूमिका को मैं समझ पा रहा था पर मास्टर जी से इस विषय पर बात करने की मेरी हिम्मत नहीं हुई। मैं बस उनके सात महीनों के गुज़रने का इन्तज़ार करता रहा!

सात महीनों के बजाय सवा साल बाद कोर्ट का फैसला आया, जो पूरी तरह से उनके मकान के दूसरे हिस्से पर कब्जियाये बैठे उनके चचेरे भाई के पक्ष में था और मास्टर जी को कुछ भी नहीं मिला था। अब इस फैसले को हाईकोर्ट में चुनौती देने के अलावा और कोई रास्ता नहीं था। पर उसमें लगनेवाले पैसे मास्टर जी के पास नहीं थे।

अदालती राय के बाद, मास्टर जी और मालती जी को पचीस रुपये किराये के हाउङ्क्सग बोर्ड के एक ई.डबल्यू.एस. यानी 'आर्थिक रूप से कमज़ोर वर्ग' वाले फ्लैट में चले जाना पड़ा था। मास्टर जी के कमाई पूरी तरह से ठप्प हो गयी थी।

ऐसे बुरे वक़्त के चपेट में आकर, मास्टर जी बदलने लगे थे। मैं इस बीच उनसे मिल नहीं पाया था। करीब छः महीनों बाद एक दिन उनके घर गया तो देखा वे भगवा वेश में आसन जमाये थे। सामने की मेज़ पर अपने ज्योतिष गणना के आठ–दस रजिस्टरों को एक लाल कपड़े में लपेट कर उस पर फूल माला चढ़ाकर, उन्होंने दरअसल एक नये देवता को भूमिष्ठ कराया था! इसी का गुण–गान करने में उनका दिन बीतता था। वे लोगों के हर कष्ट का निवारण मिनटों में करने लगे थे। किसी की बेटी की शादी नहीं हो रही तो उससे कह दिया कि, 'घर के जितने सदस्य हैं, सब सुबह नींद से उठकर बिस्तर छोड़ने के पहले एक गिलास पानी पीये। यह नियमित एक महीने करने पर दूल्हा खुद चल कर आपके घर आएगा। पर हाँ, अगर इसमें चूक हुई तो फिर मुझे दोष मत दीजिएगा!'

मैं कई घंटों मास्टर जी के उस सस्ते अगरबत्ती की दमघोंटू महक और उमस से भरे कमरे में बैठे–बैठे एक नये मास्टर जी को देख रहा था। मालती जी से पता चला कि भक्त तो जुट रहे है, कुछ पैसा भी मिल रहा है पर एक 'ई.डबल्यू.एस.' मकान के छोटे कमरे से ईश्वर का धन्धा इससे बेहतर क्या चलता। मास्टर जी ने मुझसे अगले दिन शाम को आने के लिए कहा–'तुमसे बहुत ज़रूरी काम है, कल आ पाओगे शाम को?' मैं उनसे अगले दिन शाम को आने का वादा करके कमरे के बाहर आ गया था। कमरे से निकल कर मैं सड़क पर रिक्शे के मिलने का इन्तज़ार कर रहा था, तभी मैंने तेज़ क़दमों से मालती जी को मेरी ओर आते देखा।

'भैयाजी, आपका हमारे ऊपर बहुत एहसान है। बाबूजी ने आपसे कल आने कहा है न? बाबूजी ने इधर 'संकटमोचन सूत्र' जैसी कोई किताब लिखी है, जिसमें उन्होंने एक हज़ार समस्याओं, दु:खों और कष्टों से मुक्ति के उपाय सुझाये हैं। इस किताब को छपवाने के लिये बाबूजी आपसे पैसे उधार माँगेंगे। मत दीजिएगा, बिलकुल मत दीजिएगा उन्हें कोई पैसा। हो सके तो फिर कभी हमारे यहाँ मत

आइएगा...।'

शाहज़ाबाद के उस ई डब्ल्यू एस कॉलोनी में उस समय शाम हो चुकी थी। मैं कालोनी से लगी सड़क पर खड़े, मालती जी की बातों को समझने की कोशिश कर रहा था। रिक्शे पर होटल लौटते समय मुझे मास्टर जी से मेरी पहली मुलाक़ात से लेकर उनसे जुड़ी तमाम दूसरी बातें याद आने लगी। मेरे लिए मालती जी कि हिदायत मान लेना सम्भव नहीं था। मैंने तय किया कि मास्टर जी ने बुलाया है, तो मैं कल उनसे ज़रूर मिलूँगा!

अगले दिन जब मास्टर जी के घर पहुँचा तो शाम होने में कुछ वक़्त अभी बाक़ी था। मास्टर जी के भक्त-गण जा चुके थे। मैंने सीधे मास्टर जी से सवाल किया, 'ये सब क्या है, सर? आपने ये सब हथकंडे क्यों अपना लिए? 'मास्टर जी कुछ देर तक ख़ामोश रहे, फिर धीरे-धीरे बोले, 'थोड़ी देर हो गयी मुझसे। पचहत्तर की उम्र पर पहुँच कर यह काम शुरू करना बेवक़ूफ़ी तो है, पर क्या करता। अब लोगों की ज़ुबान पर मेरी दैवी-क्षमताओं की कहानियों के चढ़ने में वक़्त तो लगेगा न। तभी तो पैसे वाले भी आएँगे! मैंने इन चार-छः महीनों में सैकड़ों लोगों को कष्ट-निवारण के नुस्खे सुझाये होंगे। मैं जानता हूँ कि इनमें से शायद दस लोग ही होंगे, जिनकी समस्याएँ दूर हो गयी होगी, या यों कहो तो उन्हें ऐसा लगा कि उनकी समस्याएँ दूर हो गयी हैं। ये लोग सबसे कहते फिर रहे हैं कि मास्टर-बाबा के पास चमत्कारिक शक्ति है, और बाक़ी नब्बे फ़ीसदी लोग जिनका कोई भला नहीं हुआ, फिर भी उन्होंने अपनी नयी-नयी समस्याओं के साथ मेरे पास आना बन्द तो नहीं किया। ऊपर वाले ने मेरी क़िस्मत में यहीं लिखा था, जिसे मैं वक़्त रहते नहीं पढ़ पाया!'

फिर जैसा मालती जी ने आगाह किया था, मास्टर जी ने मुझे साँझे पर व्यापार का प्रस्ताव दिया। 'संकटमोचन सूत्र' की पाण्डुलिपि तैयार थी। उन्होंने मुझसे इसके लिए यह कहते हुए दो हज़ार रुपये माँगे, कि 'किताब एक बार छप कर आ जाए तो हमें कम से कम दस हज़ार का लाभ ज़रूर होगा! ज्योतिष शास्त्र ने मुझे आकर्षित ज़रूर किया था, पर अलौकिक बातों पर मैंने कभी यक़ीन नहीं किया। मुझे मास्टर जी का यह हथकंडा अच्छा नहीं लगा।

मास्टर जी को जानते-समझते करीब तीन साल हो चुके थे पर मुझे लगा कि मैं मास्टर जी के इस नये चहरे से पूरी तरह से अपरिचित था। वे मुझे अब एक लालची और तिकड़मी ठगी जैसे लगे जो अशिक्षित और असहाय लोगों से उनके बुरे वक़्त का फायदा उठा कर पैसे लूटने के जुगाड़ में जुटे थे। फिर भी मैं उन पर न तो नाराज़ हो सका और न ही उनकी माँग को ठुकरा ही पाया। उन दिनों मुझे लगभग

बारह सौ रुपये का सालाना बोनस मिलता था। दोस्तों से बाक़ी पैसे उधार लेकर मैं अगले महीने ही मास्टर जी को पैसे देने शाहज़ाबाद पहुँचा था। मास्टर जी घर पर नहीं थे। मालती जी से पता चला कि कुछ दिनों पहले मास्टर जी। अचानक विक्षिप्त से हो गये थे। पड़ोसियों की मदद से उन्हे जिला अस्पताल ले जाया गया था, अभी वे वहीं हैं। डॉक्टरों का कहना है कि उनकी इस उम्र में कोई सुधार सम्भव नहीं।

मैं मास्टर जी के परिवार की आर्थिक स्थिति से पूरी तरह से वाकिफ था, मुझे पता था कि उनके इस बुरे वक़्त में मेरे दो हज़ार रुपये उनके बहुत काम आएँगे, यह सोच कर मैंने मालती जी को पैसे देना चाहा। पर मेरे लाख कहने पर भी मालती जी ने मुझसे पैसे नहीं लिये।

जिला अस्पताल जाकर मास्टर जी से मिलने की मेरी हिम्मत नहीं हुई। दो दिनों बाद मुझे वापस चाँदगढ़ लौटना था।

उस बार मैं बहुत भारी मन से चाँदगढ़ लौटा था!

मास्टर जी हज़ारों लोगों को अपने ज्योतिष विद्या के ज्ञान से रास्ता बताते आये थे। उनके ज्ञान पर मुझे कभी भी शक़ नहीं रहा। ज्योतिष शास्त्र ने मुझे आकर्षित ज़रूर किया था, पर मैंने कभी किसी अलौकिक बातों पर यक़ीन नहीं किया था। अपने भविष्य की अनदेखी और अनजानी गलियों-सड़कों-चौराहों के बारे में जानने का आग्रह लोगों में स्वाभाविक रूप से होता ही है। मेरी उम्र कम थी इसलिए अपने को दूसरों से थोड़ा अलग प्रमाणित करने की चाह से ही शायद मैंने ज्योतिष शास्त्र को जानने की शौकिया कोशिश की थी। पर मेरा एक शौंक मुझे जीवन की ऐसी हक़ीकतों से रु-ब-रू करा देगी इसका अनुमान नहीं था मुझे।

इस घटना के बाद मुझे मास्टर जी और मालती जी की कोई खबर नहीं मिली। वे अपना ई. डब्ल्यू. एस वाला मकान छोड़ कर कहीं और चले गये थे। सुना था कि मालती जी ने कोई ब्यूटी पार्लर में नौकरी कर ली थी और मास्टर जी का इलाज़ लखनऊ के नूर-मंज़िल में चल रहा था।

●

दिसम्बर का महीना था वह। अपने दौरे पर जब मैं शाहज़ाबाद के 'प्रतिभा होटल' पहुँचा तो होटल का मैंनेजर अग्रवाल लॉन में बैठा धूप का आनन्द ले रहा था। इस होटल में मेरा पिछ्ले पाँच सालों में हर महीने चार-पाँच दिनों के लिए ठहरना होता ही था, लिहाज़ा होटल मालिक और मैंनेजर से मेरा रिश्ता दोस्तों जैसा हो गया था। मुझे देखते ही वह बोला, 'आइये सरकार पधारिये! आप तो जनाब बहुत बड़े उस्ताद निकले। आपने कभी बताया ही नहीं कि मालती सिन्हा को आप जानते हैं! मैडम

आयीं थीं कुछ दिनों पहले आपके लिए कुछ सामान छोड़ गयीं हैं। ओय होय ओये, क्या बला की चीज़ है, मालती सिन्हा! आप जैसे शरीफ प्राणी से कैसे मुलाक़ात हो गयी उनसे?'

इसके बाद अग्रवाल ने न जाने क्या-क्या कहा, मुझे आज याद नहीं पर मुझे समझ में आ गया था कि मालती जी उस आसान रास्ते पर चल पड़ी थी जो उनके जैसे असहाय लेकिन ख़ूबसूरत और अनपढ़ महिला के लिए हमारे समाज ने बना रखा था।

मुझे मास्टर जी की भविष्यवाणी याद आयी, 'कुंडली में राजयोग है इसके। रानी बनेगी, रानी...!'

मुझे मालती जी के बारे में जान कर आश्चर्य नहीं हुआ था, क्योंकि मास्टर जी के जीवन में मैंने एक भी अच्छी बात को घटित होते कभी नहीं देखा था।

होटल में, मालती जी मेरे लिए मास्टर जी की किताब 'संकटमोचन सूत्र' की पांडुलिपि छोड़ गयी थीं, साथ में एक नोट नुमा खत था-'बाबूजी नहीं रहे। बाबूजी चाहते थे कि उनकी यह किताब छपे पर मैं नहीं चाहती। अब आप ही इसका निर्णय लें।-मालती।'

उस बार शाहज़ाबाद से चाँदगढ़ जल्द ही लौट आया था। चाँदगढ़ में 31 दिसम्बर की रात, हम मेडिकल रिप्रेजेंटेटिवों के सबसे बड़ा सालाना जश्न होता था। रात के ठीक बारह बजे बॉन-फायर होता था, जिसमें हम सब, अलाव के चारों और देर रात तक हो-हल्ला करते थे और अपने-अपने रिसोल्यूशन या संकल्प की घोषणा करते थे। कोई कहता अभी, इसी वक़्त से वह सिगरेट छोड़ रहा है तो कोई किसी पेय विशेष को छोड़ने का संकल्प लेता, इसी प्रकार के ऐसे तमाम संकल्प थे जिनकी आयु एक सप्ताह की होती थी तो कोई एक महीना भी डाँक नहीं पाता था।

पर हममें से कइयों को मैंने देखा था, जिन्होंने हालाँकि अपने संकल्पों की सार्वजानिक घोषणा तो नहीं की पर अपने संकल्प पर अडिग रहे थे।

उस बार के नये साल के जश्न में मैंने मास्टर जी को याद करते हुए एक ख़ामोश संकल्प लिया था, कि ज़िन्दगी में फिर कभी ज्योतिष शास्त्र के करीब भी नहीं जाऊँगा और ऐसा संकल्प लेते हुए मालती जी की दी हुई 'संकटमोचन सूत्र' की पाण्डुलिपि, बॉन-फायर की ऊँची लौ वाले अलाव के हवाले कर दिया था।

इस घटना के अब करीब चालीस साल बीत चुके हैं। मैं अपने आस-पास हज़ारों लोगों को ज्योतिष विद्या पर आस्थावान पाता हूँ, उन्हें मैं अपनी इस कहानी को सुनाने के अलावा और क्या कह सकता हूँ। पर हाँ, मास्टर जी अगर आज जीवित होते तो उनसे ज़रूर पूछता, 'सर, आप और आप के जाने के बाद आप जैसे बहुत ज्योतिष-ज्ञानियों को देखा-सुना, पर ऐसा क्यों है कि दूसरो की क़िस्मत बनानेवाले और उनका भविष्य सुधारनेवाले ऐसे ज्ञानियों को मैंने बिना किसी अपवाद के आप जैसा बद-क़िस्मत ही पाया। लखपति जजमानों को करोड़पति बनानेवाले ज्योतिष ज्ञानियों को कभी सुखी होते मैंने नहीं देखा।

और हाँ, आपके बुरे दिनों में और कुछ अच्छा न भी हुआ होता, बस अगर मालती जी की कुंडली का राजयोग उन्हें ऐसी 'रानी' बनने के मज़बूर न करता, तो यक़ीन मानिये आज भी मुझे आपके 'संकटमोचन सूत्र' को फूँक देने का थोड़ा ही सही, दु:ख ज़रूर रहा होता!'

बर्थ-डे-केक

परकीया प्रेम की कथाओं में एक गति होती है, जो और भी तेजी से फैलती है, जब इसकी चर्चा दबी जुबान में की जाती है। ऐसी कथाएँ प्राय: लावारिस होती हैं, लोग अपनी कल्पनाओं और रुचि के मुताबिक़ मनचाहा मसाला मिलाकर अगले को परोस देते हैं। और अगर कहीं कथा के नायक से आपकी दुश्मनी हो, तो उसे किंचित् अश्लील बनाने से आपको कोई नहीं रोक सकता।

संजय मिश्रा और उसके पड़ोसन के बीच की प्रेम कथा बनारस से चलकर जब तक चाँदगढ़ पहुँचती, तब तक उस पर कई रंगों के कई मसाले पड़ चुके थे। उन दिनों जिला चाँदगढ़ में रह रहे कोई भी मेडिकल रिप्रज़ेंटेटिव अगर किसी काम से बनारस जाता तो उसे किसी होटल में नहीं ठहरना पड़ता था, बल्कि किसी दोस्त के घर रह जाता था। चाँदगढ़, बनारस, गोरखपुर और इलाहाबाद ऐसे जिले थे, जहाँ काम कर रहे मेडिकल रिप्रेज़ेंटेटिवों में बहुत कम ही थे, जिनकी शादी हुई थी। हममें से ज़्यादा लोग तब कुँवारे थे। संजय मिश्रा बनारस रेलवे स्टेशन के पास ही एक बड़े मकान में दो और मेडिकल रिप्रेजेंटेटिव दोस्तों के साथ रहता था। मैं जब भी बनारस जाता था तो संजय के यहाँ ही ठहरता था।

संजय यूँ बदसूरत तो नहीं था, बस कद-काठी से लगता था कि जैसे वह रोज कसरत करता था। उसका व्यक्तित्व औरों से ज़्यादा आकर्षक तो कतई नहीं था, पर उसकी पड़ोसन वाली कहानी ने उसे रातो-रात प्रसिद्ध बना दिया था।

संजय के घर के ठीक सामने दूसरी मंज़िल में एक परिवार रहा करता था। पति, पत्नी और चार-पाँच साल का छोटा बच्चा! ऐसे तो न जाने उस मोहल्ले में और कितने परिवार रहे होंगे, पर यह परिवार कुछ ही दिनों में हमारी जुबानों में और संजय मिश्रा की ज़िन्दगी में ख़ास बन गया था।

संजय मिश्रा के ठीक सामनेवाले मकान की दूसरी मंजिल पर किराये पर आये अमित सिंह किसी बैंक में नौकरी करते थे। इस मकान में अपनी पत्नी और चार साल

के बच्चे के साथ रहते अभी दो ही दिन गुज़रे होंगे, कि सुबह काम पर निकलते समय संजय को लगा, कि अमित सिंह की पत्नी उसे एकटक देख रही थी। संजय नज़र नीची कर अपनी मोटर साइकिल स्टार्ट कर काम पर चला गया था। पर शाम को घर लौटते वक़्त जब उसने फिर उस महिला को अपने मुँडेर पर खड़े, ठीक उसी तरह एकटक तकते देखा, तो उसे कुछ अटपटा-सा लगा।

यूँ ही कुछ और दिन बीत गये। अब अमित सिंह की पत्नी, संजय की मोटरसाइकिल की आवाज़ सुनते ही नीचे फाटक पर आकर खड़ी होने लगी थी। बात संजय के साथ रहनेवाले दोनों कुँवारे दोस्तों को पता लगने में कुछ और वक़्त शायद लगा होगा, पर उसके पहले कि बात मुझ तक पहुँचती, संयोग से मैं ही उस बात तक पहुँच गया था। चाँदगढ़ से बनारस जाकर, हर बार की तरह उस बार भी मैं संजय के घर ही ठहरा था। संजय को कुछ भी कहने का मौक़ा न देकर, उसके दोनों दोस्तों ने नयी पड़ोसन की मधुर रसीली कहानियों को सविस्तार कुछ इस तरह पेश किया, जो तेईस-चौबीस साल के कुँवारे नौजवानों से सहज और स्वाभाविक ढंग से उम्मीद की जा सकती थी। पर संजय कम बोल रहा था, बस बीच-बीच में, 'यार, बात का बतंगड़ बना रहा है' या फिर, 'नाउ यू आर क्रासिंग द लिमिट' आदि अपने को बचाने की कमज़ोर कोशिशें कर रहा था। संजय जानता था, कि बात जहाँ तक पहुँच गयी है, वहाँ उसकी बातों पर कोई ज़्यादा ध्यान देनेवाला नहीं था। वैसे उसने किसी बात से इनकार नहीं किया, यहाँ तक की उसने यह भी माना कि पिछले कुछ दिनों से अमित सिंह की पत्नी कुछ ज़्यादा ही उसे देख रही थी। जब भी संजय अपने मकान के बाहर आता, तो सब काम छोड़कर मुँडेर पर खड़ी उसे निहारती।

आज इतने सालों के बीत जाने के बाद भी, मैं गंगा मैया की कसम खाकर कह सकता हूँ कि संजय इस सच को नहीं छिपा पाया था, कि उसके जवाँ मन के दरवज्जे पर एक नायाब प्रेम ने दस्तक ही नहीं दी थी, बल्कि दरवाज़ा अब बस टूटने ही वाला था।

बहरहाल, हम सब कुँवारे थे, सो दुनियादारी का हमारा तज़ुर्बा भी कम था। काफ़ी देर तक कहानी के तमाम मधुर और रस सिक्त पक्षों पर बात कर लेने के बाद जब हम कठोर यथार्थ से रू-ब-रू हुए तो हम इतना ही समझ सके, कि इस पूरी कथा को समझना, और समझकर उस पर कोई कदम उठाना हमारे वश की बात नहीं थी। यह तय किया गया की वर्मा जी और उनकी पत्नी से मशविरा किया जाए। वर्मा जी एक बड़ी कम्पनी के मेडिकल रिप्रेजेंटेटिव थे और हममें सबसे वयस्क थे, पर थे हमारे यार! उन तक यह कहानी नहीं पहुँची हो, ऐसा हो ही नहीं सकता था, और उम्मीद थी कि उन्होंने इस पर ज़रूर कुछ सोच रखा होगा।

उस शाम संजय के घर, वर्माजी और भाभी के इजलास में जब संजय की पेशी हुई तो कटघरे पर खड़े संजय के पास ज़्यादा कुछ कहने को नहीं था। कचहरी के माहौल को रह-रहकर मज़ाक और चुहल की उपस्थिति अगम्भीर बनाने की कोशिशें करती रही। इस बीच भाभी ने खिड़की पर बाहर से ही अमित सिंह की पत्नी को कई बार मुँडेर पर खड़े देख आयी थीं। उन्होंने अपनी राय देने में देर नहीं की, 'दिखने में सुन्दर है, पर है नर-भक्षी!'

यूँ ही बातचीत का दौर कभी गम्भीर कभी मजाक के दो छोरों के बीच पेंडुलम की तरह डोलता रहा।

"मुहल्ले वालों तक बातें नौकर-चाकरों से ही पहुँचती हैं। गनीमत है कि तुम लोगों का नौकर बचन गँवई है और सीधा-सादा है। यूँ भी कुँवारों को लोग सही नज़र से नहीं देखते। फिर तुम लोग आये दिन देर रात तक पार्टियाँ करते हो, हुल्लड़ करते हो...! खैर, यह बताओ, और सच-सच बताना। उस औरत ने कभी तुमसे बात की, या कोई इशारा किया?" भाभी जी ने जिरह के अन्दाज़ में संजय से पूछा।

"नहीं, ऐसी कोई बात नहीं हुई कभी, बस वो मुझे आते-जाते देखती रहती है।"

"भई, सवाल है कि तुम्हारी 'वो' किसी और को क्यों नहीं देखती?" वर्मा जी ने पूछा।

इस बीच कई बार भाभी उठकर खिड़की से बाहर देख आयी थीं। अन्त में बोली, "हद कर दी इस औरत ने। तब से लगातार संजय भाई की आस में इस मकान की ओर ही देख रही हैं।"

ऐसे ही हम काफ़ी देर तक एक ही विषय पर बात करते रहे थे। शायद बात एक नतीजे की ओर पहुँचने भी लगी थी। संजय का ही नहीं, हम सबका मानना था कि अमित सिंह एक निहायत शरीफ़ क़िस्म का इनसान था। यह तय हुआ, कि वर्मा जी और भाभी दोनों अमित सिंह से उसके बैंक जाकर मिलेंगे, पर अभी तुरन्त नहीं।

"कुछ और समय देख लिया जाए, ऊँट किस करवट बैठता है!" इतना कह कर वर्माजी और भाभी घर जाने के लिए निकलने ही वाले थे कि दरवाज़े की घंटी बजी। दरवाज़ा खोलते ही सामने अमित सिंह खड़े थे!

अमित सिंह कमरे के अन्दर इतने लोगों को देखकर थोड़ा सकपका से गये। संजय ने हम सब से उनका परिचय कराते हुए बोला, "हमारे पड़ोसी हैं, अमित सिंह जी। बैंक में काम करते हैं और अभी कुछ ही दिन हुए, सामनेवाले मकान में रहते हैं।" इतना कहकर संजय ने अमित सिंह को बैठने के लिए कहा। कुछ संकोच के साथ कुर्सी पर बैठते हुए अमित सिंह ने कहा, "मैं कई दिनों से सोच रहा था कि आप लोगों से आकर मिलूँ, पर आप लोग सभी इतना व्यस्त रहते हैं कि चाहकर भी पहले

नहीं आ सका।''

हम लोग को यह नहीं सूझ रहा था कि कहें तो क्या कहें! वर्मा जी ने ख़ामोशी तोड़ते हुए कहा, ''अमित जी, हम सब दवाफरोश हैं, अँग्रेज़ी में हमें मेडिकल रिप्रेज़ेंटेटिव कहते हैं। आप यहाँ अकेले रहते हैं, कि परिवार भी हैं? ''

''जी मेरी पत्नी है, वीना। और चार साल का एक बेटा है।'' वर्मा जी से इतना कहकर अमित सिंह ने संजय की ओर देखकर कहा, ''आज हम दोनों ही आपसे मिलने आनेवाले थे। हम फिर कभी आपसे मिलने आएँगे। वीना ने आपके लिए ये केक भिजवाया है।'' इतना कहकर अमित सिंह ने केक का डिब्बा संजय को दिया।

हम सभी अमित सिंह की इस हरकत पर अचम्भित रह गये!

''हद कर दी बेशर्मी की!''

''हम सबका शक़ बिलकुल सही था!''

''ऐसा भी कोई पुरुष हो सकता है क्या जो अपनी पत्नी के प्रेमी को केक पहुँचाने आता हो।''

वर्मा जी ने एक बार फिर माहौल को हलका करने की कोशिश करते हुए कहा, ''सिंह साहब, यहाँ इतने लोग हैं पर आपकी पत्नी ने संजय के लिए ही केक क्यों भेजा? भई केक तो हम सब खाते हैं!''

भाभी जो अब तक चुप थीं, करारा-सा कुछ बोलने को थीं, कि अमित सिंह ने कहा, ''आप ठीक कह रहे हैं। दरअसल इस केक की भी अपनी कहानी है।''

''वीना के पिताजी आर्मी में बड़े अफ़सर बनकर रिटायर हुए थे। अपने इकलौते बेटे को भी आर्मी में देखना चाहते थे। वीना का भाई देहरादून के एन. डी. ए. से पास कर आर्मी ऑफिसर बना था। मैं अपनी शादी में उससे एक बार ही मिल सका था, अपनी बहन की शादी में पन्द्रह दिनों की छुट्टी पर वह घर आया था। 1971 की लड़ाई में उसकी पोस्टिंग वेस्टर्न सेक्टर में थी। उसी लड़ाई में उसकी मौत हो गयी।

अपने भाई की मौत के सदमे से बाहर आने में वीना को कई साल लगे। हमारे बेटे के जन्म के बाद से ही वो धीरे-धीरे नॉर्मल हो गयी। बस साल में एक बार भाई के जन्म दिन के दिन वो थोड़ा डिस्टर्ब-सी रहती हैं। पर इस मुहल्ले में आने के बाद फिर उसे अपने भाई की याद परेशान करने लगी।''इतना कहकर अमित सिंह थोड़ा रुके, और फिर संजय की ओर देखकर बोले, ''आप यक़ीन नहीं मानेंगे कि आपकी शक्ल वीना के भाई से इतनी मिलती है कि मैं भी हैरान रह जाता हूँ, जब भी आपको देखता हूँ। हालाँकि इसका मतलब ये तो नहीं कि हम लोग आप लोगों को परेशान

करें। दरअसल आज उसने अपने भाई का मनपसन्द केक बनाया था और मुझसे सुबह से ज़िद कर रही थी कि 'चलो, आज भाई को खुद केक खिलाकर आते हैं।' पर आपके घर इतने लोगों को देखा तो मैंने कहा, "आज तुम घर पर ही रहो, मैं केक देकर आता हूँ। आज वीना के भाई का जन्म दिन था। आप लोगों को डिस्टर्ब किया इसके लिए क्षमा माँगता हूँ।"

हममें से किसी को नहीं समझ में आ रहा था कि क्या कहें या क्या करें। कमरे से बाहर जाते समय संजय से हाथ मिलाते हुए अमित सिंह बोला, "हमारे बैंक में फैज़ाबाद के रूरल ब्रांच में एक वैकेंसी थी सो मैंने अप्लाई कर दिया था, मुझे पोङ्क्स्टग मिल गयी है। नेक्स्ट संडे हम फैज़ाबाद शिफ़्ट कर जाएँगे। हो सके तो एक बार वीना से मिल लीजिएगा। आज चलता हूँ, गुड नाइट!"

अमित सिंह के चले जाने के बाद हममें से कोई भी कुछ बोलने की हालत में नहीं था। हमने केक खाया, जैसे केक खाना कोई रस्म हो जिसे जस-तस हमें पूरा करना ही था।

अगले दिन मैं चाँदगढ़ लौट आया था। बाद में संजय से कई बार मिला पर उससे अमित-वीना के बारे में कोई बात नहीं कर सका, इसलिए मैं यह नहीं बता पाऊँगा कि अमित सिंह के बनारस छोड़ने के पहले क्या संजय, वीना से मिला था या नहीं।

मेला

जिला रघुनाथगंज में एक रेलवे स्लीपरों की, एक आयुर्वेदिक दवाओं की, जगत प्रसिद्ध यूनानी तेल और पंखे-पम्पसेट बनाने की कई बड़ी फैक्टरियाँ थीं। इनकी सहयोगी कई छोटी-बड़ी फैक्टरियाँ भी लम्बे समय से यहाँ थीं, इसलिए इन मिल कारखानों में काम करनेवाले बाहर से आये छोटे-बड़े अधिकारी सपरिवार यहाँ रहते थे। इनके साथ स्थानीय सरकारी अधिकारियों का एक बड़ा तबका था, जो रघुनाथगंज के जिला मुख्यालय होने के कारण इस शहर में रहता था। इसीलिए यहाँ सरकारी 'ऑफिसर्स क्लब' के साथ-साथ लायन-रोटरी क्लब जैसे कई क्लबों की सक्रिय शाखाएँ थीं। उत्तर प्रदेश के पिछड़े इलाकों में ऐसी संस्थाएँ मुख्य रूप से सरकारी, गैर सरकारी अधिकारियों और स्थानीय धनिकों का मिलन संघ जैसा ही कुछ हुआ करता था। सभी के लिए रघुनाथगंज में इन क्लबों से जुड़ना एक सामाजिक सम्मान का विषय था। सालाना एक आध नेत्र शिविरों, स्वास्थ्य शिविरों, चित्रकला प्रतियोगिताओं और पुष्प प्रदर्शनियों आदि के आयोजन के साथ-साथ फैमिली पिकनिक और फंड रेज़िंग इवेंट आदि करते-कराते साल बीत जाता था। इनके साथ-साथ इन संस्थाओं के इलेक्शन, एनुअल डिनर, चैरिटी शो आदि तो थे ही। उन्हीं दिनों 'फेट' नाम के मेले का प्रचलन शहरों से चलकर ऐसे कस्बों में फैल ही रहा था। मिसेस खन्ना, छोले-भठूरे का स्टॉल लगाती, तो ए.डी.एम. साहब की पत्नी बनारस से मिठाई मँगाकर बंगाली मिठाई की दुकान सजाती। कोई एक रुपये के रसगुल्लों को तीन में बेचकर क्लब के लिए पैसे इकट्ठा करता, तो कोई पान की दुकान लगाकर पचास पैसों वाले पान दो रुपये में बेचकर सुख पाता। हर साल, जाड़ा आते ही 'फेट' के आयोजन की गर्मी शुरू हो जाती और शहर के उन अधिकारियों और व्यापारियों के घरों में यह एक चुनौती बनकर उनकी चर्चाओं में शामिल हो जाता था कि कौन कितना नायाब स्टॉल लगा सकता है।

रघुनाथगंज में बाहर से नौकरी करने आये मेडिकल रिप्रेज़ेंटेटिव भी ऐसे मेलों

या 'फेट' में बढ़-चढ़कर हिस्सा लेते थे।

हम सब में सुधीर गुप्ता एक अलग क़िस्म का इनसान था। मैंने आज तक अपनी ज़िन्दगी में सुधीर जैसा इनसान दूसरा नहीं देखा। कुछ लोग ज़रूर मिले, जो ख़तरों से कभी नहीं डरते थे, पर सुधीर ऐसा था कि जहाँ कहीं उसे ख़तरे की भनक मिलती वह उसके बीच पहुँच जाता था। हम शहर में पढ़े-पले-बढ़े लोगों का भूत पिशाच, साँप-बिच्छू से पहला वास्ता, केवल रघुनाथगंज में आकर ही पड़ा था। वैसे सुधीर से इन सबों की मुलाकातें पुरानी थीं। सुधीर की ऊँट-पटाँग हरकतों की कथाएँ बहुत कम समय में सब लोग जान चुके थे।

एक दिन हम कुछ दोस्त नाइट-शो देखकर पैदल सिविल लाइन्स के बीच की सुनसान सड़क से होकर घर लौट रहे थे। तभी एक लम्बा साँप मस्त चाल से रास्ता पार कर बगल के पार्क की ओर जाता दिखाई दिया। साँप से दस गज दूर ही हम ठिठककर खड़े हो गये थे। पर सुधीर कचहरी के फाटक पर खड़े चौकीदार से लाठी और टार्च लेकर साँप के पीछे-पीछे अँधेरे पार्क में दाखिल हो गया था। चौकीदार से हममें से किसी ने पूछा, "क्या यह जहरीला साँप था?" यह सुनकर, चौकीदार हमारी मूर्खता पर अचम्भित होता हुआ बोला था, 'ईमा कउनो शक है क्या बाउ!'

पन्द्रह मिनट भी नहीं बीते थे, कि चौकीदार की लाठी के एक सिरे से अधमरे साँप को लटकाये अँधेरे से सुधीर प्रकट हुआ। साँप तब भी ऐंठ रहा था। चौकीदार की पारखी आँखें साँप को घूर रही थीं, "साहब ई तो गेहुँवन बा!"

हम सब सुधीर पर बरस पड़े थे, "क्या ज़रूरत थी यार रात को ऐसे विषैले साँप के पीछे भागने की?"

"साला मदारी, तेरा और कोई काम नहीं था, कि रात को एक बजे साँप मारने गया! काट लेता तो?"

सुधीर ने चौकीदार को लाठी-टार्च लौटाते हुए कहा, "अबे काट लेता तो मर जाता, और क्या! बात यह थी, कि साँप देखते ही मुझे याद आया कि इस पार्क में सुबह-सुबह कुछ बूढ़े टहलने आते हैं। नाग बाबा कहीं किसी दादा जी को चूम ले तो बस दस ही सेकेंड में उनका रामनाम सत हो जाएगा, इसीलिए गया था मारने।"

दिन के चढ़ने के पहले ही, रघुनाथगंज के लोगों के जुबान पर सुधीर का नाम चढ़ चुका था और दिन के बढ़ने के साथ-साथ साँप की लम्बाई बढ़ती गयी, सुधीर के इस साहसिक कृत्य से जुड़ी ऐसी-ऐसी कथाएँ सुनने को मिलीं, जिसने खुद सुधीर तक को अचरज में डाल दिया।

उत्तर प्रदेश में उस समय, शराब के ठेके पूरी तरह से माफियाओं के कब्ज़े में हुआ करते थे। पूरे रघुनाथगंज जिले में बस एक दुकान थी, आई. एम. एफ. एल. की, यानी 'भारत में बनी विदेशी शराब' की! यह दुकान मुरली मेडिकल हाल के दुकान का ही एक अभिन्न हिस्सा था। दवा–दारू का ऐसा स्वस्थ सह–अस्तित्व उन दिनों कई जिलों में देखने को मिल जाता था, हालाँकि इसकी क्या वजह थी, यह मैं आज भी नहीं समझ सका। बहरहाल, मुरली बाबू यादव की दवा–दारू की दुकान पुरानी थी और सब जानते थे कि उनके पीछे बिहार और पूर्वी उत्तर प्रदेश के माफिया श्रेष्ठ मंगला ठाकुर का हाथ था। पुलिस और आबकारी विभाग के छोटे–बड़े अधिकारी, जो ऑफिसर्स क्लब में हमारे साथ बिलियर्ड और ताश खेलते थे, वे भी रात आठ बजे के बाद, मुरली मेडिकल हाल के आस–पास जाना पसन्द नहीं करते थे, क्योंकि जिस उदारता और खुलेपन से मुरली बाबू बिना किसी नियम–कानून के अपना धन्धा चलाते थे उसे चुपचाप चलते देना ही वर्दीधारी, गाड़ी जीप पर आते–जाते आला अधिकारियों तक की मज़बूरी थी, सो वे शायद इसे देख शर्मसार होना नहीं चाहते थे। रघुनाथगंज के सरकारी नियमों के मुताबिक आठ बजे तक सभी दुकानों को बन्द कर देने का निर्देश था। नौ बजे तक केवल दवा की दुकानें ही खुली रह सकती थीं। अपने काउंटर पर बैठे–बैठे ठीक आठ बजे मुरली बाबू अपने दुकान की चार आलमारियों में, जहाँ शराब की बोतलें सजी रहती थीं, ताला लगवा देते थे। आठ बजे के बाद कोई भी इन अलमारियों के अन्दर के निषिद्ध सम्पदाओं के दर्शन न कर सके, इसलिए काँच के पल्लोंवाली आलमारियों को परदे से ढँकने का भी स्थायी प्रबन्ध था। पर समय के इस कदर पाबन्द मुरली जी की दुकान से रात के दो बजे भी कोई निराश नहीं लौटता था। उनका चौकीदार, रात भर दुकान की सीढ़ियों पर बैठा व्यापार ज़्यादा और चौकीदारी कम करता था।

इसी चौकीदार की एक गलती ने मुरली बाबू को शहर का सबसे हास्यास्पद चरित्र बनाकर रख दिया था।

एक रात बनारस से लौटते हुए सुधीर को लगा कि ठंड ज़रूरत से ज़्यादा पड़ रही थी और रात के आठ बजने में अभी कुछ मिनट शेष थे। सुधीर ने रिक्शेवाले को मुरली मेडिकल हॉल की ओर चलने के लिए कहा। पुजारी जिस तरह भगवान को शयन दिलाता है, वैसे ही मुरली बाबू का चौकीदार आलमारियों को परदे से ढँकना शुरू कर देता था। सुधीर ने एक रम की बोतल माँगी तो चौकीदार ने टेबल के नीचे धरी पेटी से एक बोतल निकालकर अख़बार में लपेट कर दे दिया। रम का यह ब्रांड नकली था, उसने मुरली बाबू से कहा कि इसे बदल दें। पर मुरली बाबू की मति मारी गयी थी, तो वह विनाशकाले विपरीतबुद्धि का प्रदर्शन कर बैठे! सुधीर को ब्रांड

बदलकर रम देने से उन्होंने सीधे इनकार कर दिया। मुरली बाबू का दिन-रात मेडिकल रिप्रेज़ेंटेटिवों से पाला पड़ता था और वे बाहर से रघुनाथगंज में काम करने आये पढ़े-लिखे शरीफ नौजवानों की औकात भी खूब समझते थे। इसी आत्मविश्वास से वे सुधीर से बेवज़ह पंगा ले बैठे। दुकान से उतरते समय सुधीर ने कहा था, "मुरली बाबू आप बेवज़ह ज़िद कर रहे हैं, मेरी भी ज़िद से कभी पाला पड़ेगा आपका, तब रोइएगा नहीं।" शराब माफिया मंगला ठाकुर का हाथ जिसके सर पर हो, उसे जाड़े की रात के ऐसे वक़्त सुधीर की बात पर हँसी नहीं आएगी तो क्या आएगा?

मुरली बाबू जल्द ही, रात की इस घटना को भूल गये। पर सुधीर ने कभी भी इस बात का ज़िक्र किसी से नहीं किया।

●

जाड़ा जोर पकड़ने लगा था और रघुनाथगंज के सभ्य सम्भ्रान्तों का समाज ऐसे वार्षिक मेले का इन्तज़ार करने लगा था। हर साल की तरह इस बार भी 'फेट' का सबसे आकर्षणीय स्टॉल मुरली बाबू का ही लगना था। इमरजेंसी का दौर ख़त्म हुआ ही था, सो मुरली बाबू अपनी गर्दन पर नियम-कानूनों के फन्दे को कुछ ढीले होते पा रहे थे। उन्होंने अपना 'रिंग द बीयर' का स्टॉल अबकी 'रिंग द बॉटल' में बदल कर टिकट की कीमत दूनी कर दी थी। सन् अस्सी में दस रुपये की कम कीमत नहीं होती थी। आप दस रुपये दें और एक, दो या तीन नहीं बल्कि पूरे पाँच लकड़ी के बने छल्ले पाएँ। काम बहुत आसान-सा था, बस दो गज दूर से इन पाँच बीयर की बोतलों की गर्दन में धुल्ली दाल दें, तो आप दस रुपये में पाँच-पाँच बीयर की बोतलें जीत सकते हैं। पर इस बार का आकर्षण कुछ और ही था। इस बार बीयर की कतार के पीछे पाँच बोतल रम भी रखी गयी थीं, जो, सामने एक आड़ के कारण यूँ तो दिख नहीं रही थीं, पर बोतलों के पीछे रखे पाँच दर्पणों में उसका प्रतिबिम्ब दिख रहा था। रम की बोतल की गर्दन पर छल्ला डाल पाने में केवल भाग्य ही आपकी मदद कर सकता था।

बीयर के साथ रम की बोतलों को शामिल करना गैर कानूनी था, पर इस वादे पर कि जिलाधीश या कप्तान साहब जब 'फेट' का उद्घाटन कर लें, तो उन्हें मुरली बाबू के स्टॉल तक न घुमाया जाए, मुरली बाबू के स्टॉल में रम रखने की अनुमति दी गयी थी।

मेले की तैयारियाँ जोरों पर थीं। सुधीर, चौक से कढ़ाई में काम आनेवाले गोल फ्रेम (एम्ब्रॉयडरी रिंग/फ्रेम) खरीद लाया और 'फेट' के एक सप्ताह पहले बिलकुल

ही गायब हो गया था। सुधीर न तो 'फेट' की तैयारियों में दिखा और न ही इस बीच किसी पार्टी में ही दिखा। मैं, एक दिन उसकी खबर लेने उसके घर पहुँचा। उसके ड्राइंग रूम में कुछ भी सामान नहीं था। कुर्सी-मेज की जगह पर बीयर की खाली बोतलें थीं, जिस पर पूरी तन्मयता के साथ सुधीर अपना निशाना साध रहा था।

"यार, पागल हो गया तू? होटल जाकर खाना खाने का भी वक़्त नहीं है- तेरे पास। चाय की दुकान से मँगवाकर बस मक्खन-डबलरोटी और आमलेट खा रहा है? दाढ़ी बनाने की भी फुर्सत नहीं, तुझे?" जितना एक वयस्क स्वावलम्बी युवक को उसके ऐसे कृत्य के लिए डाँटा जा सकता था, सो मैंने डाँटा। पर अर्जुन को चिड़िया की आँख के सिवा और कुछ भी नहीं दिख रहा था।

"कीप काउंटिंग! छल्ला नम्बर एक!" इतना कहकर उसने पूरे आत्मविश्वास से साथ छल्ला उछाला, "बीयर नम्बर एक! फिर दूसरा, फिर तीसरा फिर चौथा और अन्त में पाँचवें बोतल के गले में छल्ला डालकर बोला, "दिस ईयर वी विल हैव अ गेला न्यू इयर ईव पार्टी!"

मुझे सुधीर की बातों और हरकतों से कुछ भी समझ में नहीं आया था।

पच्चीस दिसम्बर को दो बजे जब मेले का उद्घाटन हुआ, तो दूसरे सभी स्टॉलों पर सन्नाटा-सा छाया हुआ था। पूरी भीड़ मुरली बाबू के स्टॉल पर जुटी हुई थी। मेले में आया लगभग हर कोई अपनी क़िस्मत आज़माना चाह रहा था। पर धीरे-धीरे लोग समझने लगे कि यह खेल जितना आसान लग रहा था, उतना आसान था नहीं। ऐसा नहीं कि लोगों के उछाले गये छल्लों में से एक आध ने बीयर की बोतल को अपने आगोश में नहीं लिया, और ऐसी सफलताएँ ही दूसरो को निरन्तर प्रेरित भी करती रहीं, और गल्ले पर बैठे मुरली बाबू नोट गिनते रहे। धीरे-धीरे मेले ने ज़ोर पकड़ा और लोगों की भीड़ भी बढ़ने लगी। मेला यूँ ही जोर-शोर से कई घंटों तक चलता रहा। पर चूँकि जाड़े का दिन था, इसलिए रघुनाथगंज शहर के आस-पास के कस्बों से जो लोग मेले में आये थे, वे अपने-अपने घरों को लौटने भी लगे। मेले में भीड़ धीरे-धीरे कम होने लगी थी, पर मुरली बाबू का शो हाऊसफुल जा रहा था!

सुधीर जब 'फेट' के फाटक पर दिखा, तो मैं उसे देख चकित रह गया। दाढ़ी बनी हुई, करीने से बाल सँवारे हुए, एक लाल हाई नेक स्वेटर के ऊपर वह एक काला कोट पहने हुए था। मैंने उसके घर जाकर सात दिनों पहले जो कुछ देखा था, उसे सिरे से भूल चुका था, उसे देखा तो अर्जुन की साधना याद आ गयी।

घड़ी में सात बज चुके थे, जिलाधीश और कप्तान ने एक ही शर्त रखी थी कि आठ बजे तक मुरली बाबू को अपनी दुकान बढ़ानी ही होगी। मुरली बाबू का बैग इतना भर चुका था कि अब इसमें और ज़्यादा नोटों के लिए जगह भी नहीं बची थी।

''आइये सुधीर जी, कहाँ थे–अब तक?'' सुधीर को देखकर, उत्साह से सराबोर मुरली बाबू ने उसका स्वागत किया।

''ज़रा देर हो गयी आने में। खैर, दीजिए पाँच छल्ले।'' इतना कहते हुए सुधीर ने मुरली बाबू को दस का एक नोट थमा दिया। फिर जो हुआ वह जिला रघुनाथगंज के इतिहास में न कभी हुआ था और शायद न कभी होगा।

पहले पाँच छल्लों ने जब पाँच बोतलों को लपेटा, तो मेले में कोहराम–सा मच गया। जिलाधीश, कप्तान और तमाम सरकारी अधिकारी आकर उस दृश्य को देख रहे थे, जिसकी किसी ने सपने भी कभी कल्पना नहीं की थी। जिलाधीश बोले, ''कीप ट्राइंग मैन, लेडी लक इज़ विथ यू टू नाईट!'' मुरली बाबू खिसियानी हँसी हँसते हुए बोले, ''हाँ हाँ क्यों नहीं।'' इतना कहते हुए उन्होंने पाँच छल्ले सुधीर की ओर बढ़ा दिये। सुधीर ने जेब से एक पचास का नोट निकाल कर कहा, दस का नोट है नहीं, सो एक नहीं पाँच गेम खेलूँगा!'' आस–पास खड़े लोग मानों कोई मदारी का असम्भव–सा खेल देख रहे थे। सुधीर की कलाई पर, पच्चीस छल्ले आपस में अठखेलियाँ कर रहे थे। इस बार हमला बीयर की बोतलों पर नहीं, बल्कि रम की बोतलों पर होना था, इसका अन्दाज़ा किसी को नहीं था। अपना कोट उतारकर मुझे देते हुए कहा, ''तूने कहा था न कि मैं पागलपन कर रहा हूँ। अब देख, मुरलीबाबू कैसे पागल होते हैं!''

सुधीर ने अपना कोट उतार लिया था, सो उसका हाथ अब पहले से ज़्यादा खुला लग रहा था। सुधीर की ओर एक कप कॉफी बढ़ाते हुए जिला अस्पताल के सिविल सर्जन डॉ. चौधरी बोले, ''बेस्ट ऑफ़ लक!''

अबकी बार तूफ़ान का झोंका, पहले से कहीं ज़्यादा भयानक था, जिसने आड़ में छिपाये गये रम की बोतलों के अक्सों को शीशों में देख लिया और बिना किसी चूक के पाँचों बोतलें वहाँ से उठ गयीं। जहाँ तक याद है, पचास रुपये के नोट देकर जो पच्चीस छल्ले सुधीर ने लिए थे, उसमें से तीन या चार छल्ले ही अपने निशाने तक पहुँचने से चूके थे।

इस खेल का तीसरा दौर एक ऐसे नाटकीय ढंग से शुरू हुआ, जिससे मैं समझ गया कि सुधीर यह खेल महज खेल के लिए नहीं खेल रहा था। मेरे हाथ से अपना कोट लेकर, कोट की जेब से उसने तीसरा नोट निकला, जो सौ का था!

''फुटकर नहीं, छल्ले दीजिए!''

पुश्तों से व्यापार कर रहे मुरली बाबू को समझ में आ गया था कि, सुधीर का खेल इतनी जल्दी खत्म नहीं होने वाला था।

मुरली बाबू पर आज 'फेट' में उपस्थित अधिकारी और दूसरे पढ़े–लिखे लोग

हँस रहे थे, कल पूरे शहर के रिक्शे ताँगेवाले तक हँसी उड़ाएँगे। एक गिलास पानी मुरली बाबू की ओर बढ़ा कर कप्तान साहब बोले, "ये खेल है, खेल की तरह लीजिए मुरली बाबू। चलिए पानी पीजिए और बोतलें लगाइए!" कप्तान की बात सुनकर पूरा मेला ठहाकों से भर गया था। सब समझ रहे थे, कि मुरली बाबू के लिए सवाल पैसों का नहीं था। वे इतना पैसा एक दिन में नकली शराब बेचकर कमा लेंगे, पर भरे बाज़ार में जो उनकी इज़्ज़त की ऐसी तैसी हुई, उसका क्या होगा? सुधीर की कलाई पर चूड़ियों जैसे खनकते छल्ले, एक-एक कर अपने निशाने पर पहुँचते रहे और एक समय पूरे पचास छल्ले भी ख़त्म हो गये, तो डी.एम. ने आकर मुरली बाबू का बचाव किया, "हो गया मिस्टर सुधीर, जाने दीजिए आज, अब आठ बजनेवाले हैं और हम सबने खूब एंजॉय किया। औरों का तो मैं नहीं कह सकता, पर मैं तो आज की घटना को कभी नहीं भूल पाऊँगा। और कौन है जो भूलना चाहेगा ऐसे एक थ्रिलिंग एपिसोड को। कल आइए घर, साथ डिनर करेंगे।" डी.एम. ने सुधीर का हाथ अपने हाथों में लेकर कहा था।

मुरली बाबू सुधीर की कहानी यहीं ख़त्म हो सकती थी। पर मुरली बाबू के साथ-साथ कइयों को लपेटनेवाला था-सुधीर। मेले के आयोजकों के पास अपनी साख बनाये रखने के लिए मुरली बाबू ने जरा ऊँची आवाज़ में अपने लोगों से कहा ताकि सभी लोग सुन सके। "बोतलें गिन-गिनकर पेटियों में भरें पहले। फिर मेरी गाड़ी में ले जाकर, सुधीर बाबू के डेरे तक पहुँचाना, तब घर जाना।"

मुरली बाबू के लोग जब पेटियों में उन बोतलों को पैक कर रहे थे, सुधीर ने मुझसे कहा, "अपनी मोटरसाइकिल ले आ, अब चलेंगे!" स्टैंड से मोटरसाइकिल निकालकर जब मैं वापस सुधीर के पास पहुँचा तो आज का हीरो अपना आखरी दाँव चलने के लिए तैयार खड़ा था। उसकी अपनी जीती हुई बोतलों में से एक बोतल उठाकर, मोटरसाइकिल पर बैठते हुए मुरली बाबू से बोला, "कहाँ के कौन मंगला ठाकुर, उसका पाँव चाटकर और कुछ सरकारी नौकरों को घूस खिला कर नकली शराब बेचिए या शराब में पानी मिलाइए। बिना रीढ़ के ऐसे सरकारी अफ़सरों के राज में चाहे तो रात भर सड़क पर दारू की फेरी कीजिए, पर आप और आपके आकाओं की ऐसी बातों से जिन्हें कोई लेना-देना नहीं, भविष्य में उनका अपमान कभी मत कीजिएगा। शराब का धन्धा आप करते हैं, मैं नहीं। शराब की इन पेटियों को घर ले जाकर मुझे कोई बिजनेस नहीं करना। मैं बस एक बोतल रम ले रहा हूँ, जो शायद नकली नहीं है। बाक़ी बोतलें, सरकारी अफ़सरों को घूस देने में शायद ये आपके काम आएँगी।" इतना कहकर सुधीर ने मुझसे घर चलने को कहा था।

इसके बाद डी.एम., एस.एस.पी., पुलिस और आबकारी विभाग के दूसरे अधिकारियों से ऑफिसर्स क्लब और अन्य कार्यक्रमों में नियमित भेंट मुलाक़ात होती रही, पर किसी ने कभी सुधीर का नाम गलती से भी नहीं लिया।

जिला रघुनाथगंज से ट्रॉंसफ़र होकर ही शायद सब अपने-अपने हिस्से के अपमान को भुला सके थे। मुरली बाबू आज नहीं हैं, पर मुरली बाबू की इज़्ज़त की धज्जियाँ उड़ानेवाली इस कहानी को लोग नहीं भूले हैं। बस, वक़्त के गुज़रने के साथ-साथ मूल कहानी में ज़रूरत से ज़्यादा रंगों की परतें चढ़ गयी हैं। पर बावजूद इसके सब मानते हैं, कि सुधीर जैसा कोई कभी नहीं आया इस जिला रघुनाथगंज में।

जायदाद

जीवनपुरहाट जंक्शन पर हर घड़ी कुछ न कुछ ऐसा घटित होता रहा जिसके बारे में मैंने पहले कभी सोचा भी न था। कुछ ऐसी घटनाएँ भी थीं, जिसके घटित हुए सालों बीत जाने के बाद, आज भी यक़ीन नहीं होता कि क्या वाकई ऐसा हुआ था!

तीस सालों के गुज़र जाने के बाद, उन्हें याद कर लिखते समय मन में यह संशय हो रहा है कि कहीं आज के पाठकों को यह कोई कपोल-कल्पित कहानी न लगे। पर साथ ही मन में यह भी आ रहा हैं, कि जिन लोगों को यह एक मनगढ़ंत कथा लगेगी, वे निश्चय ही भाग्यशाली लोग होंगे! क्योंकि उनके या उनके पास-परिचितों के जीवन में ऐसे हादसे नहीं हुए और इसीलिए उन्हें इसे सच मानने में कठिनाई हो रही होगी। जानता हूँ, कि मेरे जीवनपुरहाट जंक्शन के बुरे अनुभव से अच्छी कहानी बन ही नहीं सकती। पर कई बार जीवन के हादसे कहानियों के लिए इतने भारी पड़ जाते हैं, कि कहानियों की ऐसी-तैसी हो जाती है।

इसलिए, सुकुमार बोस और उसकी माँ के बारे में लिखते हुए तहे दिल से बस यहीं चाह रहा हूँ कि इस कहानी को पढ़ कर आप भी कहें कि, 'धै, ऐसा भी कभी हो सकता है, क्या!'

उन दिनों चाँदपुर जिला, विकास की आँधी से थर्रा रहा था। अभी कल जिस जमीन के टुकड़े के लिए हज़ार में कीमत लगाने में आदमी हिचकिचाता था, आज उसी 'प्लॉट' की कीमत लाखों में आँकी जा रही थी। मंसूरपुर, रानीगंज और इसके आस-पास के इलाके हथकरघे के लिए ही जाने जाते थे। बनारसी साड़ी के नाम पर जो कुछ मिलता है, वह सब बनारस में ही नहीं बनता, चाँदगढ़ के इन इलाकों से भी बन कर साड़ियाँ वर्षों से बनारस की मंडियों में पहुँचती रही थी। सन साठ के आस-पास बड़ी तादाद में यहाँ के लोग सऊदी और मलेशिया जाने लगे और जिसके चलते इस इलाके के विकास का एक नया दौर शुरू हुआ। कुछ लोग बाहर के मुल्कों से तरह-

तरह की मज़दूरी करके डॉलर-रियाल-दिनार कमा कर खेत-ट्रैक्टर-दुनाली खरीदने में लगाते थे। पर कुछ ऐसे भी लोग थे जो मज़दूर नहीं थे, वे विभिन्न क़िस्म के व्यापार करते थे। ऐसे लोग अपने-अपने कच्चे मकान, पक्का करते-करते उन्हें ऐसे आलिशान बँगलों में तब्दील कर चुके थे, जिनके चारों ओर दस-बारह फीट की चहारदीवारी के चलते उनका वैभव का सही आकलन तो नहीं हो पाता था पर कच्चे-पक्के-खस्ताहाल झोपड़ी-मकानोंवाले गाँवों के बीच अचानक एक आध ऐसे आलिशान मकानों को देख कर इतना तो पता चलता था, कि उत्तर प्रदेश के इन जिलों में बहुतों को न सही, पर कुछ को तो खुदा ने छप्पर फाड़ कर दिया ही था!

इनमें से कुछ के लिए बेहतर ज़िन्दगी का मतलब कुछ और था, वे अपने बच्चों को अच्छी शिक्षा और आधुनिक ज़िन्दगी देना चाहते थे, इसलिए उन्होंने बड़े शहरों की ओर रुख किया और वहाँ जमीनें खरीदकर नये फैशन के मकान बनवा कर रहने लगे। इसके साथ-साथ उन्ही दिनों चाँदगढ़ में नए नए व्यापार भी पनपते दिखने लगे थे। दवा के थोक व्यापार से लेकर नृसग होम, ट्रेक्टर से लेकर रासायनिक खाद की एजेंसियाँ, सिनेमा घरों से लेकर होटल, वीडियो गेम, ब्यूटी पार्लर, सॉफ्टी कार्नर, एक्सप्रेसो कॉफी आदि तमाम ऐसे नये धन्धे थे, जिससे पैसे कमा कर लोग कम मेहनत कर जल्द अमीर बनने लगे थे। इस नयी हवा के चपेट में भी चाँदगढ़ की जमीनों की कीमतें आसमान छूने लगी थी।

आज़ादी के इतने वर्षों बाद भी तमाम शहरों के सिविल लाइंसों से फिरंगी शासकों की महक तब भी आती थी। चाँदगढ़ का सिविल लाइंस भी 'बड़े' लोगों का था। डॉक्टर, वकील से लेकर सरकारी अफ़सरों का वास था यह। हम मेडिकल रिप्रेजेंटेटिवों के रहने के लिए आसानी से मकान यहाँ किराये पर मिल जाया करता था। सरकारी बंगलों और क्वार्टरों के साथ-साथ पुराने रईसों की बड़े बड़े बंगलें थे यहाँ, जो तब धीरे-धीरे बिकने लगे थे।

ऐसे ही एक मकान के फाटक पर बोर्ड देख कर मैं रुक गया था। बाँग्ला हुरुफ में लिखा था 'पूर्वाशा'!

मुझे आश्चर्य हुआ था कि कोई अपनी भाषा से कितना प्यार कर सकता है, कि यह जानते हुए भी कि चाँदगढ़ में शायद बहुत कम ही लोग इस नेम प्लेट पर लिखे को पड़ सकेंगे, उन्होंने अपनी मातृ भाषा में ही अपने बंगले का नाम लिखा था। इसके साथ ही बंगले में गुड़हल, हरश्रृंगार, अपराजिता, कटहरी चम्पा और गन्धराज फूलों के पेड़-पौधें, उस बंगले में रहनेवाले की बंगालियत को और भी ज़्यादा महका रहे

थे। 'पूर्वाशा' की मालकिन सत्तर साल की उम्र की आंटीजी से मेरी पहली मुलाकात दुर्गा पूजा के दौरान हुई थी। उन्होंने मुझे घर आने को कहा था।

उन्हीं से पता चला था कि उनके ससुर रायबहादुर बिमलेंदु प्रसाद बासु पूर्वी उत्तर प्रदेश के किसी स्टेट के बड़े ओहदे पर कभी कलकत्ते से यहाँ आये थे। 'पूर्वाशा' की ये ज़मीन राजा साहब का ही दिया हुआ था। आंटी जी की बातों से ऐसा नहीं लगा, कि उनके पति कोई ख़ास नौकरी या धंधा करते थे। शायद अपने पिता की विशाल जायदाद की देख-रेख ही कई क़िस्मत वालों के लिए पूर्णकालीन नौकरी होती हो! आंटी जी के पास जमीन-जायदाद के साथ-साथ काफ़ी पैसा भी था, यह बात उनके रहन-सहन से साफ़ पता चलता था।

आंटी किसी को पराया कभी नहीं समझती थी। उनका एक ही शौंक था, वह था हम जैसे अपने-अपने घरों से दूर रह रहे नौजवानों को दावत देना और मनपसन्द पकवान बना कर खिलाना। उनके चौकीदार, नौकर, नौकरानियों और ड्राइवर सबके लिए बंगले के अहाते में सर्वेंट्स क्वार्टर्स बने थे। इतने बड़े बंगले में वे अकेली ही रहती थी। हम कुछ मेडिकल रिप्रेजेंटेटिव, और कुछ बैंकों की स्थानीय शाखाओं में नौकरी करने बाहर से आये नौजवान लगभग नियमित उनके घर आते जाते रहते थे। आंटी जी के पास किताबों की एक विशाल लाइब्रेरी के अलावा पुराने गानों के रेकार्डों का बहुत बड़ा संग्रह था, और उनके घर में एक ग्रैंड पियानो भी था। आंटी जी की चाय, पकौड़े और आये दिन की दावतों के साथ-साथ का इन सब का भी हमारे लिए एक ख़ास आकर्षण था! पर दिक़्क़त एक ही थी, आंटी जी से दस मिनट बात करने के बाद ही वह अपने अमरीका वासी एन.आर.आई. बेटे की बातों का पिटारा खोल कर बैठ जाती थीं। उनके एकलौते और अत्यन्त मेधावी बेटे सुकुमार बोस ने इलाहाबाद मेडिकल कॉलेज से एम.एस. किया था। कुछ दिन इलाहबाद में प्रैक्टिस करने के बाद, और अधिक शिक्षा के लिए सुकुमार अमरीका चला गया था। सुकुमार ने एक अमरीकी लड़की से शादी कर ली थी और उन्हें अमरीका का ग्रीन कार्ड भी मिल चुका था, यानी वह अब अमरीका का नागरिक बन चुका था। शादी के बाद वह अपनी बीबी को लेकर एक बार चाँदगढ़ आया था। दूसरी बार जब आया था तो वह पत्नी के साथ बनारस के एक पाँच सितारा होटल में ही ठहरा था। चाँदगढ़ के 'डर्टी', 'अनसिविलाइज्ड' लोग और उनके 'अनहाइजिनिक' रहन-सहन उसे पसन्द नहीं था। आंटी जी अपने बेटे से मिलने बनारस गयीं थीं।

'अमरीका में इतने साल रहने के बाद अब बेटे-बहू को इंडिया अच्छा नहीं लगता। फिर भी सुकुमार को अपने बाप-दादा का इतना ख्याल है कि उसने मुझसे कहा, 'माँ, मिर्ज़ापुर का दादाजी वाला बंगला-बगीचा यूँ ही पड़ा-पड़ा एक दिन

दूसरों के कब्जे में चला जाएगा, इसलिये इसे बेच देना ही उचित होगा। थोड़ी तकलीफ़ तो होगी आपको, हम आपको लेकर बनारस से मिर्ज़ापुर चलेंगे। मैंने अमरीका से ही बैठे-बैठे सौदा पक्का कर लिया है। बस आपको कुछ कानूनी कागज़ पर साइन करने हैं, मुश्किल से एक घंटा लगेगा।' बेटे ने सब काम पहले से ही करवा रखा था, इसलिए काम में देर तो नहीं लगी पर...'

मुझे आंटी जी कुछ उदास-सी लगी। ससुर जी के मिर्ज़ापुर के इसी बंगले में शादी के बाद वह दुल्हन बनकर आयीं थीं। बंगले के बिक जाने का उनका दुःख शायद स्वाभाविक ही था, पर उसे पूरी तरह से समझ पाने की मेरी उम्र नहीं थी। मैंने कहा, 'आंटी जी, आपके बेटे ने जो किया बिलकुल ठीक किया है। मिर्ज़ापुर में न जाने कितने ही लैंड माफिया होंगे, जिनकी नज़र आपकी इस प्रापर्टी पर टिकी रही होगी।'

'हाँ बेटा, बात तो तुम ठीक ही कह रहे हो।' आंटी को शायद मेरी बात से बहुत सहारा मिला था।

हम कुछ दोस्तों के लिए आंटी जी हमारी सबकी माँ जैसी बन चुकी थीं!

उन्हीं दिनों, मैं कुछ सप्ताह कम्पनी की ओर से किसी ट्रेनिंग के लिए चाँदगढ़ से बाहर गया हुआ था। वापस चाँदगढ़ लौटा तो दूसरे ही दिन आंटी जी से मिलने उनके घर गया। अमरीका से आंटी जी का बेटा सुकुमार आया हुआ था। मुझे आंटी जी ने अपने बेटे से मिलाया। डॉक्टर सुकुमार बोस मुझे बेहद घमंडी-सा इनसान लगा। फिर मुझे लगा कि एक परिवार का एकलौता वारिस जिसके पास मिर्ज़ापुर, बनारस, चाँदगढ़ में इतनी जमीन जायदाद हो तो वह अगर घमंडी नहीं होगा तो फिर और कौन घमंडी होगा!

पर इसके बाद जो आंटी ने कहा उसके लिए मैं बिलकुल तैयार नहीं था। 'सुकुमार मुझे इस बार अमरीका ले जाने के लिए आया है। अब मेरे नाती-नातिन को मेरी ज़रूरत है। असल में हम बंगालियों के लिए कल्चर बड़ी चीज़ होती है। हमारी मातृभाषा हमारे लिए सबसे बड़ी चीज़ है। बच्चे भले ही अमरीका में बड़े क्यों न हो रहे हों, उन्हें हमारा कल्चर-हमारी भाषा तो जाननी ही चहिये न!'

चाँदगढ़ में रहते हुए मुझे तीन साल हो चुके थे। आंटी जी थीं जिनसे घर-सा प्यार मिलता था। मैं समझ पा रहा था कि आंटी जी के अमरीका चले जाने के बाद चाँदगढ़ काफ़ी हद तक मेरे लिए सूना हो जाएगा। आंटी जी के लिए हालाँकि चाँदगढ़ जैसी जगह में अकेले रहना कतई कोई मुश्किल काम नहीं था। वह हम लोगों के लिए

आंटी ज़रूर थीं, पर उनके घर के नौकर, चाकर, ड्राइवर और उन सबों के परिवारों के लिए सगी माँ जैसी थीं। पूरे शहर के लोग उन्हें जानते थे। मुझे यह भी पता चला की गोपालगंज के कोई हाजी साहब के हाथों डॉक्टर सुकुमार, चाँदगढ़ की अपनी आख़री जायदाद बेच कर अपनी माँ को लेकर इसी महीने अमरीका चले जानेवाले थे। गोपालगंज के हाजी साहब से मैं पहले दो एक बार मिल चुका था। उनका दुबई में एक्सपोर्ट-इम्पोर्ट का धन्धा था। आन्ध्र प्रदेश के तूफ़ान पीड़ितों के सहायतार्थ हमने चाँदगढ़ में चन्दा इकट्ठा करने के लिए एक मुहिम चलाया था, हाजी साहब से तभी पहली बार मिलना हुआ था।

हाजी साहब के साथ सुकुमार का लेन देन का काम पूरा हो चुका था और आंटी जी का पासपोर्ट, वीज़ा, टिकट भी बन चुका था। हम सभी बहुत दुखी थे। तभी एक दिन आंटी जी ने मुझे बुला भेजा। उन्होंने एक दिन पहले ही अपने बैंक से पैसे और लाकरों से गहने निकाल कर बैंकों से अपना नाता-रिश्ता तोड़ लिया था। मुझसे उन्होंने एक मदद माँगी, 'बेटे कुछ गहने हैं, इसे बनारस लेकर जाना है मदन सर्राफ के पास। मदन बाबू के परिवार के साथ हमारी पुरानी जान पहचान है। इन गहनों को मैं अमरीका ले जाकर क्या करूँगी। इनमें मेरे सास जी के गहने हैं–माँ के भी दिये गहने हैं, अब इन्हें निकाल देने के अलावा और कोई रास्ता है नहीं मेरे पास। मेरी मदन बाबू के बेटे अभय से बात हो चुकी है, बस तुम्हें सुकुमार के साथ एक दिन के लिए बनारस जाना होगा, जा सकोगे? इस काम के लिए किसी और से तो मैं कह नहीं सकती, इसलिए तुम्हें ही रिक्वेस्ट कर रही हूँ! 'हालाँकि मैं समझ गया की सुकुमार के साथ मुझे एक चौकीदार बन कर ही बनारस जाना होगा, फिर भी आंटी के लिए इतना भर करने में मुझे बुरा नहीं लगा पर उस घमंडी एन.आर.आई. डॉक्टर को एक पूरे दिन के लिए झेलना कष्टकर होगा, इतना मुझे पता था!

मदन लाल अभय कुमार सर्राफ की दुकान बनारस में कहाँ थी, यह नहीं पता पर घर उनका लोहा मंडी में था। गली में गाड़ी नहीं जा सकती थी इसलिए सुकुमार ने मुझे चौकीदार की भूमिका के साथ-साथ एक पल्लेदार की अतिरिक्त ज़िम्मेदारी भी सौंप दी। लकड़ी के एक बक्से को दोनों हाथों से पकड़े, पतली गली से होते हुए तंग सीढ़ियोंवाले एक मकान के दुमंज़िले पर पहुँचते-पहुँचते, मुझे आंटी जी के गहनों के वज़न का थोड़ा बहुत अन्दाज़ा लग गया था पर जब सुकुमार ने चाभी से उस बक्से का ताला खोला तो मेरी आँखें फटी के फटी रह गयी। इतने गहने एक साथ मैंने इसके पहले कभी नहीं देखे थे। सुकुमार अपने साथ गहनों की एक लम्बी लिस्ट बना कर लाया था। इस लिस्ट से मिला कर अभय और उसके तीन-चार कर्मचारी के साथ-साथ सुकुमार भी एक ऐसी गणित में जुट गया, जिसका मुझे

तनिक भी ज्ञान नहीं था। मैं बैठा ऊँघता रहा। यूँ ही कई घंटे बीत गये फिर अभय का जाननेवाला एक मनी–चेंजर आया जिसने रुपये की गड्डियाँ अपने बैग में सहेज कर, डॉलर की गड्डियाँ सुकुमार को पकड़ा दी। लोहा मंडी से जब हम बाहर आये तब मुझे अचानक यह अहसास हुआ, कि सुबह से लेकर अब तक सुकुमार ने मुझसे एक भी बात नहीं की थी। मुझे बुरा तो लगा पर आंटी जी की बात सोच कर ड्राइवर वृन्दावन के बगल बैठे, उसके साथ बतियाते–गपियाते बनारस से चाँदगढ़ का सफ़र काट लिया। सुकुमार चाँदगढ़ वापस लौटते वक़्त अपने कैलकुलेटर में ही डूबा रहा!

●

चाँदगढ़ में सुकुमार ने एक फेयरवेल पार्टी दी, जिसमे मेरे सभी दोस्त गये थे पर मैं नहीं गया। आंटी जी के उस बेहूदे एन. आर. आई. डॉक्टर बेटे से मिलने की मुझमें तनिक भी इच्छा नहीं रह गयी थी। दोस्तों से पता चला कि पार्टी में आंटी जी मेरे बारे में पूछ रही थी।

चाँदगढ़ छोड़ते समय आंटी जी ने अपने साथ ज़्यादा सामान नहीं लिया था। सुकुमार ने घर के सामन या तो नौकरों में बाँट दिया था या फिर लोगों को बेच दिया था। आंटी अपने बेटे सुकुमार के साथ गाड़ी में बावतपुर हवाई अड्डे के लिए रवाना हुई तो मैं न जाने क्यों, अपनी मोटर साइकिल पर उनकी गाड़ी के साथ–साथ कुछ दूर तक गया, पर नहरिया चुंगी तक पहुँच कर मुझे अपनी बेवकूफ़ी का अहसास हुआ तो मैं वापस चाँदगढ़ लौट आया था।

यह कहानी यहीं यूँ भी ख़त्म हो सकती थी!

पर लिखनेवाला चाहे तो किसी कहानी को शुरू तो कर सकता है पर उसे ख़त्म सही वक़्त पर उनके किरदार ही करते हैं!

लिहाज़ा 'पूर्वाशा' की आंटी जी की कहानी के ख़त्म होने में कुछ वक़्त अभी और बाक़ी था!

●

'पूर्वाशा' एक दो दिनों में ही हम सब के लिए अतीत बन चुका था। उस रोज़, होटल से रात का खाना खा कर घर लौट रहा था तभी दरवाजे पर आंटी जी का वृन्दावन ड्राइवर खड़ा मिला। वह मेरा ही इन्तज़ार कर रहा था। आंटी जी उसे अपनी गाड़ी दे गयीं थीं, ताकि वह टैक्सी चला कर दो पैसे कमा सके। मुझे देख कर वृन्दावन मुझसे

लिपट कर फफक-फफक कर रोने लगा। उसने बचपन से आंटी जी के यहाँ नौकरी की थी, उसके दु:ख को मैं समझ सकता था। मैंने उसकी पीठ पर हाथ फेरते हुए दिलासा देने के लिए कहा, 'वृन्दावन, इस उम्र में आंटी की सेवा शायद उनका बेटा ही सबसे बेहतर कर सकता था, इसलिए आंटी जी का अमरीका जाना मैं समझता हूँ उनका सही निर्णय था .....'

'बाऊ, माँ जी गयीं नहीं अमरीका!' इतना कह कर वह जमीन पर ही बैठ गया और रोने लगा। मैं कुछ भी समझ नहीं पा रहा था। मैंने उसे कमरे के अन्दर लाकर कुर्सी पर बैठाया और एक गिलास पानी पीने को दिया। वृन्दावन देर तक आँसू भरी आँखों से मेरे कमरे की छत की ओर देखता रहा, मानों छत के उस पार वह उस आकाश को देख रहा था, जहाँ दुनिया बनानेवाले का निवास हैं और जो कभी-कभार किसी-किसी की ज़िन्दगी को इस कदर बदसूरत बनाने की काबिलियत भी रखता था!

वृन्दावन से पता चला कि सुकुमार और आंटी बावतपुर से दिल्ली रवाना हुए ज़रूर थे पर दिल्ली से अमरीका जाने का आंटी का वीज़ा-टिकट कुछ भी नहीं था। दिल्ली एयरपोर्ट के बाहर आंटी जी को बैठा कर सुकुमार एयरपोर्ट के अन्दर चला गया था। आंटी अपने दो सूटकेसों के साथ तीन चार घंटे यूँ ही बैठी अपने बेटे का इन्तज़ार करते हुए अपने नाती-नातिन से मिलने का सपना देखती रहीं थीं। तभी उनपर एक पुलिसवाले की नज़रपड़ी, पूछताछ से पता चला कि सुकुमार का हवाई जहाज घंटों पहले अमरीका की ओर उड़ चुका था। आंटी को, इस बात का यक़ीन दिलाने में पुलिसवालों को काफ़ी समय लगा। संयोग से आंटी के पास हाजी साहब का फ़ोन नम्बर था। दिल्ली पुलिस से हाजी साहब के पास फ़ोन आते ही, हाजी साहब हवाई जहाज से दिल्ली के लिए रवाना हो गये थे और दूसरे दिन ही आंटी को लेकर वापस चाँदगढ़ लौट आये थे। इस घटना के दो दिन बीत चुके थे पर हममें से किसी को इस बात के कोई भनक भी नहीं थी।

दूसरे ही दिन सुबह-सुबह ही मैं 'पूर्वाशा' पहुँच गया था। आंटी अपने कमरे में लेटी हुई थी, पास एक नर्स खड़ी थी। आंटी जी मुझे देर तक देखती ज़रूर रही, पर मुझे लगा कि वह मुझे पहचान नहीं पायीं। मैं पूरी ताकत से अपनी आँखों की दो जोड़ी पलकों पर अपना ज़ोर आज़माने की कोशिश करता रहा, पर आँसुओं ने मेरी एक न सुनी और वे फूट ही पड़े। तभी मेरे कन्धे पर हाजी साहब ने हाथ रखा और मुझे कमरे के बाहर ले आये।

हाजी साहब देर तक ख़ामोश बैठे रहे फिर धीरे-धीरे बोले, 'आप लोग बिलकुल चिन्ता न करें। इस मकान को तोड़ कर कालोनी बनाने का नक्शा पास हो चुका है, पर मैंने ठेकेदार से कह दिया है कि अभी इस मकान का कुछ भी नहीं होगा।

माताजी को गहरा सदमा पहुँचा है। जब तक वह हैं, उन्हें यह अहसास रहे कि वह अपने ही मकान में हैं। मैंने उनके नौकर-चाकरों को भी बहाल कर दिया है ताकि माता जी खुद को सँहाल सकें...।'

पर आंटी खुद को सँहाल नहीं सकी थी और एक रात नींद में ही हमसे दूर चली गयीं थीं। आंटी जी की अन्तिम यात्रा में पूरा चाँदगढ़ मानों उमड़ पड़ा था। वृन्दावन ड्राइवर ने वह सब किया जिसे सुकुमार को करना था। घाट में डॉक्टर चतुर्वेदी, जिन्होंने आंटी जी का डेथ सेर्टिफिकेट लिखा था; मेरे पास खड़े थे। मैंने उनसे पूछा, 'डॉक्टर साहब आंटी को क्या हुआ था, कोई बीमारी तो थी नहीं...?'

डॉक्टर चतुर्वेदी ने दो टूक जवाब दिया था, 'शी डाइड ऑफ इन्सल्ट!'

अपमान से मौत हुई थी, आंटी की!

क़िस्सागो

एक ऐसी नौकरी–जिसमें न तो काम करने के घंटे ही तय हो और न आपका कोई दफ़्तर ही हो, उस पर आपको लगभग रोज़ मीलों का सफ़र करना अनिवार्य हो, ऐसी नौकरी की कल्पना वे लोग नहीं कर सकते जो क़िस्मत से दफ़्तर में बैठ कर पंखे–ए.सी., कूलर के सानिध्य में अपना काम करते हैं। ऐसे दोस्त जब हमसे कहते, 'दफ़्तर जाते समय सुबह तुमसे मिलता जाऊँगा!' या, दोपहर को मिलने पर वे कहते 'जरा बैठों, बस लंच होनेवाला है फिर मिलते हैं', या जब कोई कहता, 'छुट्टी के बाद मिलते हैं!' तो हम लोगों को उनसे ईर्ष्या–सी होती थी। हमारा दफ़्तर न तो शुरू होता था न ही कभी ख़त्म। इसमें 'लंच' का समय निर्धारित नहीं था और 'ओवर-टाइम' जैसे शब्द हमने सुने ज़रूर थे पर यह है क्या, इसे जानने–समझने का कभी मौक़ा ही नहीं मिला। हमारे जूतों के नीचे अदृश्य पहिये जड़े थे, जो हमें यहाँ से वहाँ ले आते–जाते थे। पर आज इतने वर्षों बाद लगता है कि मेडिकल रिप्रेजेंटेटिव की नौकरी की थी, तभी शायद मेरे जीवनपुरहाट जंक्शन की इतनी रौनक बनी रही। इस जंक्शन पर छोटी–बड़ी गाड़ियाँ आती और जाती रहीं, मुसाफिर मिलते बिछुड़ते रहे पर काला कोट पहने स्टेशन–मास्टर की शक्ल में 'जगदीश्वरबाबू' कब सीटी बजा कर किसकी गाड़ी कब रवाना कर देंगे इसका अन्दाज़ा कोई कभी नहीं लगा पाया। पर बावजूद इसके, जीवनपुरहाट जंक्शन की लाउडस्पीकरों पर जगदीश्वर बाबू की, क्षण में अपने भक्तजनों के संकट दूर करने की रहस्यमय क्षमताओं को बखानते कर्ण–विदारक गीत बजते ही रहे।

जगदीश्वर बाबू और उनके उन भक्तों की कहानी ही लिखने बैठा था पर अचानक मेरे जीवनपुरहाट जंक्शन के एक नायाब कहानीकार की कहानियों की कहानियाँ याद आ गयी।

जीत चतुर्वेदी को हम सब 'जॉनी' नाम से पुकारते थे। किसी लोकप्रिय फ़िल्म से यह नाम हममें से किसी ने जीत चतुर्वेदी के लिए चुराया था, जिसने बहुत कम

समय में चाँदगढ़ में उसे इसी नाम से मशहूर कर दिया। जीत दिल से बादशाह था और उसके पास लोगों को सुनाने के लिए असंख्य 'सच्ची' कहानियाँ थीं। इन्हीं कथा-कहानियों के चलते वह हम सबों से बिलकुल भिन्न था। उसकी कहानियाँ कितनी सच्ची थी यह जानना हमें कभी ज़रूरी नहीं लगा, क्योंकि कहानी सुनाने का उसका अन्दाज़ इतना दिलचस्प और विश्वसनीय होता था, कि क्या मजाल कि कोई कभी उस पर शक़ की उंगली तो उठा पाता!

सुना था, चाँदगढ़ में स्टैंडफोर्ड फार्मास्युटिकल्स नाम की प्रसिद्ध जर्मन कम्पनी की नौकरी लेकर कोई नया मेडिकल रिप्रेजेंटेटिव आया है, और उसका नाम जीत चतुर्वेदी है। पर, पहली बार मेरी मुलाकात उससे चाँदगढ़ में नहीं बल्कि बनारस स्टेशन पर हुई थी। मुझे अपनी कम्पनी के हेडऑफिस कलकत्ता जाना था और वह अपने घर धनबाद जा रहा था। जाड़े की छुट्टियों के दिन थे उस पर शादी-ब्याह के लगन आदि के चलते, ट्रेनों में इतनी भीड़ हो रही थी कि देहरादून एक्सप्रेस में रिज़र्वेशन मिलना लगभग असम्भव था और अगर रिज़र्वेशन मिल भी जाय तो ज़रूरी नहीं कि आप अपनी बर्थ पर कम्बल तान सके।

जीत चतुर्वेदी के साथ परिचय होने के सवा दो मिनट भी नहीं बीते थे, लगा वह मेरा बचपन का दोस्त था। उसने किसी मिश्रा नाम के टी. टी. को समुचित भ्रष्ट कर दो बर्थों का इन्तज़ाम कर ही लिया था पर ट्रैन जब बनारस स्टेशन पर आयी तो भीड़ इतनी थी कि बमुश्किल हम ट्रेन पर चढ़ सके। हमारी दोनों आरक्षित बर्थों पर कुछ लोग पहले से ही जमे थे, जिन्हें देख कर कोई भी यह कह सकता था कि वे अपनी जुबान के बजाय, काँधेधरी दुनालियों पर ज़्यादा यक़ीन रखनेवाले लोग थे। बनारस से गाड़ी के छूटने के बाद डिब्बे के अन्दर का शोर-शराबा कम हो गया था इसलिए जीत चतुर्वेदी को, जो मुझसे थोड़ी दूर खड़ा चायवाले से बतिया रहा था- मैं सुन पा रहा था। 'वो साहब जो नीली टाई पहने खड़े हैं, जाकर उन्हें एक चाय दे आ, और सुन भाई पैसा मत माँग लेना कहीं उनसे। पैसे मैं दूँगा, समझा!' फिर वह मेरी ओर देख कर वह बोला, 'सर जी, चाय ले लें प्लीज़। अगले स्टेशन में आपके लिए कुछ नाश्ते का इन्तज़ाम करता हूँ। सर आपको तकलीफ़ तो ज़रूर हो रही हैं, पर मैंने जान बूझ कर किसी को खबर नहीं की, कि आप सफ़र कर रहे हैं।'

मैं इसके पहले कभी जीत चतुर्वेदी से कभी नहीं मिला था इसलिए उसकी क्षमताओं के बारे में भी अनजान था। मैं बस इतना ही कह पाया कि, 'इन सब की क्या ज़रूरत थी, हमलोगों को तो खड़े-खड़े सफ़र करने की आदत हो गयी है। आगे कहीं बैठने को मिल ही जाएगा...।' पर इसके पहले मेरी बात पूरी हो पाती,

जीत ने उसे बीच में ही लपक लिया और बोला, 'सर, आपकी तो बात ही अलग है! याद है, जब आपने सूरनपुर में बिसुन मल्लाह के यहाँ दबिश दिया था, आप तो तब पैदल ही सात मील चले थे। हमें बाद में समझ आया था कि काहे को आप अपने जीप पर नहीं गये थे...।'

मुझे कुछ भी समझ में नहीं आ रहा था कि मैं क्या कहूँ, मैंने ख़ामोश रहना ही उचित समझा। पर जीत चतुर्वेदी की नीची आवाज़ में लगभग फुसफुसा कर कही बातें इतनी भी नीची नहीं थी कि उसके अगल-बगल के लोगों को वह न सुनाई देती। उसकी बातों का असर लोगों पर पड़ना जल्द ही शुरू हो गया था। इसके बाद जो कुछ हुआ उसकी तुलना, सपेरे के मन्त्र से वशीभूत कुछ जहरीले गेहुँअनों का उस सपेरे के पिटारे में दुबक जाने के साथ की जा सकती थी। मैं हक्का-बक्का जीत को देखता ही रह गया था, जो इतने कम समय में इशारों-इशारों में ही मुझे किसी सरकारी खुफिया विभाग का दबंग अधिकारी बना चुका था। हमें जल्द ही बैठने की जगह मिल गयी थी, और जीत की कुछ और कहानियों के बाद मैं और जीत अपनी अपनी बर्थों पर चादर तान चुके थे। मध्य रात्रि में जीत धनबाद उतर गया था, पर उसके बहुत पहले ही दुनाली-धारियों का दल किसी स्टेशन पर ट्रेन से उतर गया था और बहुत सम्भव है अपने गन्तव्य से कई स्टेशनों पहले ही!

इस घटना के कुछ महीनों बाद मेरी मुलाक़ात जब जीत चतुर्वेदी से हुई तब तक वह मेरे लिए भी जॉनी बन चुका था। जॉनी को बातूनी कहना गलत होगा, क्योंकि यूँ तो वह बहुत कम बोलता था पर जब बात कहानी गढ़ने की हो तो न जाने कहाँ कहाँ से वे बातें बना लाता था। जॉनी के व्यक्तित्व में एक ऐसा आकर्षण था जिसके चलते, न केवल उसकी मनगढ़ंत कथाओं पर यक़ीन करने को मन करता था; उसके संग तरह-तरह की कथाओं के लम्बे सफ़र को निकलने को भी जी करता था।

उस बार बनारस से बम्बई चलनेवाली महानगरी एक्सप्रेस में हम दोनों सफ़र कर रहे थे। गाड़ी में कोई ज़्यादा भीड़ नहीं थी, शाम हो चुकी थी पर सोने का समय नहीं था वह, सो सब लोग अपनी-आपनी सीटों पर अलसाये बैठे ऊँघ रहे थे। बहुत सारे लोगों की मौजूदगी में ऐसी ख़ामोशी कभी-कभी मनहूस सी भी लगती है, ट्रेन के अन्दर का माहौल ऐसा ही कुछ हो रहा था। हमारे पास करने को कुछ भी नहीं था, सो मैं और जॉनी सुबह के अख़बार को बार-बार पढ़ कर लगभग रट चुके थे।

तभी बातों-बातों में बनारस से कलकत्ता जाते हुए जो कुछ हुआ था उस पर बात चल पड़ी। मैंने जॉनी से पूछा की क्या सोच कर उसने ऐसी कहानी गढ़ ली थी, इसमें खतरा भी तो था, मान लो अगर कहीं हमारा झूठ पकड़ा जाता तो?

'नहीं, ऐसा हो ही नहीं सकता क्योंकि जिस कुल से मेरा सम्बन्ध है वहाँ कथा

बाँचने के पहले, कथा सुननेवाले भक्तों को समझ-बूझ लेने की प्रथा युगों से चली आ रही है।' फिर उसने पूरे आत्मविश्वास के साथ कहा, 'हमारे आस-पास जो लोग मुर्दों जैसे सुस्ता रहे हैं, अगर कहो तो मैं इन सबको पाँच मिनट में जगा सकता हूँ!' हालाँकि मुझे इस पर कोई शक़ नहीं था फिर भी मैंने उसे सुनना चाहा।

'तुम मेरे सुरेंदर मामा से तो मिले हो न? अरे वही जो भैया की शादी में दिल्ली आये थे। सुरेंदर मामा पूसा में एग्रीकल्चरल रिसर्च के बड़े वैज्ञानिक है। उस दिन उन्होंने एक नये खोज की बात की, यार मैं तो सुन कर दंग रह गया। विज्ञान में न जाने कैसी-कैसी असम्भव बातों को सम्भव बना दिया जाता है!' जॉनी बहुत ऊँची आवाज़ में तो नहीं बोल रहा था पर उसकी बात में कुछ जादू ज़रूर था जिससे कि आस-पास के लोग उसे ग़ौर से सुनने लगे।

'जापान में लम्बे समय से रिसर्च चल रहा था कि किस प्रकार खेती में किसानों के मेहनत को कम किया जाए। खेती में पुराने ढंग से बुआई के समय किसानों के मेहनत के साथ-साथ बीज की भी बर्बादी होती थी । उन्ही सब को ध्यान में रख कर, खेती में बुआई करने के एक नायब उपाय पर जापान में बहुत बड़ा काम हुआ है। वहाँ ट्रैक्टर और दूसरे आधुनिक मशीनों से खेत को बुआई के लिए पहले तैयार कर लिया जाता है। और यह खेत कोई एक या दो बीघे के तो होते नहीं, मीलों लम्बे-मीलों चौड़े खेत होते हैं!' जॉनी ने अपनी बात किसानी के लेकर शुरू की थी, और साथ बैठे मुसाफिरों का रिश्ता सीधे हो या आड़े, किसी न किसी तरह से किसानी से जुड़ा था सो उनमें जॉनी से कुछ नया सुनने-जानने की दिलचस्पी दिखने लगी। ट्रेन के डिब्बे में जो ऊब और सुस्ती फैली हुई थी उसमें फ़र्क़ भी साफ़ महसूस होने लगा। एक ने पूछा, 'क्यों भाई साहब, गेहूँ की बुआई के लिए जापान ने कोई नया मशीन इज़ाद किया है क्या?'

'अरे मशीन नहीं, पूरी क्रान्ति ही कर डाली है इन जापानियों ने! वे आसमान से खेत में बुआई का काम कर रहे है!'

'आँय? आसमान से बुआई! ये कैसे हो सकता है?' एक मुसाफिर को जॉनी की बात पर शायद यक़ीन नहीं हो रहा था।

'जी हाँ, आसमान से! जापान ने हवाई जहाज़ से बुआई करने के तारीके इज़ाद कर लिये हैं।' इतना कह कर जॉनी मुझे विस्तार से कृषि में इस क्रान्ति के बारे में पूरी गम्भीरता के साथ बताने लगा पर मेरे लिए हँसी रोकना मुश्किल हो रहा था।

'एक छोटे से ख़ास क़िस्म के कैप्सूल में दो-तीन बीज, रासायनिक खाद के बुरादे के साथ-साथ भरा जाता है। इसे जापान में 'सारकान' या 'सीड बुलेट्स' कहा जाता है। ऐसे लाखों सारकान कैप्सूलों को हवाई जहाज से आसमान से जमीन की

ओर गोली की बौछार जैसे छिड़का जाता है।'

'पर जनाब, क्या ऐसे कैप्सूल जमीन से टकराते ही फट नहीं जाते होंगे?' एक अकलमन्दनुमा आदमी ने सवाल किया।

'आप क्या समझे कि वह कैप्सूल कोई दवा के कैप्सूल जैसी आम कैप्सूल होती है? नहीं वह एक ऐसे खास 'जिलेटीन' से बनी होती है कि सूखी जमीन में तीन इंच तक आसानी से न केवल धँस ही जाती हैं, बल्कि बगैर पानी के भी महीनों अपने अन्दर रखे बीज को सुरक्षित रखती हैं। पानी लगते ही कैप्सूल की बाहरी खोल अंडे जैसा फूट जाता है और बीज नमी और खाद पा कर बीज का अंकुरण होता है।' इतना कह कर जॉनी ने सबकी बोलती बन्द कर दी।

हमारे आस-पास बैठे लोग अब जापान के आसमान पर कल्पना की उड़ान भरने लग गये थे। मुझे उनकी आँखों में जॉनी के ज्ञान के प्रति असीम श्रद्धा दिख रहा था।

'साहब, फिर तो बड़ी जल्दी बुआई का काम हो जाता होगा वहाँ?' एक ने पूछा।

'हाँ, एक दिन में आसानी से सौ-पचास एकड़ में बुआई तो हो ही जाती है। क्या ख़ूबसूरत नज़ारा होता है वह, जब हवाईजहाज से ओलो की बारिश की तरह आसमान से जमीन पर बीज वाले कैप्सूलों की तेज बौछार होती है!'

मैं जॉनी की बातों को सुनते-सुनते न जाने कैसे भूल ही गया था, कि वह एक शुद्ध कपोल कल्पित कथा बाँच रहा था। उस रात महानगरी एक्सप्रेस में देर तक बुआई के इस जापानी तकनीक के बारे में लोग आपस में बात-बहस करते रहे थे, जिससे सफ़र के सुस्त माहौल में जान-सी आ गई थी।

मेरी आँखों के सामने बीज वाले कैप्सूलों को और आसमान से हवाई जहाज़ से उसकी बारिश को मानों मैं देख पा रहा था।

मेरे और मेरे तमाम दोस्तों ने न जाने ऐसे और कितनी ही कहानियाँ सुन रखी थी। जॉनी की कहानियों का सम्मोहन ऐसा था कि हम सब कुछ समझते हुए भी न जाने कैसे हम उसके फेर में आ जाते थे और उसकी कहानियों को सच मान लेते थे। जॉनी की गैर हाज़िरी में भी उसकी कहानियों के नायाब किस्सों को सुन-सुनाकर हम मस्त हो जाते थे।

पर सबसे नायाब कहानी का क़िस्सा सुधा ने सुनाया था।

शादी के बाद जॉनी अपनी पत्नी सुधा के साथ दिल्ली से चाँदगढ़ लौट रहा था। बेचारी सुधा को अपने पति के इस विशेष गुण के बारे में कतई पता नहीं था। ट्रेन के सहयात्रियों में प्राय: दूसरों की बातें सुनने की ज़रूरत से ज़्यादा दिलचस्पी रहती है और अगर साथ कोई नौजवान जोड़ा सफ़र कर रहा हो, तो उनकी आपसी आत्मीय बातचीत सुनने का आनन्द लेना कौन नहीं चाहेगा।

सफ़र शुरू होने के कुछ ही देर बाद जॉनी और सुधा दोनों को महसूस हुआ कि वे जब भी आपस में कुछ बात कर रहे थे, तो आस-पास के बैठे लोग अपनी बात रोक कर भी उसे सुनने की कोशिश कर रहे थे। जॉनी का कथावाचक मन इन आतुर श्रोताओं को अपने करीब पाकर खिल उठा।

'सुधा, इतनी घबड़ा क्यों रही हो, कोई हमें यहाँ पहचानता थोड़े ही हैं।' जॉनी ने मानों यह बात फुसफुसाकर कहना चाहा हो, पर गलती से आवाज़ थोड़ी ऊँची रह गयी थी। सुधा और जॉनी के आस-पास बैठे मुसाफिरों के कानों तक यह बात के पहुँचते ही, उन्हें एक सरस, कलंक-कथा की आहट सुनाई देने लगी और वे अपना साँस रोक कर क़िस्से के खुलने का इन्तेज़ार करने लगे।

सुधा शर्मा कर सिकुड़ गयी, उसे कुछ भी समझ में नहीं आ रहा था। जॉनी ने बात को आगे बड़ाते हुए कहा, 'अरे तुम्हारा पति जब तक दिल्ली वापस आएगा उसके पहले ही तुम घर पहुँच जाओगी। इसलिए बिलकुल परेशान मत हो और हाँ यूँ सिकुड़ कर मत बैठो, लोगों को शक़ हो जाएगा...।'

अगल-बगल बैठे श्रोतागण, जॉनी से इस दर्ज़े की रससिक्त कथा की उम्मीद नहीं कर रहे थे। बहरहाल थोड़ी देर तक ऐसी की कुछ और रससिक्त बातों को परोसने के बाद सुधा और जॉनी अपनी अपनी बर्थों पर जाकर सो गये थे, पर उनके सहयात्री देर रात तक आपस में उनके बारे में चर्चा करते रहे, 'क्या ज़माना आ गया है, शरीफ-सा दिखनेवाला आदमी दूसरे की बीबी को भगा कर ले जा रहा है!' किसी ने कहा, 'लड़की ही करेक्टरलेस है, वर्ना देखो कैसे घुल मिल कर अपने आशिक़ से बतिया रही थी!' किसी का प्रस्ताव था कि अगले स्टेशन में पुलिस को इसकी खबर कर देनी चाहिए तो दूसरे ने इसे काटते हुए कहा, 'सफ़र में ऐसी गलती कभी न करना। पुलिस के पास एकबार गये तो कोर्ट-कचहरी के चक्कर लगते लगाते कमर ढीली हो जाएगी। इसलिए भला इसी में है कि चुपचाप लाइट ऑफ कर मुँह ढँक के सो जाओ।'

इस महाकथा को सुधा ने न जाने कितनी बार हमें सुनाया था और हर बार वह शर्म से लाल होती रही थीं।

इसके बाद जॉनी का तबादला अहमदाबाद हो गया था और मेरा भी दो सालों बाद चाँदगढ़ से इलाहाबाद ट्राँसफ़र हो गया था। जॉनी और चाँदगढ़ के दोस्तों को भूलना असम्भव था, वे बार-बार याद आते रहे और यूँ ही एक लम्बा वक़्त गुज़र गया। मैं इलाहाबाद छोड़ कर कलकत्ते आ गया था।

तभी एक बार अपने ऑफिस के किसी काम से मुझे मुम्बई जाना पड़ा। मैं

मुम्बई से वापसी की फ्लाइट का इन्तज़ार कर रहा था, जो काफ़ी लेट थी। मेरे पास समय बिताने के लिए इधर-उधर लगे विज्ञापनों को पढ़ने के अलावा और कोई काम नहीं था, सो मैं मजबूरन वहीं करता हुआ वक़्त गुज़ार रहा था। तभी अचानक मेरी नज़र कॉफी शॉप के पास अकेले खड़े जॉनी पर पड़ी। जॉनी बहुत बदल चुका था- उसके सर के बचे हुए बालों में बस कुछ ही बाल काले बचे थे। मुझे पहचानते ही मुझसे वह लिपट गया। 'क्या हाल है तुम्हारा? कहाँ हो और आजकल क्या कर रहे हो?' जैसे सवाल हमने एक दूसरे से पूछे और एक दूसरे को इनके जवाब भी दिये। फिर, 'चलो यार कॉफ़ी पीते है' कह कर हम कॉफी शॉप की ओर बड़े।

कॉफी शॉप की मेज़ बड़ी थी, पर उस पर पहले से ही पाँच-छह लोग जमे बैठे थे। उसी के किनारे थोड़ी-सी जगह बना कर हम दोनों कुर्सी लेकर बैठ गये और देखते ही देखते चाँदगढ़ के सुहाने दिनों की सुनहरी यादों के सफ़र पर चल पड़े।

बातों-बातों में जब मैंने सुधा के बारे में पूछा तो जॉनी कुछ देर तक ख़ामोश बैठा रहा, फिर धीरे-धीरे कहा, 'चाँदगढ़ से मेरा ट्राँसफ़र अहमदाबाद हो गया था पर अहमदाबाद जाकर पता चला कि सुधा को ज़ीरोडर्मा पिगमेंटोसम है। यह एक जेनेटिक बीमारी है जिसके सिम्टम्स यूँ तो बचपन से ही दिखने लगते हैं, पर सुधा के केस में यह बाद में दिखा। ये बीमारी हिन्दुस्तानियों के मुकाबले जापानियों में छह गुना ज़्यादा होती है। इसमें सूरज की अल्ट्रावायलेट किरणें रोगियों की चमड़ी पर फ़फ़ोले पैदा कर देती है। इसका एक ही इलाज़ है की मरीज़ को धूप से बचाया जाय। सुधा के लिए मैंने ऐसा इन्तज़ाम कर दिया था जिससे सूरज की रौशनी घर के अन्दर जरा भी दाखिल न हो सके। पर तमाम कोशिशों के बावजूद सुधा को मैं बचा न सका। बहुत पेनफुल एंड था सुधा का...!' यह कहते हुए जॉनी के चहरे पर दर्द की गहरी लकीरें उभर आईं थीं। आस-पास बैठे कॉफी पी रहे लोगों ने भी शायद जॉनी की बातें सुन रहे थे, वे भी मेरी ही तरह ख़ामोश थे।

तभी जॉनी के फ्लाइट का डिपार्चर अनाउंसमेंट हुआ। हालाँकि जॉनी थोड़ी देर और रुक सकता था, पर अपनी कॉफी को बगैर ख़त्म किये ही मुझे 'सी यु' कह कर वह बोर्डिंग गेट की ओर बढ़ गया। उसकी इस जल्दबाज़ी में, न मैं अपना पता उसे दे पाया और न ही उससे उसका पता ले सका।

कॉफी शॉप की कुर्सी पर बैठे उसे तेज़ क़दमों से एयरपोर्ट के भीड़ में गुम होते देखते हुए मैं सुधा की बीमारी और मौत के बारे में सोच रहा था। मैंने पहले कभी इस बीमारी के बारे में नहीं सुना था। तभी मुझे अचानक जॉनी का जापानी बुआई का किस्सा याद आया। बुआई की वह कहानी झूठी थी, उस कहानी में जिस 'सारकन' का ज़िक्र उसने किया था, वैसा कोई शब्द जापानी भाषा में शायद है ही नहीं। मुझे

लगा की काश क़िस्से बाज़ जॉनी की सुधा की यह कहानी भी झूठी होती। उसने कहा था ज़ीरोडर्मा पिगमेंटोसम, जापानियों में हमारे मुकाबले छह गुना ज़्यादा पायी जाती है। काश ज़ीरोडर्मा पिगमेंटोसम भी जॉनी का इज़ाद किया हुआ 'सारकान' की तरह ही एक कपोल कल्पित एक शब्द होता। काश सुधा की कहानी भी मेरे और कॉफी शॉप के दूसरे लोगों के लिए जॉनी का एक और कथा-वाचन हुआ होता!

जॉनी से फिर कभी मेरी मुलाक़ात नहीं हुई-मुझे जॉनी जैसा कथावाचक भी आज तक दूसरा कोई नहीं मिला।

आतंकवादी

चाँदगढ़ में कुछ दिनों रह लेने के बाद, वहाँ के सहज-सरल लोगों से घुल-मिल जाने के बाद मुझे महानगरों के तथाकथित सभ्य-शिक्षित समाज की कृतिमता और स्वार्थ से भरा स्मार्टनेस असहनीय-सा लगता था।

मेरे भाई साहब उन दिनों चेन्नई के एन.आई.एस.आर. यानी भारतीय वैज्ञानिक अनुसन्धान संस्थान में रसायन शास्त्र के लेक्चरर थे। सालाना छुट्टियों में उनका आग्रह रहता, कि मैं छुट्टियाँ उनके साथ चेन्नई में ही बिताऊँ। उस बार उन्होंने खत में लिखा कि उनके हेड ऑफ द डिपार्टमेंट, डॉक्टर माथुर एक साल के लिए जर्मनी के एक विश्वविद्यालय में गये हुए हैं और उनके आग्रह पर एन.आई.एस.आर. के नये बने 'प्रेसिडेंशियल ब्लॉक' के उनके फ्लैट में एक साल के लिए भाई साहब रह रहे थे। 'पन्द्रह-बीस दिनों की छुट्टी लेकर चले आओ, यहाँ के शान्त और सुन्दर माहौल में तुम्हें जम कर पेन्टिंग करने का मौक़ा मिलेगा।' भैया ने लिखा था।

हालाँकि मैं पहले भी दो बार यहाँ आकर छुट्टियाँ बिता चुका था, पर सच कहूँ तो मुझे यहाँ का प्राकृतिक परिवेश, कैम्पस का विशाल और ख़ामोश विस्तार और इसकी लाइब्रेरी बहुत अच्छी लगती थी।

पर यहाँ के लोग?

अगर ईश्वर नाम का कोई शक्तिमान अस्तित्व कहीं था, तो उनसे मेरा एक ही निवेदन होता कि बस इनसे मेरी रक्षा करें!

यहाँ के शिक्षकों और शोध छात्रों के लिए इस धरती पर ऐसा कोई प्रश्न नहीं था, जिसका अन्तिम उत्तर इनके पास नहीं था। कला हो या क्रिकेट, साहित्य हो या संविधान, सब पर इनका प्रामाणिक अधिकार था। इनमें से अधिकांश, गरीबों के दुःख-दर्द को गरीबों से कहीं ज़्यादा समझते थे और अलसाये दोपहरों को 'जिन और लाइम कॉर्डियल' की ठंडी चुस्कियों के साथ आपस में गपियाते हुए प्राय: इनका मानना होता था, कि समाज परिवर्तन में सशस्त्र क्रान्ति का कोई विकल्प नहीं! पर

इनके पास, कैम्पस के अन्दर माली, लैब असिस्टेंट, गार्ड, चौकीदारों को अपना गुलाम और अशिक्षितों को इस मुल्क पर बोझ मानने के नायाब तर्क थे!

भाई साहब के साथ जब भी किसी अध्यापक या स्टाफ से मिलता तो बिना किसी व्यतिक्रम के वह मुझे दूसरे अध्यापकों की निन्दा करता मिलता। किसके अंडर में कितने छात्र रिसर्च कर रहे थे, कौन से अध्यापक की पत्नी का सघन प्रेम किस के साथ चल रहा था। कौन दिल्ली जाकर रिसर्च ग्रांट हथिया लाया है और किसे पी.एल. 480 का बड़का-सा ग्रांट नसीब हुआ है आदि विषयों के परे इन शिक्षितों के पास बातचीत का और कोई विषय नहीं हुआ करता था। कैम्पस के गेट के बाहर कई दुकानों में, जहाँ कॉपी किताब से लेकर खाने-पीने का सामान मिलता था, वहाँ कुछ दलाल क़िस्म के लोगों की भी दुकानें थीं, जिन्हें फ़र्ज़ी बिल बनाने की महारत हासिल थी। कौन से ग्रांट में कितना कंटिंजेंसी है और उसे हड़पने के लिए कौन कौन सी चीज़ों के बिल चाहिए, ये सब वे इन मेधावी शिक्षकों से कहीं बेहतर जानते थे। किसी डिपार्टमेंट में आठ कम्प्यूटर सप्लाई हुआ तो एक प्राध्यापक महोदय के स्टडी रूम में पहुँच गया। पर इन सब कार्यकलापों में सभी लिप्त थे ऐसा नहीं था, पर ऐसे लोगों की संख्या बहुत कम थी-ऐसा भी नहीं था!

पर इन सब बातों को अगर नज़र अन्दाज़ कर भी दें, जैसा यहाँ का प्रशासन करता था, मुझे आपत्ति थी तो केवल इस बात की, कि क्यों हम हिन्दुस्तानियों की क़िस्मत में यहाँ के वैज्ञानिकों के शोध और अनुसंधानों का लाभ नहीं आ पाता। अमरीका के सिलिकॉन वैली में कम्प्यूटरों से लेकर नासा के रॉकेटों-सैटेलाइटों के विकास में यहाँ के वैज्ञानिकों का अमूल्य अवदान है, पर एक पेन्सिल छीलने के कटर या सेफ्टी पिन या फिर एक बॉल-पेन जैसी तुच्छ चीज़ भी यहाँ के वैज्ञानिकों ने अपने मुल्क के लिए क्यों इज़ाद नहीं किये, यह मेरे लिए एक ऐसा सवाल था जिसका जवाब यहाँ के किसी ज्ञानी के पास नहीं था!

मेरे चाँदगढ़ के लोग अशिक्षित थे, गरीब थे और शायद पिछड़े भी, पर वे इन सभ्य शिक्षितों जैसे स्वार्थी और बेईमान नहीं थे। और इस बात का मुझे घमंड था।

भाई साहब के दोस्त, जो मेरे विचारों से परिचित थे; मुझे अपरिपक्व और अव्यवहारिक प्राणी करार देते और मेरा मज़ाक उड़ाते हुए मुझे, ' छोरा गंगा किनारे वाला' कह कर आनन्द पाते थे!

एन.आई.एस.आर.-यानी नेशनल इंस्टीट्यूट ऑफ साइन्टिफिक रिसर्च! चेन्नई के इस सरकारी संस्थान में, भारतीय वैज्ञानिक और विज्ञान के छात्र नये-नये उन्नत मान के शोध करेंगे और सारी दुनिया में हो रहे वैज्ञानिक कार्यकलापों के साथ एक जीवन्त

रिश्ता कायम रखेंगे, इसी उद्देश्य से केन्द्रीय सरकार ने इस विज्ञान अनुसन्धान संस्थान की कभी नींव रखी थी। आज हालाँकि यहाँ से निकले कम ही ऐसे अभागे छात्र हैं, जो भारत में किसी शिक्षण या शोध संस्था में काम कर रहे होंगे–अधिकांश छात्र यहाँ से निकलने के बाद अमरीका, कनाडा और यूरोप में नामी-गरामी विश्वविद्यालयों और कॉरपोरेटों में नौकरियाँ कर रहे हैं। शिक्षकों में भी, कोई या तो बोस्टन, इलिनोयस, टेक्सास या न्यूयार्क में साल भर बिताने के बाद लौट रहा होता मिलेगा या कोई एम. आई. टी., टोरेंटो, ओंटारियो या हार्वर्ड को एक-दो साल की फैलोशिप में जाता मिलेगा। इसके अलावा पेपर प्रेजेंटेशन, कांफ्रेंस, मीटिंग्स के लिए तो साल में जब कभी भी कोई विदेश के लिए जाता या वहाँ से आता दिख जाता था। सुना है, कि पूरी दुनिया में एन.आई.एस.आर. का बहुत नाम हैं और यहाँ के शोध और शिक्षण के स्तर के बारे में अन्य मुल्क हमसे रश्क़ करते हैं। इस बात में निश्चय ही सच्चाई होगी, वार्ना पास होकर निकलने के पहले ही यहाँ के छात्रों को विदेशी विश्वविद्यालयों के वज़ीफ़े हासिल न हो जाते।

लिहाज़ा बहुत कड़ी मेहनत के बाद ही कुछ इने-गिनों को ही एन.आई.एस.आर. में दाख़िला मिल पाता है। वैसे क़िस्मतवालों की तादाद, कहीं भी-कभी भी ज़्यादा नहीं हुआ करती!

शुरू-शुरू में यहाँ सब कुछ दूर-दूर हुआ करता था। एक प्रो.फ़ेसर के बंगले से दूसरे प्रो.फ़ेसर के बंगले के बीच काफ़ी दूरी होती थी। पाँच साल पहले संस्था के मानव संसाधन विभाग द्वारा कराये गये एक सर्वेक्षण से पता चला कि क्वार्टरों के बीच की दूरी, उनमें रहनेवालों के लोगों के बीच भी एक दूरी बना रही थी। पता चला कि, वर्षों इस संस्था में अध्यापन कर लेने के बाद रसायन शास्त्र के प्रो.फ़ेसर बनर्जी का नाभिकीय विज्ञान के डॉक्टर चोपड़ा के बीच कोई दुआ सलाम का भी रिश्ता नहीं है। साथ ही जैसे डॉ. बनर्जी का केवल बंगाली लेक्चरर-प्रो.फ़ेसर से लेकर एडमिन के बंगाली क्लर्क से ही मेलजोल था उसी प्रकार डिप्टी डायरेक्टर डॉक्टर कुलकर्णी के घर गणपति उत्सव की तैयारी के लिए समूचा महाराष्ट्र उपस्थित हो जाता था। इसमें कोई अपवाद नहीं था, सब अपने साथ अपने-अपने प्रदेश को ही नहीं अपने-अपने भाषाओं और अपनी-अपनी जातियों को साथ लेकर यहाँ आते थे और चूँकि समझदार थे, इसलिए एक-दूसरे की ऐसी संकीर्णताओं को वे बखूबी नज़रअन्दाज़ भी करना जानते थे।

पर अपनी-अपनी भाषा, प्रदेश और जाति को ओढ़ने-बिछानेवाले ये सब पढ़े लिखे लोग थे-कुछ शान्ति स्वरुप भटनागर पुरस्कार पा चुके थे तो कुछेक को पद्म

पुरस्कार भी मिल चुका था, बाक़ी एक बड़ा वर्ग इन्हें पाने की पुरजोर कोशिशों में लगा हुआ था!

हिन्दुस्तान के अन्दर बसा यह एक और हिन्दुस्तान था!!

यहाँ के छात्रों को भी ऐसी प्रादेशिकता की मार झेलनी पड़ती थी, पर बावजूद इसके वे इन संकीर्णता से काफ़ी हद तक मुक्त थे।

मानव संसाधन विभाग के इस सर्वेक्षण को केन्द्रीय कमेटी ने बहुत गम्भीरता से लिया और इंस्टीट्यूट कैम्पस में आइन्दा कोई भी नया स्वतन्त्र स्टाफ क्वार्टर न बनाने का निर्णय लिया गया। बंगला नुमा स्टाफ क्वार्टर के स्थान पर अत्याधुनिक सुख-सुविधाओं से युक्त बड़े-बड़े फ्लैटों को प्रोफ़ेसरों और लेक्चररों को देने का प्रस्ताव रखा गया। बंगले पुराने पड़ चुके थे, इसलिए फ्लैटों के इस प्रस्ताव पर किसी को कोई आपत्ति नहीं हुई। इस ब्लॉक के बन कर पूरा होने के पहले ही इसका नाम न जाने कैसे 'व्हाइट-हाऊस' पड़ गया था, पर बाद में कुछ क्रान्तिकारी क़िस्म के शिक्षकों की आपत्ति से अन्ततः इसका नाम 'प्रेसिडेंशियल ब्लॉक' रखना तय किया जा सका था।

दरभंगा से डॉक्टर प्रसाद के ससुर हो या कोलकाता से प्रोफ़ेसर नन्दी के पिता, लिफ़ाफ़े पर अपने दामाद या बेटे का नाम पता लिखते समय, 'प्रेसिडेंशियल ब्लॉक' लिखते हुए जो सुख मिलता है, उसे आप-हम नहीं समझ सकते!

बहरहाल, पाँच मंज़िलों वाले इस ब्लॉक के पहले हिस्से के तीस फ्लैटों के पूरी तरह से तैयार हो जाने और ब्लाक के चारों ओर चार फीट ऊँची चौड़ी चाहर दीवारी के बनने के साथ-साथ इस ब्लाक में तीस प्रोफ़ेसरों का पुराने क्वार्टरों से अपने-अपने नये फ्लैट्स में आना शुरू होने ही को था, पर इसके पहले ही प्रोफ़ेसरों की ओर से एडमिनिस्ट्रेशन को एक संयुक्त शिकायत पत्र भेज दिया गया।

'प्रेसिडेंशियल ब्लॉक' में गेट के ठीक सामने एन.आई.एस.आर. के तमाम निर्माण कार्य में लगे बिहार, बंगाल और उत्तर प्रदेश से आये मज़दूरों ने अपने लिए ईंटों की दीवारों और टीन-एस्बेस्टस की छतोंवाले अस्थायी आशियाने बना लिये थे। कई ऐसे मज़दूर थे जिनको यहाँ रहते कई साल पूरे हो गये थे, कुछ नये भी थे। अब अगर यहाँ साठ-सत्तर मज़दूर थे तो उनके बीबी बच्चों को मिला कर इस बस्ती की आबादी दो सौ तो थी ही।

'आप लोग पहले इस बस्ती को यहाँ से हटाने का इन्तज़ाम करें, फिर हम शिफ़्ट करेंगे।' प्रोफ़ेसरों ने एक स्वर में एडमिनिस्ट्रेटर और चीफ सिविल इंजीनियर से साफ़-साफ़ कह दिया था।

'आधे तो इसमें ड्रेडेड क्रिमिनल्स लगते हैं। दे विल ब्लडी शिट अराउंड प्रेसिडेंशियल ब्लॉक लाइक पिग्स एंड डॉग्स, ये नहीं हो सकता! पहले इन्हें हटाइए वहाँ से, फिर हम शिफ़्ट करेंगे!'

चीफ इंजीनियर और एडमिनिस्ट्रेटर दोनों ने समझाने की बहुत कोशिश की। 'प्रेसिडेंशियल ब्लॉक के दूसरे और तीसरे हिस्से का काम चल रहा है और वह इस साल के अन्त तक पूरा हो जाएगा तब तक हम सिक्योरिटी से चौकीदारों का इन्तज़ाम कर देते हैं, जो चौबीसों घंटे आप लोगों के ब्लॉक के गेट पर पहरे पर रहेंगे। चाहरदीवारी की ऊँचाई चार फीट से सात फीट करने से बिल्डिंग का फ्रंटेज बिगड़ जाएगा और सामने की पहाड़ी के पीछे सूर्यास्त भी आप ड्राइव वे से नहीं देख पाएँगे! इसलिए कृपया चाहरदीवारी ऊँची करने की माँग न करे। इस बीच हम धीरे-धीरे इन लेबर्स को और दूर हटा देते हैं। कैम्पस में जगह की कमी तो है नहीं, फिर ये सब टेम्परारी ही तो हैं!'

तीस प्रोफ़ेसरों का 'प्रेसिडेंशियल ब्लॉक' में शिफ़्ट करने में आ रही यह समस्या, कैम्पस के लगभग सभी के लिए एक बड़ा मुद्दा बन गया। लैब से लाइब्रेरी तक, डिपार्टमेंट से डायरेक्टर्स ऑफिस तक यह एक आम चर्चा का विषय बन गया। तभी किसी कोने से एक अक्लमंदी की बात सामने आते ही प्रोफ़ेसरों को विरोध एक ही दिन में ठंडा पड़ गया।

कैम्पस के मेन गेट से प्रेसिडेंशियल ब्लॉक की दूरी कम से कम दो-ढाई किलोमीटर से कम न थी। सभी प्रोफ़ेसरों के पास गाड़ियाँ थीं, इसलिए इस दूरी पर किसी ने पहले ध्यान नहीं दिया। अब घरों की सफाई और चौका-बर्तन करनेवाली बाइयों के लिए धूप और बरसात में इतनी दूर आना-जाना कतई सम्भव नहीं था। प्रेसिडेंशियल ब्लॉक के रहनेवालों के पास, ब्लॉक के सामने की मज़दूर बस्ती में रहनेवाली मज़दूरों की बीवियाँ से ही घरों की सफाई का काम करवाने के अलावा और कोई विकल्प नहीं था। इस सच्चाई को समझते ही वे चुप हो गये।

तय हुआ कि जो औरतें इस ब्लॉक के फ्लैटों में काम करने आएँगीं, उन्हें सचित्र आई कार्ड इस निर्देश के साथ दिया जाएगा, कि जब तक वे ब्लॉक परिसर के अन्दर रहेंगी, तब तक उन्हें गले में इस कार्ड को लटकाये रखना पड़ेगा। इस तरह प्रोफ़ेसरों ने अपने स्वार्थ के चलते समझौता तो कर लिया, पर न केवल गेट पर चौबीसों घंटों का पहरे का इन्तज़ाम करवा लिया बल्कि रात को ब्लॉक के अन्दर भी दो चौकीदारों के गश्त का इन्तज़ाम भी हो गया।

मेरे भाई साहब भी अपने क्वार्टर से अपने हेड ऑफ द डिपार्टमेंट डॉक्टर माथुर के नये फ्लैट में चले आये, जहाँ उन्हें कम से कम एक साल तक रहना था!

इस तरह से 'प्रेसिडेंशियल ब्लॉक' अन्ततः आबाद हो गया था!

हालाँकि किसी भी कॉलोनी सचमुच आबाद तो बच्चों की किलकारियों से ही होती है। सोनू, राहुल, किरण, गुड्डू, मनिन्दर, अप्पू जैसे आठ-दस बच्चे थे जो इस ब्लॉक में आने के बाद, दोस्त हुए थे। इस ब्लॉक का लॉन, ड्राइव वे और पाृकग इन बच्चों के तमाम खेलों का फैला हुआ मैदान था!

तभी एक दिन लन्दन से लौटते हुए डॉ.चारी अपने बेटे शंकर के लिए दुबई ड्यूटी फ्री से एक इलेक्ट्रॉनिक-गन खरीद लाये। यह आम खिलौना बन्दूकों से बिलकुल भिन्न था। देखने में यह ए-के 47 जैसा तो था ही पर इसकी सबसे बड़ी ख़ासियत, इसकी गोलियों की आवाज़ थी। बन्दूक पाते ही शंकर अपने दोस्तों को इसे दिखाने ड्राइव वे में आकर आवाज़ देने के बजाय सौ सवा सौ राउंड गोलियाँ दाग दी। 'प्रेसिडेंशियल ब्लॉक' में इलेक्ट्रॉनिक बन्दूक की आवाज़ के गूँजते ही सब बच्चे बाहर निकल आये और फिर जो कुछ हुआ, वह स्वाभाविक ही था। 'पापा, मुझे बन्दूक चाहिए' कहते-कहते जहाँ मनिन्दर ने घर को सर पर चढ़ा दिया। वहीं जब उसे पता चला कि चारी अंकल फॉरेन से यह बन्दूक लाये हैं और चाहने पर भी इस बन्दूक का मिलना आसान नहीं था, राहुल की भूख ही ख़त्म हो गयी। इस इलेक्ट्रॉनिक बन्दूक के असर से कोई भी बच्चा अछूता नहीं रह गया था। एक दिन में ही सींकिया शंकर चारी सबका दादा बन चुका था। अपने बच्चे से कौन नहीं प्यार करता, कौन नहीं चाहेगा कि अपने बच्चे की सभी हसरतों को पूरी करना? सो 'प्रेसिडेंशियल ब्लॉक' के सभी के लिए अपने बच्चों को इलेक्ट्रॉनिक-गन दिलाना उनकी जिन्दगियों का सबसे बड़ा मक़सद बन गया। इस बन्दूक की कीमत तो ज़्यादा नहीं थी पर हिन्दुस्तान में यह तब तक आयी नहीं थी। कुछ माँ-बाप समुन्दर किनारे के मरीना बीच के तस्कर-मंडी जाकर इस बन्दूक के बारे में पता कर आये थे। उन सब का कहना था कि 'इस माल का खेप एक महीने के अन्दर ही आ जाएगा पर जिस कीमत पर आपके दोस्त इस गन को दुबई से लाये हैं, उससे आपको कहीं ज़्यादा देना होगा।'

इस बीच प्रोफ़ेसर बनर्जी का स्कॉटलैंड के किसी विश्वविद्यालय जाने का कार्यक्रम बन गया। चार दिन का कांफेरेंस था। लौटते समय एडिनबर्ग एयरपोर्ट के एक दुकान पर उन्हें इलेक्ट्रॉनिक 'ए-के 47' दिख गया। हालाँकि उन्होंने अपनी वापसी का टिकट दुबई होते हुए ही बनाने कहा था, पर मन में आया कि कहीं अगर दुबई में यह बन्दूक नहीं मिली, तो? मन में ऐसी सम्भावना के कौंधते ही उन्हें घर में अन्दरूनी ग़दर के विस्फोटक नतीजों का अनुमान हुआ, लिहाज़ा उन्होंने दुबई तक का इन्तज़ार किये बगैर एडिनबर्ग से ही बन्दूक हासिल करना उचित समझा। फ्लाइट

ने तड़के सुबह चार बजे चेन्नई की भूमिस्पर्श की, पर कस्टम की औपचारिकताओं से निपटान के बाद ही प्रोफ़ेसर बनर्जी जब घर पहुँचे तब पूर्वाकाश में लाली छाने लगी थी। 'प्रेसिडेंशियल ब्लॉक' के फ्लैट्स लोगों की आँखों में रात भर की नींद का अवशेष कुछ और समय तक चिपका रहना चाह रहा था। एक-आध फ्लैट्स के टॉयलेट्स से फ्लैश के पानी की गड़गड़ाहट सुनाई देने लगी थी। प्रोफ़ेसर बनर्जी के लिए यह जीवन के कुछ सुन्दरतम मुहूर्तों में से एक था, उन्होंने अपने सो रहे बेटे अप्पू के सिरहाने ख़ूबसूरत गिफ्ट-रैप में पैक इलेक्ट्रॉनिक-गन को रख दिया। कहना न होगा कि अप्पू उस वक़्त उसी गन का सपना ही देख रहा था। अप्पू के लिए उसके डैड आज सांता क्लाज़ बनकर विदेश से लौटे थे।

अभी चिड़ियों का झुंड, चहक चहक कर भोर के होने का ऐलान कर ही रहा था कि अप्पू ने अपनी नयी इलेक्ट्रॉनिक गन से उगते हुए सूरज को सलामी दाग दी! फिर क्या था पूरा ब्लॉक एक झटके में जाग गया। शंकर समझ गया की उसको चुनौती देनेवाला कोई और भी आ गया था इस ब्लॉक में। वह अपना गन निकाल कर अपने टेरेस पर आया और अप्पू के नाम जवाबी फायरिंग की।

इस घटना के बाद पूरे ब्लॉक में लगभग मातम का माहौल छा गया। डॉक्टर तलवार की पत्नी ने ब्रेक फ़ास्ट की मेज़ पर अपने पति को सुना ही दिया, 'अब इतने बड़े प्रोफ़ेसर बनते हो, एक फॉरेन विजिट का इन्तज़ाम नहीं कर सकते। देख रहे हो लक्की कितना उदास है! बेटे को एक खिलौना-गन भी नहीं दिला सकते...!'

भाषा और तल्खी में ङ्किंचित अन्तर के साथ, 'प्रेसिडेंशियल ब्लॉक' के लगभग सभी फ्लैटों में ब्रेकफास्ट से लेकर डिनर तक प्रोफ़ेसर-पत्नियों के अपने पतियों को कोसने का अन्दाज़-ए-बयाँ लगभग एक जैसा था! अपनी सन्तान के लिए एक 'इलेक्ट्रॉनिक गन' हासिल करना, शोध और अनुसंधान में जुटे ज्ञानी वैज्ञानिकों के लिए सबसे बड़ी चुनौती बन चुकी थी।

ब्लॉक के दस बारह बच्चों का समूह दो हिस्सों में बँट गया था। एक हिस्से का प्रमुख शंकर चारी था और दूसरे का अप्पू बनर्जी। बच्चे इक्कीसवीं सदी की फसल थे उस पर प्रबुद्ध प्राचार्यों के सन्तानें, उनकी उम्र के अन्य बच्चों से ज़्यादा जानकार-ज़्यादा होनहार!

दोपहर के बाद आमतौर से मैं आकर डॉ. माथुर वाले फ्लैट के बरामदे पर इन बच्चों का खेल जम जाता था, पहली मंज़िल के इस बरामदे से उनके मासूमियत और उत्साह से भरे खेल देखने में जरा भी ऊब नहीं होती थी और न ही गोलियों की आवाज़ ही मुझे परेशान करती थी। मैं धीरे-धीरे इन सभी बच्चों के नाम से ही नहीं परिचित हो गया था बल्कि हर एक के बारे में भी मेरी एक निजी राय बनने लगी थी।

मुझे मनिन्दर मेहनती पर शान्त स्वाभाव का लगता था, जबकी सोनू और राहुल बात-बात पर लड़ने पर आमादा हो जाते थे। पर किरण और प्रियंका दोनों, सभी लड़कों पर भारी पड़ते थे। गुड्डू मुझे पहले से ही इन सबमें सबसे रचनाशील लगा था, क्योंकि उसी ने अपने घर से एक पुराने फ़ोन के हैंडसेट लाकर, उसे कमर में खोंस कर, दो दलों के इस कमांडो युद्ध को एक नये यथार्थ की ओर मोड़ दिया था। फिर क्या था दूसरे दिन से ही लगभग सभी के हाथों में या तो पुराने हैंडसेट या बैटरी वाले ट्रांसिसटर सेट दिखने लगे जिसके एंटिना को ऊँची कर आर्मी के सिग्नल विंग के कमांडरों के बीच संवादों का विनिमय होने लगा। मर्फी के पुराने ट्रांसिसटर को सामने रख कर प्रियंका बोलती 'यस चार्ली वन...चार्ली वन बोल रही हूँ! कैन यू हीयर मी? ओवर!'

पैनासोनिक के बिना पुर्जे वाले टू-इन-वन से गुड्डू का जवाब आता, 'यस चार्ली वन, इट इस अल्फ़ा रिपोर्टिंग! बॉर्डर पर मूवमेंट दिख रहा है, पकिस्तान की सेना आगे बढ़ रही है। अपने जवानों को तैयार रहने कहो। ओवर एंड आउट!'

चूँकि धीरे-धीरे अब कई कमांडो के पास अब अपनी-अपनी इलेक्ट्रॉनिक बन्दूकें आ चुकी थी, इसलिए शंकर चारी और अप्पू बनर्जी का सेनाध्यक्ष पद खतरे में पड़ने लगा था। साथ ही एक नयी समस्या भी दिखाई देने लगी थी भारतीय सेना में सात कमांडो थे तो पाकिस्तान के पास केवल दो। ये दो बेचारे मनिन्दर और गुड्डू ही थे। चूँकि इनके पास बन्दूकें नहीं थी इसलिए केवल इस शर्त पर कि उन्हें दो बन्दूक भारतीय सेना मुहैया कराएगी; पाकिस्तानी सैनिक बनने को तैयार होना पड़ता था। अपनी बन्दूकें न होने के चलते हर रोज़ मनिन्दर और गुड्डू को न केवल पाकिस्तानी बनना पड़ता बल्कि उन्हें जो बन्दूकें मिलती, उसकी बैटरी भी अपनी अन्तिम साँसों को गिनती हुई होती थी, और इसलिए थोड़ी देर तक युद्ध करने के बाद वे ख़ामोश पड़ जाती, और रोज़ ऐसी स्थिति में भारत जीत जाता था। इस लड़ाई को इसकी पूरी बारीकियों के साथ देखनेवाला 'प्रेसिडेंशियल ब्लॉक' का केवल मैं ही नहीं था, ब्लॉक के मैन-गेट के सामने मज़दूर कालोनी के बच्चे भी आ जुटते थे। ये बच्चे चार फुट ऊँचे चाहरदीवारी के लिए बहुत छोटे थे, इसलिए चाहरदीवारी के झरोखों से ही रोज़ वे इस युद्ध को देखते। वे दीवार के बाहर खड़े होकर चार्ली और अल्फ़ा के बीच वायरलेस पर रणहुँकारें सुनते थे-गोलियों की आवाज़ों से उनके खून में भी तूफ़ान उठता था! पर शकील उनमें से शायद थोड़ा लम्बा और थोड़ा ज़्यादा हिम्मती था, इसलिए चौकीदारों की गालियाँ सुनने के बाद भी वह मौक़ा पाते ही चाहरदीवारी पर चढ़ कर वह युद्ध के आँखों देखे हाल का लुफ्त उठाता था।

मुझे शकील एक बार ब्लॉक के गेट के बाहर मिला था। मैं यह तो जानता था

कि वह मज़दूर कालोनी में रहता था, मैंने उससे उसका नाम पूछा, 'क्या नाम है तुम्हारा?' उसने जवाब दिया था, 'साहब, श्याम लाल!' बगल में खड़े गेटकीपर ने फटकार लगाई, 'साला झूठ बोलता है? साहब, इसका नाम शकील है, शकील! सलीम का बेटा है यह!'

मैं शकील की मज़बूरी समझता था। फिर भी मैंने कहा, 'बेटा झूठ बोलना अच्छी बात नहीं है, झूठ बोलने की तुम्हें क्या ज़रूरत? शकील तो इतना प्यारा नाम है, कोई पूछे तो अपना नाम सही सही बताया करो, ठीक है न?'

शकील 'हाँ' कह कर वहाँ से चला गया था।

'साहब इसके मुँह न लगियेगा। उचचक्का है, पूरे दिन उठाईगिरी की ताक में इस ब्लॉक के चारों और चक्कर लगाता रहता है। कभी साला मेरे हत्थे चढ़ गया, तो मैं इसकी हड्डी पसली एक कर दूँगा!' गेटकीपर ने अपना इरादा साफ़ करते हुए मुझसे कहा था।

मुझे लगा कि मैं चौकीदार को समझाऊँ, कि मज़दूर कालोनी के बच्चें भी इन खिलौनों से खेलने की हसरत रखते हैं। इनके लिए प्रोफ़ेसरों के बच्चों को नये-नये खिलौनों से खेलते देखने में ही सुख है। इन्हें कभी कोई अपने साथ खेलने ब्लॉक के अन्दर नहीं आने देगा, इसीलिये ये ब्लॉक के बाहर से ही इन खेल और खिलौनों का आनन्द लेते हैं। इसमें किसका क्या बिगड़नेवाला था!

इस बीच कुछ दिनों के लिए मेरे भाई साहब के एक दोस्त मुझे और मेरे भाई साहब को अपने घर वेलोर घुमाने ले गये। उनका पुश्तैनी मकान, शहर के बाहर एकान्त में एक रमणीक जगह पर बना था, पर इतनी ख़ूबसूरती के बीच भी मुझे 'प्रेसिडेंशियल ब्लॉक' के कमांडो बच्चों की याद बार-बार आती रही।

चेन्नई लौट कर, अपने फ्लैट के बरामदे में जाकर खड़ा हुआ तो मुझे देख कर उन लोगों ने, अपनी-अपनी बन्दूकें दाग कर मेरा स्वागत किया। इस बीच मनिन्दर और गुड्डू दोनों के पास अपनी-अपनी बन्दूकें आ गयीं थीं, पर इसी के चलते इन बच्चों के बीच नयी समस्या पैदा भी हो गयी थी। अब खेल में पाकिस्तानी बनने के लिए कोई भी तैयार नहीं था। गुड्डू और मनिन्दर पिछले कई दिनों से हार-हार कर ऊब चुके थे और अब उनके पास अपनी-अपनी बन्दूकें आ चुकी थी, सो हिन्दुस्तान-पाकिस्तानवाला खेल अब सम्भव नहीं था। बच्चे आपस में नये खेल का खाका बनाने लगे। गुड्डू का प्रस्ताव था कि 'प्रेसिडेंशियल ब्लॉक' में एक टेररिस्ट आ कर छिप गया है। उसे ढूँढ निकलना होगा और इस ब्लॉक को सैनिटाइज़ करना होगा। खेल कुछ हद तक आइस-पाइस या चोर-सिपाही जैसा था इसलिए किसी को

समझने में कठिनाई नहीं हुई। पर खेल के शुरू होने के पहले ही सबसे बड़ी समस्या आ खड़ी हुई! कोई भी टेररिस्ट या आतंकवादी बनने को तैयार न था। अपनी अपनी बन्दूकें पाकर गुड्डू और मनिन्दर के तेवर अब बदल चुके थे। वे जिस मजबूरी के चलते पाकिस्तानी बन जाते थे, अब उनके साथ वह मज़बूरी नहीं थी।

हर रोज़ की तरह, चाहरदीवारी पर उकड़ूँ होकर बैठा शकील लालच भरी आँखों से खेल देख रहा था। बाक़ी छोटे-छोटे बच्चे बाहर से चाहरदीवारी पर बने झरोखों से इसका आनन्द ले रहे थे।

खेल एक कठिन सवाल पर आकर रुक गया था। सभी चाहते थे कि खेल हो पर आतंकवादी बनने को कोई तैयार नहीं था!

सभी फौजी कमांडों एक-दूसरे से नाराज इधर उधर टहल रहे थे, बस एक आतंकवादी की कमी के चलते पूरा खेल रुका हुआ था। तभी शकील दीवार के ऊपर से बोला, 'मुझे खिलाओगे? आतंकवादी मैं बनूँगा!'

यह एक ऐसा प्रस्ताव था जो इस रुके हुए खेल में जान फूँक सकता था। गुड्डू-सोनू-अप्पू तुरन्त राजी हो गये, पर किरण-प्रियंका के साथ-साथ और बच्चों को आपत्ति थी। 'हाउ कैन वी प्ले विथ सच अ डर्टी बॉय? मॉम डाँटेंगी!' फिर थोड़ी देर तक बहस जारी रही और जीत अप्पू-गुड्डू-सोनू की ही हुई। बस शर्त एक ही थी कि शकील, जो की बस एक हाफ पैंट पहने था और बदन पर उनके कुछ भी नहीं था, उसे शर्ट पहन कर आना होगा। 'हाउ कैन वी अलाउ अ जंगली इनसाइड आवर कैम्पस?' असली आपत्ति यह थी!

जब सोनू ने शकील के पास शर्त रखी कि उसे शर्ट पहन कर आना होगा तो शकील ने थोड़ी देर तक सोचा और फिर अपने घर की ओर भागा। अम्मी के ट्रंक में पिछली ईद में सिलवाया बोस्की का कुरता ही था जो सबसे नया और सबसे साफ़ था। ब्लॉक के बच्चों के साथ खेलने के लिए उसके पास इससे बेहतर कुछ भी नहीं था। कुरता पहने वह वापस ब्लॉक की ओर दौड़ा।

दीवार लाँघ कर शकील के ब्लॉक के ड्राइव वे में कूदते ही खेल शुरू हो गया, जिसका नियम हालाँकि तय नहीं किया गया था! एक मिनट के अन्दर ही शकील को दसों बच्चों ने घेर लिया। दसों बन्दूकों से गोलियाँ चल रही थी, और निहत्था शकील चक्रव्यूह में फँसा गोली खाने का अभिनय कर रहा था। सभी बच्चों को इतने दिनों बाद इस खेल का असली मज़ा आ रहा था। तभी शंकर ने शकील को पीछे से धक्का मारा। शकील जो अब तक नकली बन्दूकों की नकली गोलियाँ झेलता हुआ अभिनय कर रहा था, इस असली धक्के के लिए तैयार नहीं था, वह ड्राइव-वे की पक्के फर्श पर मुँह के बल गिरा।

उसके ओंठ से खून आ रहा था, जिसे किसी भी युद्धोन्मादी कमांडों ने नहीं देखा। सोनू ने अपनी बन्दूक शकील के सर से टिका कर बन्दूक का ट्रिगर कुछ देर तक दबाये रखा। शकील हँसता हुआ खड़े होने की कोशिश करने लगा। यह सोनू के लिए, अब तक की ज़िन्दगी का सबसे अपमानजनक हादसा था, कि इतनी गोलियों के बाद भी आतंकवादी मुस्करा रहा था? उसे अपने बन्दूक की ताक़त पर से विश्वास डगमगा गया और वह इधर-उधर से हैंड ग्रेनेड तलाशने लगा। तभी उसकी नज़र पास पड़े एक टूटे गमले परपड़ी और उसने उस गमले से सूखी मिट्टी के एक बड़े से ढेले को उठाकर शकील के सर पर दे मारा। मिट्टी का ढेला शकील के सर से लग कर चूर-चूर हो गया, बस शकील का चेहरा और उसका कुरता धूल से भर गया। शकील हँस रहा था। शकील की इस निष्पाप हँसी से कमांडोज़ के समूचे दल को पहली बार पता चला कि उनके बन्दूकों से खेल खेला जा सकता था, पर आतंकवादी को मारा नहीं जा सकता था। किरण और गुड्डू ने अब कराटे के दाँव दिखाने शुरू किये और बाक़ी कमांडो हैंड ग्रेनेड और रॉकेट लांचरों की खोज में इधर उधर दौड़ने लगे। शकील के पेट पर दो तीन लात के पड़ने के बाद और सर में एक पत्थर के लगने के बाद वह समझ गया कि वह कोई खेल नहीं खेल रहा था। वह फाटक की ओर भागा, पर शंकर की चुस्त लंगड़ी से वह फिर गिरा और अब वार उसके कुरते पर था जो चन्द घड़ियों में तार-तार हो गया। शकील, पूरी हिम्मत जुटा कर आखिरकार गेट तक पहुँच ही गया जहाँ उसकी आवभगत के लिए कई दिनों से चौकीदार राह तक रहा था।

'चोर साले हरामखोर, मैं जानता था तू चोरी करने ज़रूर एक दिन ब्लॉक आएगा...।' यह कह कर उसने लगभग बेहोश हो चुके, लहूलुहान शकील को दो चार लात-घूँसे जड़ दिए।

सलीम और मज़दूर कालोनी के कुछ मज़दूर आकर शकील को जब डिस्पेन्सरी ले गये तो मैं भी साथ गया था। बेहोशी में शकील बुदबुदा रहा था, 'मैं चोर नहीं हूँ, मैंने कोई चोरी नहीं की! मैं आतंकवादी हूँ!'

उस रात ही 'प्रेसिडेंशियल ब्लॉक' के रेसिडेंट्स की ज़रूरी मीटिंग बुलाई गयी थी। सबने सिविल इंजीनियर को जम कर भला बुरा कहा। 'बिल्डिंग की ख़ूबसूरती को गोली मारिये! दिन दहाड़े क्रिमिनल्स दीवार फाँद कर अन्दर आ जा रहे हैं, और आपको बिल्डिंग के फ्रंटेज की पड़ी है, ड्राइव-वे से सनसेट दिखाने की पड़ी है!

बहुत हुआ, अब आउटर-वाल को सात फीट का करें और उनके ऊपर बार्ब्ड-वायर लगाने का इन्तज़ाम करें!'

छोटा हामिद

मुझसे वह छोटा था, पर शायद बहुत छोटा नहीं था!

उसका नाम तो अब याद नहीं, पर हम सब उसे छोटू कहते थे। बड़े होते हुए मुझे वह जब भी याद आया, वह अपनी शक्ल, सूरत, कपड़ों और मासूमियत के कारण, बचपन में पढ़ी हुई प्रेमचन्द की कहानी 'ईदगाह' का नन्हा नायक हामिद की याद दिलता रहा।

मुझे यह कहानी आज भी बहुत अच्छी लगती है और वह केवल प्रेमचन्द की वजह से नहीं, बल्कि 'ईदगाह', मुझे बार-बार आज भी छोटू की याद दिलाती है।

पिताजी का तबादला नागपुर से लखनऊ हो गया था। नागपुर और लखनऊ में सबसे बड़ा फ़र्क़ था, जुबान का! मैं उस लखनऊ की बात कर रहा हूँ, जब गलत उर्दू बोलने पर पतंग बेचनेवाला महमूद मियाँ भी आपको टोक देता था। उन दिनों दो लोग लड़ते भी थे, तो अपनी जुबान नहीं बिगाड़ते थे। 'मियाँ, आपसे मैं तब से गुज़ारिश कर रहा हूँ, कि आप यहाँ से तशरीफ ले जाएँ, पर आप हैं कि एक आला दर्ज़े के गधे, कहिये हाँ!' अब दुनिया में ऐसा कोई दूसरा शहर शायद ही कोई होगा, जहाँ ऐसे नायाब लहज़े में न केवल गाली दी जाती हो, साथ ही उसे क़ुबूल भी करवाने का रिवाज़ हो। हालाँकि, सब पुराने शहरों की तरह अब लखनऊ भी किसी का अपना शहर नहीं रह गया है।

वे लखनवी लोग नहीं रहे, जिनकी मिल्कियत उर्दू जुबाँ, दशहरी आम, शहतूत, फालसों पर उतनी ही थी, जितनी टुंडे के कबाबों पर!

कल्लन मियाँ के वो क़िस्से, 'कि गुलाबो ने किया सवाल और सिताबो ने दिया जवाब', और कि 'गुलाबो खूब लड़ेगी, सिताबो खूब लड़ेगी', वो उँगलियों पर नाचतीं, लड़तीं-झगड़तीं और फिर आपस में चुहल करतीं भाभी ननद, यानी गुलाबो-सिताबो अब न जाने कहाँ चली गयी हैं, शहर लखनऊ को अलविदा कहकर!

वह चारबाग के खुशमिज़ाज ताँगेवाले भी अब नहीं हैं, जिनसे किराया कम करने के लिए कहने पर बोलते थे, "भाई जान, ज़रा आहिस्ता बोलिए, आहिस्ता। कहीं मेरी घोड़ी सुन न ले। मेरा क्या मैं तो तैयार हूँ जाने को, पर क्या है कि मेरी घोड़ी सुन लेगी तो चलने को तैयार ही नहीं होगी।"

शहर अब महमूद पतंगवाले का भी नहीं रह गया है, लिहाज़ा अब- 'अपुन को टोकनेवाला कोई नहीं है, मैन'!

शहर अब बदल गया है, शहर के लोग बदल गये हैं, जो कभी इस शहर को अपना मानते थे, वे भी बदल गये हैं। और मैं? जाने दीजिये, इस पर फिर कभी।

●

वह वक़्त, सन साठ के आगे-पीछे का था। गोमती का बाँध टूट गया था। हज़रतगंज में नावें चली थीं, बनारसी बाग चिड़ियाघर के साँप चारबाग स्टेशन रोड की नाली में दिखे थे। गोमती का पानी उतरा नहीं था, कि अचानक लखनऊ की सड़कों पर भीख माँगते लोग दिखने लगे थे। पुराने कपड़े और चन्दा इकट्ठा करनेवाले उन्हें 'बाढ़ पीड़ित' कहते थे। मेरे गुल्लक में यह एक और नया शब्द था।

तभी एक दिन सुबह जब हम मुहल्ले के बच्चे मिलकर गेंतड़ि खेल रहे थे, तो न जाने कैसे एक बच्चा जो सफ़ेद धुला हुआ कुर्ता पायजामा और सफ़ेद टोपी पहने था, आकर हमारे खेल में शामिल हो गया था। जब दोपहर की धूप तेज हो चली, तो खेल ख़त्म कर सब अपने-अपने घरों को चल दिये। सफ़ेद टोपी पहने सफ़ेद धुले कुर्ते पायजामेवाला छोटा बच्चा जो अब तक हमारे साथ खेल रहा था, मैदान के किनारे से अपना झोला और टीन का एक छोटा बक्सा लेकर मेरे साथ मेरे घर की तरफ चल दिया। दरवाज़े के चौखट पर बैठकर उसने अपने झोले से कपड़े धोने के साबुन के छोटे-छोटे तीन पैकट निकाले और मेरी माँ की ओर बढ़ा दिये। माँ ने पूछा, "इसका क्या करूँगी मैं?" "कपड़े धोते है इससे"। इतना कहकर तन्दुरुस्ती की रक्षा करनेवाले लाल साबुन की दो बट्टियाँ मुझे देते हुए बोला, "भाई, अच्छा साबुन है, रख लो।" फिर उसने अपना टीन का छोटा डिब्बा खोला और हमारे अड़ोस-पड़ोस की चाचियों, दीदियों को परम उदारता से सेफ्टीपिन के गुच्छे, तो बालों के

क्लिप और न जाने क्या-क्या बाँट-बूट कर अपनी दुकानदारी बढ़ा कर मेरी माँ से पानी माँगा और झोले से एक छोटा-सा अल्मुनियम का डिब्बा निकाल कर खाना खाने बैठ गया। डिब्बा इतना छोटा था की दो छोटी-छोटी रोटियाँ बमुश्किल तहा कर समा सकी थीं-इसमें, पर छोटे वाज़िद अली शाह का दिल बड़ा था, उसने एक रोटी मेरी ओर बढ़ा दी। हम सब नवाब साहब की हरकतों से भौचक थे। माँ ने उससे पूछा, "सब्जी-प्याज कुछ है या बस सूखी रोटियाँ ही हैं?"

"अम्मी अचार देना भूल गयी" उसने मानों अपने आप से कहा।

मेरी माँ ने उसे शायद सब्जी या दाल कुछ दिया था, नवाब साहब खाकर हमारे दरवाजे पर ही पसर गये थे। जब नींद खुली तो उठकर टोपी सँहाली और चलने को हुआ, तो माँ ने पूछा, "साबुन के कितने पैसे हुए? तीन सर्फ़ के पैकेट थे और दो लाइफबॉय साबुन, दाम पता हैं या मुफ़्त में बाँट कर जा रहा है?"

मानों उसे कोई ज़रूरी बात याद आ गयी हो, उसने कुर्ते की जेब से एक पर्ची निकालकर मेरी माँ के हाथ थमा दी। पर्ची में उन सब सामानों की तादाद और उनकी कीमतें लिखी हुई थीं। माँ ने उस पर्ची के सहारे पड़ोसियों से क्लिप, सेफ्टीपिन आदि सामानों के पैसे लेकर साबुन की कीमत जोड़कर छोटू को हिसाब समझाने की कोशिश की, पर लगा कि नवाब साहब को धन दौलत में कोई दिलचस्पी नहीं थी, और सबको लगा कि यह घर तक वापस पहुँचते-पहुँचते पैसे कहीं ज़रूर गिरा देगा। माँ ने उसके कुर्ते की जेब में पैसा और पर्ची रखकर एक सेफ्टीपिन से जेब को सीं दिया था ताकि पैसे इधर-उधर न हों।

इस घटना के बारे में हमारे अड़ोस-पड़ोस के लोगों और माँ के बीच बातचीत से पता चला था, कि वह एक 'बाढ़-पीड़ित' था और अपनी अम्मी और नाना के साथ नहरिया पार एक झोपड़ी में किसी रिश्तेदार के आँगन में आकर टिक गया था। उसके पिताजी नहीं थे और माँ किसी घर में चौका-बर्तन करती थी।

छोटू के नाना बिसातखाने से कंघी, क्लिप, सेफ्टीपिन वगैरह सस्ते मे खरीद लाते थे, और उसकी अम्मी उन सब सामानों को छोटू के झोले और टीन के बक्से में डालकर, अपने खुदा के जिम्मे उसे छोड़ देती थी।

छोटू अब लगभग हमारे घर रोज आने लगा था। उसे आते देख हमारे अगल-बगल रहनेवाले माँ से मज़ाक करते, "लीजिये दीदी, आपका छोटा बेटा आ गया दुकान लगाने।" कइयों के लिए छोटू आफत की पुड़िया बन गया था, क्योंकि कोई उससे रोज़-रोज़ और कितने गुच्छे सेफ्टीपिन खरीदता या कोई और कितनी बट्टी साबुन खरीद सकता था। कई लोग उससे मुँह चुराने लगे और उसे आते देखते ही कई पड़ोसी तो दरवाज़ा भी बन्द करने लगे थे, पर इससे छोटे नवाब के सेहत में कोई

ख़ास फ़र्क़ नहीं पड़ा। फेरीवाले छोटू का कारोबार यूँ ही चलता रहा। हमारे घर में कोई भी मिलने आता, तो माँ चलते समय उन्हें कभी क्लिप तो कभी सेफ्टीपिन का गुच्छा दे देती। पड़ोस की दीदी जो गर्ल्स कॉलेज में टीचर थी, छोटू से खरीदा हुआ सामान कॉलेज के दूसरे टीचरों को देती थी। रेलवे काम करनेवाले बोस बाबू भी अपने ऑफिस में छोटू का सामान बेचने लगे।

इस तरह छोटू अपना माल पूरा बेचकर ही घर लौटता था। दोपहर को खाना खाने के बाद, पहले-पहले वो सो जाता था, पर कुछ दिनों बाद वह मेरे साथ बैठकर पढ़ने-लिखने भी लगा था।

मुझे याद है एक दिन वह अपने माँ को लेकर हमारे घर आया था। जब तक वो मेरी माँ से बातचीत करती रही, तब तक अपनी आँखें पोंछती ही रही थी। छोटू एक बार अपने नाना को भी लेकर आया था। उसके नाना जी अपने दोनों कन्धों से छोटे बड़े छाते लटकाए फेरी पर निकलते थे। जमाना सस्ते का था पर हमारे मुहल्ले में लोगों के पास इतने पैसे नहीं थे कि धूप पानी से बचने के लिए उन्हें छातों की ज़रूरत पड़ती।

छोटू के नाना को मैंने, एक बार और देखा था!

●

हमारे घर से स्कूल जाने का रास्ता, ए.पी. सेन रोड से होकर गुजरता था। इस रस्ते पर एक बहुत बड़ा बँगला पड़ता था, जिसके बगीचे के अमरुदों को हमने कभी पकने नहीं दिया। हम अपने दोस्तों के साथ कई बार उस विशाल बँगले के कमरों में आइस-पाइस खेला करते थे। गेट पर कोई चौकीदार नहीं होता था और न ही बगीचे में कोई माली ही कभी दिखता था। हाँ, एक सफ़ेद दाढ़ीवाला बूढा आदमी कभी-कभी दिखाई पड़ता था, जिसकी टोपी पर सुनहरे धागों से कढ़ाई की हुई होती थी। बहुत बाद में पता चला था कि वो संडीला-मलीहाबाद के आसपास के किसी रईस खानदान से ताल्लुख रखते थे, और उनका कालीन का कारोबार भी था। मैं उनके मकान में एक दिन आइस-पाइस खेलते हुए, तिमंज़िले के एक बड़े कमरे में छिप गया था। उस कमरे में गद्दों और लिहाफ़ों के ढेर रखे थे, जैसा आमतौर से जनवासों में ही देखने को मिलता था। यह ढेर इतना ऊँचा था, कि मुझे लगा कि अगर मैं उसके ऊपर चढ़कर लेट जाऊँ, तो मेरे दोस्त मुझे कभी नहीं ढूँढ पाएँगे। मैं लेट तो गया था, पर न जाने कब मेरी आँख लग गयी थी। कब तक सोता रहा था अब यह याद नहीं, पर जब आँखें खुली, तो देखा दिन ढल चुका था। इस बँगले में कितने कमरे थे, इसका अन्दाज़ा मुझे नहीं था, और दिन के ऐसे वक़्त इसके कमरे, आँगन, बरामदे

मुझे भूल-भुलैया जैसे लग रहे थे, जहाँ अब अँधेरा घना हो रहा था। मैं इतना घबरा गया था कि भागता हुआ फाटक तक पहुँचा था और फिर बिना रुके फाटक पार कर अपने घर के दरवाजे पहुँच कर ही साँस ली थी।

इस घटना से शायद मैं इतना डर गया था कि फिर कभी मैं इस बँगले के अन्दर नहीं गया।

●

उस दिन इसी रास्ते से होकर स्कूल जा रहा था। ए.पी. सेन रोडवाले विशाल बँगले के फाटक के बाहर मैंने छोटू के नानाजी दिखे। नानाजी एक चादर जमीन पर बिछाकर अपने घुटने पीछे मोड़े बैठे थे, दोनों हाथों को फैलाये वो आसमान की और एकटक देख रहे थे। जैसे किसी अदृश्य से वो कुछ माँग रहे थे, उनके पास आज उनके फेरी का छाता-बस्ता नहीं दिखा। मैंने पहले कभी किसी को सड़क किनारे यूँ बैठे इबादत करते नहीं देखा था, पर मामला इतना दिलचस्प नहीं था, कि रुककर उसे देखता ही रहते, सो स्कूल चला गया।

स्कूल से लौटते वक़्त मैंने देखा, छोटू के नाना वैसे ही बैठे थे। और धीमी आवाज़ में कुछ कह रहे थे। उन्हें वहाँ बैठे कई घंटे गुज़र चुके थे। उनके सूखे होंठ मुझे आज भी याद हैं, और याद है जो वह लगातार अपने साँसों के आने-जाने के साथ दोहरा रहे थे, "सौ रुपौ का सवाल, अल्लाह रसूल के नाम पर", "सौ रुपौ का सवाल, अल्लाह रसूल के नाम पर!"

मैं वहीं जम गया और क़रीब से इस घटना को देखता रहा। कुछ वक़्त के और बीत जाने के बाद उन्होंनें अपनी आवाज़ थोड़ी ऊँची की और अपने दोनों हाथों से अपने गालों पर मारने लगे। वो जो बोल रहे थे और जो कर रहे थे, उन दोनों में एक लय था। थोड़ा वक़्त और गुजर गया, और अब मुझे उनके गालों पर खून की बूँदें उभरती दिखी। उनका मुँह सूज गया था और उनके आँसू, गाल पर उभर रहे खून के बूँदों को साथ लिये, उनकी सफेद दाढ़ी को भिगो रहे थे। मुझे समझ में नहीं आया, कि क्या हो रहा था और मुझे क्या करना चाहिए था। दोपहर के इस वक़्त सड़क भी बिलकुल सुनसान थी। तभी मुझे सफ़ेद दाढ़ियोंवाला, सुनहरी ज़री की टोपी पहने वह बूढ़ा आदमी, बंगले से बाहर आता दिखा। सीधे आकर उसने छोटू के नाना के दोनों हाथों को पकड़ कर उन्हें रोक लिया। नाना तब भी अपना कहा दोहरा रहे थे। उस बूढ़े आदमी ने नाना से कुछ कहा और उन्हें साथ लेकर बँगले के अन्दर चल दिया। मैं, छोटू के नाना की दरी उठाकर बँगले के अन्दर उन्हें देने गया था, देखा बँगले का मालिक एक तौलिये से छोटू के नाना का चेहरा पोंछ रहे थे।

मैं छोटा था पर इतना समझने में देर नहीं लगी कि छोटू के नाना का 'सौ रुपौ का सवाल' का मसला निपट गया था।

घर लौट कर मैंने माँ से पूरी बात बताई तो उन्होंने कहा, "चलो, शायद छोटू का मकान जो बाढ़ में बह गया था, उसके नाना अब फिर बना लेंगे।"

इस घटना के बाद फिर कभी मैं छोटू से नहीं मिला। कक्षा तीन पास कर मैंने लखनऊ छोड़ दिया और कानपुर चला आया। हमने कई बार उस बच्चे को याद किया जो हमारी यादों में छोटू ही बना हुआ था। पर एक दिन मैं भी इतना बड़ा हो गया कि पढ़ाई ख़त्म कर मेडिकल रिप्रेज़ेंटेटिव की नौकरी लेकर कानपुर छोड़ दिया।

नौकरी के सिलसिले में मुझे पूर्वी उत्तर प्रदेश के कई जिलों में रहना पड़ा।

तब मैं बनारस में था और मेरे इलाके में जिला मोमिनपुर भी आता था। अपने पहले दौरे पर, जब मैं मोमिनपुर पहुँचा तो लेडी डॉक्टर नुसरत अहमद के बारे में बहुत कुछ सुना था। मोमिनपुर जैसे छोटे और पिछड़े जिले में किसी एम.आर.सी.ओ.जी. का होना अस्सी के दशक में ही नहीं, बल्कि आज भी बड़ी घटना मानी जा सकती है। उससे भी बड़ी अचम्भित करनेवाली बात थी, कि डॉ. नुसरत के शौहर डॉ. यासीन अहमद खुद भी एक एम.आर.सी.पी. थे। अफवाह यह भी थी कि डॉ. नुसरत बेहद ख़ूबसूरत थीं, लिहाज़ा उमके शौहर डॉ. यासीन अहमद उनसे मेडिकल रिप्रेज़ेंटेटिवों से मिलने नहीं देना चाहते थे। दरअसल उन दोनों का चैम्बर अगल-बगल था, और वह भी उनके बँगले के अन्दर! हालाँकि इसे बँगला कहना गलत था क्योंकि मोमिनपुर जिले का यह कभी शायद कोई राजमहल हुआ करता था और अब यहाँ डॉ. यासीन और डॉ. नुसरत का घर और चैम्बर था। इस मकान में कितने कमरे थे, कितने नौकर चाकर थे, कितनी गाड़ियाँ और कितने ड्राइवर्स थे, यह सब हम मेडिकल रेप्रेज़ेंटेटिवों की गलचौर का विषय हुआ करता था।

मैं जब पहली बार डॉ. यासीन और डॉ. नुसरत अहमद की कॉल करने पहुँचा तो रात हो चुकी थी, क्योंकि डॉ. नुसरत के इतने ज़्यादा मरीज़ हुआ करते थे, कि रात नौ बजे के पहले वह मेडिकल रिप्रेज़ेंटेटिवों से नहीं मिल पाती थीं। उस दिन, डॉ. यासीन के पास मरीज़ कम थे, लिहाज़ा जल्द ही डॉ. यासीन का चैम्बर खाली हो गया था।

डॉ. यासीन से मैं पहली बार मिल रहा था। मैंने विस्तार से अपनी दवाओं के बारे में बताया और उन्होंने मन लगाकर सुना भी। मुझे लगा कि डॉ यासीन के बारे में जो कुछ सुना था सब गलत था। डॉ. यासीन की केवल अँग्रेज़ी ही अच्छी नहीं थी, उनकी उर्दू जुबान भी बहुत साफ़ थी।

बातचीत में मैंने पूछ ही लिया, ''डॉ साहब, आप मोमिनपुर में रहते और प्रैक्टिस करते है, पर आपका उर्दू तलफ़्फ़ुस बहुत साफ़ है। इस इलाके की जुबान पर भोजपुरी का असर ज़्यादा दिखता है। लगता हैं आप यहाँ के नहीं हैं।''

''नहीं, मैं लखनऊ का हूँ। मैं वहीं पला बड़ा हुआ, के.जी.एम.सी. से ही एम.बी.बी.एस. और पी.जी. किया।'' डॉक्टर यासीन ने कहा।

''ओह, मेरा भी बचपन लखनऊ में ही बीता है, डॉक्टर साहब!'' मेरी आवाज शायद डॉक्टर यासीन को कहीं आत्मीय लगी थी। उन्होंने कहा, ''लेट्स हैव कॉफी!'' अपने मेज़ पर रखे फ्लास्क से दो कपों में कॉफी भरते हुए उन्होंने पूछा, ''कहाँ रिहाइश थी आपकी?''

''चारबाग के पास एक मुहल्ला है, पानदरीबा, वहीं हम रहते थे।''

''व्हाट! मेरा भी बचपन चारबाग़ के पास ए.पी. सेन रोड में बीता है, वहीं मेरी पूरी ज़िन्दगी ही बीती है। आपको कोई जल्दी तो नहीं है?''

''नहीं डॉक्टर साहब, मैं तो मैम से मिल कर ही जाऊँगा, और उनके चैम्बर में इतने पेशेन्ट्स हैं कि आज इतनी जल्दी तो छुट्टी नहीं मिलनेवाली।''

डॉक्टर यासीन को देख कर लगा कि बहुत दिनों बाद वो अपने किसी क़रीबी रिश्तेदार से मिल रहे थे। यह डॉक्टर यासीन का एम.आर.सी.पी वाला, या मोमिनपुर शहर के सबसे बड़े कोठी के नवाब साहब का चेहरा नहीं था।

हम देर अपने बचपन की गली कूँचों में खोए कंचों को खोजते रहे, तो कभी कटी पतंगें लूटते रहे। गुलाबो-सिताबो वाले लखनऊ की यादों के सहारे हम मचलते-फुदकते नहरिया पार, आर्यनगर, मवैया और मुन्नेलाल धर्मशाला रोड होते हुए न जाने कब ए.पी.सेन रोड पहुँचकर उस परिचित बँगले के पास आकर, मैं ख़ामोश हो गया।

पर डॉक्टर यासीन बोले जा रहे थे, ''मैं एक बहुत गरीब परिवार का हूँ। मेरे वालिद का मेरे बचपन में ही इन्तेक़ाल हो गया था। मेरी अम्मी और मेरे नाना ने मुझे पाल-पोस कर बड़ा किया है। बचपन में न जाने कैसे नुसरत के दादाजी मुझे, मेरे नाना और मेरे अम्मी को ए.पी. सेन वाले उनके बँगले में ले आये थे। वे इनसान नहीं फ़रिश्ते थे। उन्होंने मुझे पढ़ाया-लिखाया। नुसरत ने बनारस मेडिकल कॉलेज से पढाई की, पर शादी के बाद उन्होंने हम दोनों को विलायत भेजा पढ़ने को। बहुत साल हो गये उनकी गुज़रे पर वे मेरे लिए मेरे अपने नाना जैसे ही थे।''

मेरे सामने बैठा 'ईदगाह' का हामिद कॉफी पी रहा था! और मेरे कानों के पास कोई फुसफुसा रहा था, ''सौ रुपौ का सवाल, अल्लाह रूसूल...''

●

इस घटना के बाद कई बार डॉ. यासीन से मिला और हर बार उनके चैम्बर के बाहर खड़े होकर मुझे मेरे मेडिकल रिप्रेज़ेंटेटिव के ट्रेनिंग के दौरान मिली, हमारे ट्रेनिंग मैंनेजर मिस्टर बक्शी की एक हिदायत याद आती रही।

''मेडिकल रिप्रेजेंटेटिव और डॉक्टर के बीच में एक मेज़ होती है, एक रिप्रेज़ेंटेटिव को यह बात कभी नहीं भूलनी चाहिए!''

❑ ❑ ❑

णाणं

पयासयं

वीर नि.सं. 2470

ई. सन् 1944

भारतीय ज्ञानपीठ